Foto: Piroska Csuri.

**El hombre
y
sus obras**

SON MEMORIAS

por

Tulio Halperin Donghi

siglo veintiuno
editores

siglo veintiuno editores argentina s.a.
Tucumán 1621 7° N (C1050AAG), Buenos Aires, Argentina

siglo veintiuno editores, s.a. de c.v.
Cerro del agua 248, Delegación Coyoacán (04310), D.F., México

siglo veintiuno de españa editores, s.a.
c/Menéndez Pidal, 3 BIS (28006) Madrid, España

Halperin Donghi, Tulio
Son memorias - 1a ed. - Buenos Aires : Siglo XXI Editores Argentina, 2008.
312 p. : il. ; 23x16 cm. (El Hombre y sus Obras)

ISBN 978-987-1220-90-8

1. Memorias. I. Título
CDD 920

Diseño de interior: tholön kunst

Diseño de portada: Peter Tjebbes

1ª edición argentina: 2008

ISBN 978-987-1220-90-8

Impreso en Grafinor S.A. // Lamadrid 1576, Villa Ballester,
en septiembre de 2008.

Hecho el depósito que marca la ley 11.723
Impreso en Argentina // Made in Argentina

Índice

Palabras preliminares

Lo que aquí va a leerse es el imprevisto primer fruto de un proyecto editorial que tuvo en su origen un objetivo distinto. En el año 2005, y por sugerencia de Luis Alberto Romero, Siglo XXI Argentina me propuso la publicación de unos diálogos donde ofrecería una mirada retrospectiva sobre mi vida y mi carrera, en los que tocaría a Jorge Lafforgue asumir el papel de interlocutor que Félix Luna había memorablemente desempeñado al lado de José Luis Romero. Cuando se llega a los ochenta años las satisfacciones de vanidad tienen que compensar ya por demasiadas cosas para que sea fácil renunciar a ellas, y cuando Carlos Díaz, director de la editorial, me hizo llegar la propuesta, la acepté con una celeridad que quizá lo sorprendió, y que por cierto me sorprendió un poco a mí mismo. Propuse entonces que, como la mayor parte de esa carrera había avanzado en el extranjero y en un contexto con el que Jorge no estaba familiarizado, colaborara con él en ese papel dialogante Mariano Plotkin, que había vivido una experiencia análoga en ese aspecto a la mía y podría por lo tanto tener una participación más activa en los diálogos referidos a esa etapa más tardía. La propuesta fue aceptada, Jorge y Mariano congeniaron inmediatamente, y durante 2005 y 2006 mantuvimos en la oficina de Carlos Díaz y con su participación unos muy animados diálogos que por lo menos a mí me dejaron recuerdos gratísimos, pero en los que apenas alcanzamos a cruzar el umbral de la etapa que debía ofrecerles su tema principal. Más grave fue que la lectura de las desgrabaciones nos convenciera inmediatamente de que sólo un duro trabajo podría transformar en material publicable unas transcripciones que para nuestra sorpresa no alcanzaban a reflejar casi nada de lo que los había hecho atractivos para quienes habíamos participado en ellos; y que completar el proyecto que habíamos comenzado iba a ser una empresa aún de más largo aliento de lo que habíamos imaginado, en la que todavía estamos.

Antes ya de arribar a esa poco grata conclusión habíamos convenido en que yo prepararía un texto introductorio para los diálogos en gestación, que figura aquí bajo el título de "¿Son memorias?", y apenas me puse en la tarea descubrí que había adoptado un modo de abordar la narrativa del todo distinto del que hasta entonces había utilizado para escribir historia, y que me interesaba seguir explorándolo en sucesivos capítulos acerca de mi infancia y mi adolescencia. Poco más tarde, la lectura del material reunido en nuestros diálogos, al revelarnos qué necesitados estaban de una salvadora metamorfosis que no sabíamos demasiado bien cómo encarar, nos llevó a considerar por un momento como una solución posible que yo agregara a esos capítulos otros en los que intentaría volcar en ese mismo molde narrativo los tópicos que nos proponíamos seguir abordando en nuestros encuentros.

Por mi parte, me decidió a rechazar esa alternativa la comprobación de que el tono que había descubierto sin buscarlo para dar cuenta de las primeras etapas de mi vida se hacía cada vez menos adecuado para mi propósito a medida que las iba dejando atrás, en primer lugar sin duda porque no hubiera sido fácil sostenerlo hasta el fin en un relato que integrase la evocación de la infancia con la reconstrucción de la trayectoria de un estudioso de ciencias humanas. Y si este relato se detiene aquí en 1955 es porque fue ésa la fecha más tardía hasta la que pude continuar mi narrativa sin renunciar del todo a un tono expresivo cuyo descubrimiento me hizo tan grato escribir lo que aquí va a leerse.

* * *

Lo hizo aún más grato la constante cordialidad con la cual quienes habían iniciado y me habían acompañado en el proyecto del que es éste el imprevisto primer fruto acompañaron su maduración. A todos ellos tengo mucho que agradecer, y en primer término a Carlos Díaz, que puso tanto empeño en este proyecto y ofreció infatigable y muy acogedora hospitalidad a nuestros diálogos, en los que fue muy frecuente interlocutor. Y desde luego a los participantes en ellos, Jorge Lafforgue, con quien compartimos más de cincuenta años de amistad y de recuerdos que en más de un momento amenazaron desbordar el cauce de nuestras exploraciones, y Mariano Plotkin, que no sólo utilizó la pericia que había ya desplegado en las entrevistas en que se había apoyado al investigar los temas de *Mañana es San Perón* y *Freud in the Pampas*, para mantener más disciplinadamente el cauce de nuestros diálogos sino que contribuyó a agregar precisión a la temática que íbamos a explorar en ellos, y además al personal de Siglo XXI, tan cordial en su hospitalidad como eficiente en las tareas vinculadas con la desgrabación de nuestras conversaciones y luego en las de preparación de estos capítulos para entregarlos a la imprenta, en particular en este punto a María Isabel Siracusa, que revisó el texto para ese fin. Tengo también mucho que agradecer en lo que hace a las ilustraciones que acompañan mi relato, en cuya búsqueda participé a distancia a través de mensajes en los que no sé cuántos millones de *bytes* transitaron el ciberespacio durante los meses en que Caty Galdeano fue mi infatigable corresponsal desde las oficinas de Siglo XXI. Todos sabemos qué difícil puede ser encarar una tarea semejante en las condiciones en que hoy es preciso emprenderla en Buenos Aires, y fui en este caso muy afortunado al poder con-

Tulio Halperin Donghi, Mariano Plotkin, Jorge Lafforgue y Carlos Díaz, en las oficinas de Siglo XXI Editores. Foto: Piroska Csuri.

tar con quienes amistosamente vinieron a aliviar esas dificultades, en primer lugar entre ellos Adrián Gorelik. No sólo debo agradecerle que haya solicitado y obtenido de Horacio Coppola y Raquel y Carlos Peralta Ramos la autorización gracias a la cual ilustra la tapa del libro la bellísima fotografía de Corrientes nocturna que me ha sido difícil elegir sobre la tan sugestivamente melancólica de Bulnes y Sarmiento –que encontrará el lector en el interior del libro y que admiré por primera vez junto con aquélla hace ya setenta años entre las que Coppola aportó al volumen publicado por la Municipalidad de Buenos Aires en ocasión del cuarto centenario de la primera fundación de la ciudad–, sino también, y muy especialmente, todo lo que hizo contando con el auxilio de Luis Priamo para satisfacer más de lo que yo hubiera creído posible mis demasiado precisas demandas en este campo. Y en cuanto a las fotos de familia, a mi hermana Leticia Halperin Donghi, que ofreció su guía en ese más modesto laberinto. Y sin olvidar desde luego a Piroska Csuri, que acompañó una de nuestras reuniones para ilustrarlas con fotografías que hacen plena justicia al discreto encanto *art déco* de las oficinas de Siglo XXI.

TULIO HALPERIN DONGHI
Berkeley, agosto de 2008.

¿Son memorias?

Me han contado que nací en una casa de la calle Gurruchaga, situada en una de las veredas de enfrente que según el verso de Borges le faltaban a la primera manzana de Buenos Aires, pero mis primeros recuerdos son de otra que todavía está en pie, aunque muy venida a menos, en la calle Yatay entre Sarmiento y Bogado, donde un año y tres meses más tarde –antes por lo tanto de que yo empezara a registrar nada en la memoria– nacería mi hermana Leticia. La casa era la única de altos de la cuadra, de modo que en invierno el viento soplaba como en medio de la pampa y el frío era demasiado feroz para que pudieran hacer mucho contra él las estufas eléctricas que usábamos porque mamá tenía prevenciones contra las de querosén (según ella, mientras las que funcionaban a presión solían explotar, las de mecha y chimenea, que calentaban las casas de tantos vecinos en medio de un vaho de eucaliptos, eran tan capaces de llevar a la muerte como los braseros que quemaban carbón de leña), y eso sin contar con que en una casa chorizo no había más remedio que cruzar constantemente el patio aunque helara o lloviera. Pero sería inacabable seguir hablando del frío, que pronto volvería a encontrar en la escuela y un poco en todas partes. De todas maneras la casa me gustaba mucho; además del patio que bordeaba los dos dormitorios y también el comedor que seguía en escuadra para terminar más atrás frente al baño y la cocina, estaba la azotea, grande como toda la casa y con un gallinero bastante poblado, a la que llevaba una escalera de caracol de fierro con un descansillo para el entrepiso con la pieza y el baño de servicio. En el frente la casa tenía dos salas con balcones a la calle, seguidas de un gran vestíbulo de piso ajedrezado, con una claraboya de vitraux que me parecían el súmmum del arte en el cielorraso, y desde luego con la escalera de mármol a la calle.

En la calle éramos vecinos, por un lado, de una carnicería a cargo de una familia muy poco recomendable (el padre vivía golpeando a sus hijos preadolescentes, que eran ya un par de brutos, y terminó matando a cuchilladas a su mujer, pero eso ocurrió cuando ya nos habíamos mudado, de modo que nos enteramos por *Crítica*), y por el otro de un corralón que no sé si todavía opinaba

YRIGOYEN, *pero sí que difundía un olor delicioso a parva fresca. El corralón era una pequeñísima parte de lo que en estos setenta y más años desapareció de la calle Yatay, que –como las más de Buenos Aires– estaba entonces pavimentada con los adoquines que llegaban como lastre desde Inglaterra después de haber sido cincelados a golpes por los penados de Dartmoor, y que era recorrida de día y de noche por pesados carros de transporte, y también todas las mañanas por los coches de reparto de las grandes lecherías –"La Vascongada", "La Martona" y "Tatay"–, de las panaderías Tanoira y de las Grandes Despensas Argentinas, la cadena de almacenes lanzada por Bunge y Born a toda orquesta aunque al parecer con menos éxito de lo que seguramente se había prometido.*

Horacio Coppola: calle Bulnes casi Sarmiento, 1931. Cortesía Raquel y Carlos Peralta Ramos.

Así pensaba yo comenzar, en las vísperas casi de cumplir mis ochenta años, el relato de lo por mí visto y vivido a lo largo de ellos. Pero me parece mejor abandonar la ruta seguida por tantos de los que me han precedido en este placentero y a la vez melancólico ejercicio, en el momento mismo de entrar en ella, porque ocurre que cuando –como aquí– se abre ese relato con una evocación de su ya remoto momento inicial, introducida con el propósito de apreciar mejor la distancia que lo separa del presente, se termina aislándolo del fluir del tiempo para que sirva por así decirlo de kilómetro cero a partir del cual esa distancia ha de medirse. La imagen que se obtiene, siempre inexacta en cuanto ignora que ese momento está tan sumergido en el flujo del tiempo como los que lo han precedido y los que han de seguirlo, se hace aún más inadecuada cuando se la aplica a aquel en el que me tocó entrar en el mundo, cuando todos tenían claro que lo que definía el tramo de historia que les tocaba vivir era el avance cada vez más vertiginoso de lo que luego iba a caracterizarse como modernización y por entonces se llamaba simplemente el progreso, término que proclamaba más abiertamente que el que iba a reemplazarlo el entusiasmo con que un consenso abrumadoramente amplio lo percibía. Y, en efecto, ese consenso era tan intenso y universal que, sin necesidad de que me fuera explícitamente inculcado, se constituyó en una de las piedras fundamentales de mi más temprana visión del mundo; como ahora descubro, desde que tengo memoria la noción de que el futuro iba necesariamente a ser mejor que el presente me parecía la evidencia misma.

Quizá por esa razón en mis recuerdos de una época de la vida de la que en general conservo muy pobre memoria ocupan tanto espacio los que registran la irrupción de novedades que marcaban otros tantos jalones en ese avance. Entre los más tempranos conservo el de la visita a la estación Río de Janeiro del subterráneo Lacroze (ahora estación Ángel Gallardo del subte B) en el día de su inauguración, y el de la aparición en casa de un mecánico de la compañía de teléfonos que vino a cambiar el que teníamos por otro automático, y esto último a pesar de que ese cambio no tuvo consecuencias que me afectaran directamente, ya que ni antes ni después de él yo hacía llamadas telefónicas. Pero me parece más bien que es al revés, y que si esos recuerdos (como un poco más tarde el del dirigible Graf Zeppelin, que vimos un día avanzar lentamente en el cielo a una altura que no nos pareció mucho mayor que la de la azotea, sin que se le ocurriera, creo, a nadie reconocer en la esvástica que decoraba su timón un signo de inminentes calamidades) me quedaron grabados como otros tantos testimonios de los irrefrenables avances del progreso, fue precisamente porque no me tocaban más directamente, y que si no recuerdo del mismo modo la llegada de la radio (una Zenith instalada en un mueble de roble grande como una cómoda) es porque ésa sí tuvo consecuencias que invadieron tan exitosamente nuestra vida que muy pronto nos pareció que ese aparato for-

El dirigible Graf Zeppelin sobrevuela Buenos Aires, 1934. Fuente: Archivo General de la Nación.

maba parte de nuestro entorno natural tanto como –digamos– las sillas del comedor.

Que así ocurriera invita a preguntarse si al acudir a nuestra memoria en busca de la clave que nos permita entender globalmente tanto nuestro pasado cuanto el modo en que éste hizo de nosotros lo que somos no estamos errando el camino, ya que esa memoria suele reservar el primer plano para lo que en su momento nos pareció problemático o por lo menos inusual, cuando sin duda nos marcaron más profundamente los rasgos infinitamente más numerosos de nuestro entorno que, precisamente porque no habíamos encontrado en ellos nada que nos pareciese problemático, fuimos incorporando a la imagen que nos íbamos haciendo de éste sin siquiera advertirlo.

Porque creo que todo eso es cierto trataré de trazar aquí, más que unas memorias, una historia para la cual sin duda mis recuerdos ofrecen los materiales más inmediatos, pero que sólo adquiere pleno sentido cuando se la integra en la de ese entorno. Hay en éste un rasgo que contribuyó quizá más que ningún otro a definirlo, a saber, que había sido precisamente en la década de mi nacimiento cuando la clase media porteña emergió con el perfil y el peso que iban a ser los suyos por medio siglo, y no puedo negar que las pautas que se imponía a sí mismo un grupo aún necesitado de consolidar una posición adquirida demasiado recientemente gravitaron con fuerza sobre la relación que fui estableciendo con la sociedad porteña a partir del momento en que ingresé en ella.

Es comprensible que en una ciudad como Buenos Aires, en la que ni aun de los reductos de las clases más altas estaban ausentes las populares, quienes acababan apenas de desgajarse de éstas encontraran a cada paso ocasiones para hacer evidente a través de cada una de sus acciones y omisiones la hondura de la frontera demasiado reciente que los separaba de ellas. Y sin duda la presencia de esa frontera, que zigzagueaba caprichosamente a lo largo y lo ancho de la calle Yatay, tenía mucho que ver con que yo me diera muy poco con los que llamábamos chicos de la calle, y también con que en nuestros primeros años mi hermana y yo hubiéramos encontrado en el barrio una sola compañera de juegos, Elba (Coca) Castro, la hija menor del español dueño de la ferretería de la esquina de Yatay y Sarmiento, con quien pasábamos varias horas casi todos los días, más a menudo en nuestra casa que en la suya, donde la mercadería rebosaba por todas partes. Y cuando empecé a ir a la escuela (la Manuel Solá, a la vuelta de casa sobre Lambaré), la presencia de esa misma frontera ha de haber contribuido también sin duda a que la sociabilidad del aula y el patio, aunque significó para mí una novedad que recuerdo como muy grata, casi nunca se extendiera más allá del recinto escolar.

Ello no impidió que la huella que dejó en mis primeras experiencias esa ingente metamorfosis de la sociedad porteña no fuese del todo la que podría esperarse a partir de una imagen global que subraya el papel que tuvo en ella la adopción de las rigurosas pautas necesarias para encarar con éxito la conquista de la respetabilidad, y en particular entre ellas la que imponía renunciar a gratificaciones que hubiera sido perfectamente posible satisfacer con los mismos recursos en el marco en otros aspectos menos exigente de las clases populares. Esa dimensión económica, que pone una nota sórdida en la melodía de fondo que acompaña a la entera novelística de Arlt, y hace inmediatamente comprensible la nostalgia del conventillo compartida por no pocos de los improvisados pequeñoburgueses cuyos testimonios ha recogido y organizado Francis Korn en su admirable *Los huéspedes del veinte*, apenas ha dejado su marca en mis más tempranas experiencias: aunque cada vez que debía renunciar a la gratificación de alguno de mis deseos se me daba como explicación que no éramos ricos, ni esas ocasiones eran suficientemente frecuentes ni las ambiciones que así se frustraban lo bastante urgentes para hacerme sentir que mi horizonte de vida estuviera siendo seriamente limitado por la estrechez de nuestros recursos económicos; en este aspecto la imagen del lugar en el mundo que había preparado para mí esa reciente metamorfosis porteña estaba más cercana a la amablemente sonriente que evoca la poesía de Fernández Moreno.

Por su parte, la formación que recibíamos en casa, y que estaba encaminada tanto a orientarnos hacia ciertas metas cuanto a disciplinar nuestros esfuerzos por alcanzarlas, se preocupaba menos por dotarnos de los instrumentos que nos permitirían retener el lugar que al nacer habíamos encontrado en la clase media (un lugar que todo me invita a concluir que era considerado ya suficientemente seguro) que de alcanzar otros objetivos más precisos; así, por ejemplo, si la obsesión por evitar que a través de la radio el tango se infiltrara en nuestro ámbito doméstico podía ser compartida por casi todos los que, para decirlo con José Luis Romero, estaban aún enfrascados en "la aventura del ascenso", estoy seguro de que por entonces no eran muchos los chicos que –como mi hermana y yo– estaban confinados a una estricta dieta de música clásica y óperas retransmitidas por Radio Municipal, o ya antes de aprender a leer debieron grabar en la memoria unos cuantos de los romances recogidos por don Ramón Menéndez Pidal en su *Flor nueva de romances viejos*.

Estas discrepancias entre la visión que propone la imaginación sociológica y la que ha retenido la memoria van más allá, creo, de las que es esperable encontrar cuando, para dar cuenta del impacto individual de un proceso que afecta a multitudes, se imagina una suerte de mínimo común denominador para los centenares de miles de trayectorias individuales y familiares que han convergido en ese proceso y se lo confronta luego con la concreta experiencia vivida a lo largo de él por cada una de esas personas y familias. Me parece que en este caso las acentúa aún más la índole que caracterizó al proceso que luego aprendimos a llamar de modernización, tal como fue vivido en Buenos Aires y en tantos otros rincones del país, donde –yendo mucho más allá de reorganizar las relaciones internas de una sociedad– se acercó a crear una nueva, convocando para ello, tal como lo proclamaba el texto fundacional de ese grandioso proyecto, a todos los hombres del mundo que quisieran habitar el suelo argentino.

Un proceso así concebido no pudo sino acentuar aún más la heterogeneidad de las experiencias que en él confluían, y ello impone que, una vez debidamente subrayada su presencia en el trasfondo de las trayectorias familiares en que iba a insertarse la mía, pase a tomar resueltamente estas últimas por tema. Y para comenzar a abordarlo no encuentro mejor inspiración que la del comentario ligeramente sarcástico que se hizo popular en México cuando nuestras desgracias llevaron a tantos argentinos a buscar refugio en ese país, y que decía más o menos así: "Los mexicanos descendemos de los aztecas, los peruanos descienden de los incas y los argentinos descendieron de los barcos". Mi historia no comienza entonces con mis primeras miradas a la calle Yatay, sino con la llegada de dos barcos, el que en 1889 trajo de Bremen a mi abuela Sofía Gerchunoff, entonces de diecinueve años, y el que en 1910 trajo de Génova a mi madre Renata Donghi, entonces de diez.

Vista de la esquina de Rivadavia y Medrano, diciembre de 1926. Fuente: Archivo General de la Nación.

Familias

Si una historia comienza con el arribo de dos barcos es porque ha comenzado ya antes, pero de esa historia previa tanto para mi familia paterna como para la materna me llegaron sólo unas cuantas imágenes irremediablemente inconexas. Ése era el caso aun para esta última, aunque para ella pude recogerlas con mayor abundancia, en parte porque –habiendo llegado más tardíamente al país– estaba íntegramente formada por inmigrantes que las traían en su propia memoria, pero no sólo contribuyó a multiplicarlas el aporte en este caso decisivo de mi madre; también mis abuelos maternos, que vivieron durante largas temporadas en casa, encontraban gracias a ello frecuentes ocasiones de aludir a hechos y situaciones de tiempos anteriores a su emigración. Mi abuela, Cesarina Gaietta, gustaba más de hacerlo que su marido, quien por otra parte tenía probablemente menos que contar porque, como hijo de un matrimonio oriundo de la región de los lagos lombardos establecido en la región de Lomellina, no había crecido en el marco de una familia extensa y por añadidura sólo conservaba en Italia a una hermana monja en el Cottolengo de Turín.

Aunque mi hermana y yo encontrábamos enormemente interesante tener una tía abuela que de Teresa había pasado a llamarse Suor Maria Nazarena Pastorella, y en la correspondencia que mantenía con mamá solía enviarnos escapularios bordados con el Sagrado Corazón, no encontrábamos en eso nada de particularmente exótico (desde que comenzó sus estudios primarios en el colegio Jesús Sacramentado de la calle Corrientes, mi hermana desde luego veía monjas todos los días), y por lo tanto apenas figuraba en nuestra imagen de Italia, dominada en cambio por la saga de los Gaietta, a quienes imaginábamos recorriendo casi como una tribu errante la entera comarca de Lomellina, en la que mi bisabuelo, al frente de una familia formada por su esposa y –si mi memoria merece fe en este punto– sus nueve hijos (sólo dos de ellos mujeres) se desplazaba año tras año al compás de los contratos que celebraba con variadas granjas cuya leche usaba para elaborar sus quesos. Teníamos información más precisa sobre la familia directa de mamá, que poco después de nacer ella en Cilavegna –una aldea de la provincia lombarda de Pavía, cercana al linde con la piamontesa de Novara– se trasladó a Vigevano, donde mi abuelo abrió una mueblería que en 1908 había prosperado lo suficiente para permitirle construir una casa e instalar una fábrica textil de nuevo en Cilavegna, pero –como para ello debió acudir abundantemente al crédito– luego de dos años en que la coyuntura económica italiana no cesó de deteriorarse se vio forzado a liquidar la empresa a través de una convocatoria de acreedores de la que salió con el honor intacto pero con poco más que eso; fue ese revés el que lo decidió a emigrar a la Argentina.

Pese a sus recursos severamente retaceados, encontró aún manera de eludir para su familia la última humillación que hubiera significado el pasaje de proa, gracias a que en esos años de aguda competencia entre empresas navieras las francesas ofrecían en sus barcos más pequeños y lentos que los transatlánticos italianos pasajes de segunda clase por el mismo precio que éstos habían fijado para los de tercera. Eso hizo posible que en una mañana de comienzos de mayo de 1910 el arribo a Buenos Aires de Juan Donghi, de cuarenta años de edad, su esposa de treinta y cuatro y sus dos hijas, Renata de diez y Valentina de ocho, no dejara huellas en las estadísticas de inmigración, que como es sabido sólo incluían a los pasajeros de tercera clase. En la misma tarde de su llegada –recordaba mi madre– estaban los cuatro paseando por la Avenida de Mayo cuando oyeron que los llamaba desde lo alto de uno de los arcos ornamentales preparados para el festejo del Centenario un muchacho francés desembarcado con ellos, que ya había encontrado conchabo entre quienes instalaban las lamparitas eléctricas que formaban parte de la decoración, y reconocieron en ese saludo un augurio favorable acerca de lo que les esperaba en esa tierra desconocida.

Durante su lenta navegación habían conocido a un señor Sirito, que volvía de Italia con algún capital destinado a completar el trazado en el partido de Lomas de Zamora de una suerte de *planned community* a la que había bautizado Villa Albertina (que, según tengo entendido, tras décadas de crecer al margen de todo plan, es hoy parte de la población de Ingeniero Budge, mencionada con penosa frecuencia en la crónica policial). El emprendedor empresario ya había construido allí el edifi-

Renata Donghi y Valentina Donghi. Foto de tarjeta, c. 1931.

cio para una fábrica y propuso a mi abuelo que se instalara en ella. Mi abuelo aceptó de inmediato, y tras unas semanas pasadas en la casa de una prima de mi abuela que vivía en Villa Galicia, en ese mismo partido, su familia se encontró más pronto de lo que esperaba habitando la más extrema franja pionera del que luego sería conocido como el conurbano.

La imagen que mamá nos transmitía de esa experiencia era, aunque de otra manera, aún más exótica que la que nos habíamos formado de Italia. Mientras ésta, con su nieve, sus prados y sus bosques, hubiera podido servir de telón de fondo para cuentos infantiles, la de Villa Albertina se ubicaba inequívocamente en el que Keyserling iba luego a caracterizar como el continente del tercer día de la creación. Allí las lluvias daban lugar a tenaces inundaciones, y cuando finalmente las cerraba el arco iris, su fin no era celebrado por el vuelo de la paloma del arca, sino por el incesante desfile de una muchedumbre de sapos, que avanzaban por horas chapoteando en el barro que aún iba a tardar largos días en secarse. En ese abstracto proyecto habitacional, que se demoraba en arraigar en una tierra precariamente arrebatada a las aguas, la nueva familia pobladora encontró sólo otras dos lo bastante cercanas para que pudiese considerarlas sus vecinas. Estableció de inmediato una excelente relación con una de ellas, veneciana y recientemente inmigrada (su apellido –Ongania– desde luego entonces no nos decía absolutamente nada), mientras mantenía cuidadosa distancia de la otra, cuyo jefe –según aseguraba mamá– había decidido exterminar a su entera parentela política, y cada vez que asesinaba a uno de sus cuñados levantaba en la comisaría de Lomas un acta en la que declaraba haber actuado en estado de demencia temporaria, acta que su amigo el comisario se apresuraba a archivar. Curiosamente, al narrar esa historia escalofriante mamá no mencionaba que ella y los suyos hubiesen sentido temor alguno frente a esos curiosos usos locales, que no parecían considerar más alarmantes que la negativa del carnicero a venderles hígado, porque en este extraño país se consideraba inadecuado para consumo humano.

El señor Sirito había dotado a su villa de un tranvía a la estación de Lomas, que todas las mañanas mamá y su hermana tomaban para ir a la escuela. Mamá se adaptó rápidamente a esa inmersión súbita y total en una nueva cultura: no había pasado un mes y la maestra podía ya ponerla como ejemplo a sus compañeros, en términos que se le habían grabado en la memoria y gustaba de repetir en una versión depurada del más malsonante "Aprendan de la gringuita; hace un mes de miércoles que llegó al país y ya escribió la mejor composición de todo el grado". Aunque halagador, el episodio vino a recordarle dolorosamente todo lo que había perdido junto con su escuela de Vigevano, pero cuando un par de años después comenzó sus estudios secundarios en el todavía único Liceo de Señoritas de la capital, entonces instalado en una mansión demolida desde hace ya muchos años y situada creo que en Santa Fe y Aráoz, no necesitó extrañar en ese aspecto nada importante que hubiese perdido en el camino.

El rector del Liceo, Leopoldo Herrera, por quien mi madre conservó siempre sentimientos cercanos a la veneración, pertenecía a una generación que aún podía sentir que estaba construyendo un país, con una robusta fe que en su caso había encontrado legitimación ideológica en la tradición del positivismo entrerriano, y esa fe le confería una autoridad lo bastante segura de sí misma para imponerse por su sola presencia. Pero puesto que construir un país requería prodigarse en múltiples actividades, esa presencia conocía abundantes intermitencias, y en el día a día de la vida del Liceo gravitaba de modo más consistente la autoridad igualmente irrecusable de la vicerrectora, Berta Wernicke, a quien mi madre recordaba también con enorme respeto. Y se entiende que así fuera: cuando la incorporación de las mujeres a la vida académica y profesional no había superado su etapa pionera, y aun en la enseñanza sólo la primaria y normal les estaba plenamente abierta, quienes, como Wernicke, habían debido buscar dentro de sí mismas la fuerza necesaria para superar las resistencias que les habían hecho tan penoso avanzar en ese campo hasta poco antes vedado, adquirieron tras atravesar esa prueba de fuego un aplomo y una firmeza que lo inspiraban de modo casi automático.

Cuando mamá evocaba la experiencia tan positiva que le había brindado el Liceo eran esas dos figuras las que ocupaban el primer plano; aunque seguir en el último año el curso de lógica dictado por Lidia Peradotto, una de las primeras mujeres doctoradas en la Facultad de Filosofía y Letras, significó para ella una experiencia importante (unos años después lo sería también para María Rosa Lida) y originó un vínculo que iba a persistir por algún tiempo, parece haber sido también una experiencia del todo excepcional. Quizás eso contribuyó a que, cuando comenzó a desplegar curiosidades en el campo de las letras, se orientara hacia su legado italiano, tal como lo atestiguan los artículos recortados de la página literaria de *La Patria degli Italiani* que había pegado y encarpetado por esos años, cuando ese periódico entonces extremadamente próspero podía permitirse ofrecer a sus lectores una imagen directa y bastante completa del movimiento literario en la Península.

Contribuyó a estrechar aún más su vínculo con su tierra de origen el estallido de la guerra, que iba a vivir en un clima de permanente exaltación patriótica, sin que la impresionara que el día en que Italia la declaró a Austria, y ella anunció a su compañera Magdalena Ivanissevich (quien pese al apellido eslavo provenía de una familia de venecianos de Dalmacia) que para los italianos que gemían bajo el yugo austríaco la hora de la liberación estaba cercana, recibiera la desconcertante respuesta de que esos leales súbditos del emperador Francisco José consideraban con horror una eventualidad por fortuna mucho menos probable de lo que le anunciaba su compañera. Pero, en sólo aparente paradoja, la guerra contribuyó también a acelerar la aclimatación a su nuevo país, al incorporarla al bando aliadófilo que en esa Argentina aluvial era abrumadoramente mayoritario (mi abuelo, que al parecer había tomado todo eso con más calma, conservaba un recuerdo divertido de los meses en que sus visitas de negocios al centro eran constantemente interceptadas por cortejos que exigían la inmediata ruptura de relaciones con los imperios centrales, a los que se sumaba resignadamente).

Aunque los recuerdos de esos años registran continuas dificultades para los negocios de la familia (luego de que la fábrica de Villa Albertina dejó paso a un taller de pasamanería en la capital, que llegó a proveer de galones a los uniformes del ejército, la guerra provocó una aguda escasez de anilinas, que obligó a mi abuelo a acudir primero a peligrosos contactos clandestinos con los importadores alemanes incluidos en las listas negras aliadas, que sobrevivían desprendiéndose a precios cada vez más altos de lo que les iba quedando de las remesas llegadas antes del estallido del conflicto, y luego a sucedáneos improvisados localmente, que –como se iba a revelar de modo desastroso en un solemne desfile militar– desteñían bajo la lluvia), la decisión de enviar a mamá a estudiar al Liceo y no a una escuela normal, que le hubiera ofrecido ingresos seguros antes de alcanzar los veinte años, y más aún la de derivar a su hermana, que se había revelado mucho menos inclinada a estudios sistemáticos, a alternativas tales como los cursos de lengua de la Alianza Francesa y el taller de pintura del príncipe Sobieski, entonces de moda, sugieren que contratiempos como ése no le habían impedido afirmarse en un nicho social claramente ubicado por encima de los niveles ínfimos de la clase media.

En 1918 lo iba a confirmar el ingreso de mamá en la carrera de Letras de la Universidad de Buenos Aires, donde se encontró con quien iba a ser su marido, y éste es entonces el momento adecuado para pasar a ocuparme de mi familia paterna. También en ella, como en la de mamá, ocupaba el primer plano la línea materna. Cuando mamá comenzó a visitar a la familia de papá, mi abuelo Enrique Halperin, uno de dos hermanos inmigrados de la sección entonces rusa de Polonia, estaba ya internado en la etapa final de la enfermedad de la que iba a morir poco después, y la única imagen que de él me llegó es la de una fotografía tomada en el hospital que fue su última morada, con su reloj de bolsillo colgando de los barrotes de la cama. Las noticias que recibí acerca de él no hubieran podido ser más escuetas: que tenía un trabajo de oficina en la empresa Dreyfus y que gustaba demasiado de fumar cigarros, lo que le provocó el cáncer de garganta responsable de su prematura muerte.

Para la trayectoria más temprana de la familia de mi abuela Sofía, acerca de la cual –a diferencia de lo que ocurría con la de mi otra abuela– no me llegó casi nada por tradición oral, cuento en cambio con las evocaciones contenidas en los escritos de su hermano Alberto Gerchunoff; la más precisa de ellas en una autobiografía que permaneció inédita hasta 1973, pero que la editorial Plus Ultra, al incluirla entre los textos de su pluma reunidos ese año en el volumen titulado *Entre Ríos, mi país*, describía como "fechada en París, en 1914, adonde [el autor] fuera enviado en misión oficial por el presidente Roque Sáenz Peña".

Cuando la escribió era ya mi tío abuelo una figura consagrada de la joven generación literaria, en cuyas filas se había comenzado a practicar con cierta frecuencia una búsqueda de raíces que no siempre resistía la tentación de derivar hacia una exhibición de blasones, y algo de eso se encuentra también en su texto parisino. Leemos en él que sus abuelos, "fundadores de aldeas, emprendedores y enérgicos […] aseguraron a sus descendientes contra las arbitrariedades normales del imperio con el fuerte pago del Derecho de Perpetuación […] obteniendo beneficios legales que los equiparaban a los hidalgos secundarios", y que el heredero de esos abuelos y padre del autor había tomado a su cargo la gerencia de una casa de posta situada en Tulchin, una menuda ciudad de la Ucrania central, cuando era ése un "comercio liberal" cuyos dueños "se consideraban como funcionarios de importancia"; por ésa y otras razones –concluía– su familia, "estimada entre los israelitas, no carecía de prestigio ante la aristocracia ortodoxa y lugareña". Pero las nubes se arremolinaban ya en el horizonte, y mientras "el ferrocarril se acercaba, y los comerciantes de posta veían en la locomotora un enemigo implacable", el amenazado funcionario de las postas imperiales, "desprovisto de espíritu comercial, dejaba desvanecerse la fortuna heredada". Sin duda esa situación cada vez más sombría contribuyó a que ese hombre a quien su hijo describe como "dado a la imaginería filosófica", que había encontrado en "el credo de Tolstoi" argumentos a favor de la vida libre y la existencia pacífica a las que aspiraba de modo instintivo, se sintiese irresistiblemente atraído por "la tentativa de colonización del barón Hirsch [que] iluminaba a los israelitas de Tulchin, como la esperanza mesiánica del retorno al reino de Israel". Para incorporarse a esa empresa en 1889 partió "a la América, a la Argentina" en compañía de su esposa Mariana, sus dos hijos, Alberto y León, y sus tres hijas, Sofía, Rosa y Cecilia, en "una mañana de primavera en que florecía el arroz y se llenaban de perfume las acacias", mientras los "*mujiks*

Familia Gerchunoff: atrás, de izquierda a derecha, Bernardo Gerchunoff, Cecilia G. de Wolovick, Alberto Gerchunoff y Rosa G. de Weber. Sentados, de izquierda a derecha, Gregorio Halperin, Sofía G. de Halperin, Aaron Halperin, Ana Kornfeld, Lázaro Halperin (en brazos), Enrique Halperin y Jacobo Halperin.

[que] sabían la nueva [...] los saludaban al pasar con votos de augurio", en una escena final que no podía ser más adecuada a un cuadro de la vida judía en el imperio de los zares en la década de 1880 que no había necesitado recurrir nunca a la palabra *pogrom*.

Lo único que no necesité aprender de esos escritos fue que mi bisabuelo murió frente a la carpa en la que aún seguía viviendo su familia, asesinado a cuchilladas por un paisano borracho que también alcanzó a herir a su esposa y a mi abuela Sofía, antes de ser ultimado a golpes por los colonos que habían acudido al tumulto, y que en 1895 su viuda, mujer de temple excepcional y fuerte voluntad, llevó a toda su familia a Buenos Aires, donde ésta comenzó por hallar alojamiento en un conventillo cercano a la capilla del Carmen. En esa etapa, de la que no me han llegado memorias, la familia de la viuda Gerchunoff estableció lazos duraderos con algunas otras allí residentes, cuya trayectoria posterior parece dar razón a la imagen del conventillo como umbral de ingreso a las clases medias que tan insistentemente sugieren los testimonios recogidos por Francis Korn. Una de esas familias era la de Ivanissevich, que ya hizo una breve aparición en estas páginas en relación con mamá, y una de las consecuencias iba a ser que todos los integrantes de la de Gerchunoff necesitados de cirugía mayor iban a ser operados gratis por Oscar Ivanissevich, después de que éste adquirió una legendaria reputación como habilísimo cirujano.

En algún momento que no puedo precisar mis abuelos pusieron casa por separado, por un tiempo en San Fernando, en una húmeda y fría donde durante un invierno excepcionalmente rígido papá y su hermano Aarón cayeron enfermos de reumatismo cardíaco, en un episodio que –aunque no dejó secuelas inmediatamente perceptibles– dejó en cambio el terreno preparado para la prematura muerte de ambos. Sin duda esa poco feliz elección de vivienda fue una de las consecuencias de la estrechez en que debía desenvolverse esa familia en constante crecimiento (mi abuela Sofía iba a tener siete hijos, todos varones, de los cuales papá era el mayor).

Esa misma estrechez no impidió que papá siguiera estudios secundarios; lo hizo en el Colegio Nacional Rivadavia, donde al parecer estaba lejos de reinar el clima propio de una empresa civilizatoria en su etapa pionera que mamá encontraría en el Liceo; así lo sugiere el hecho de que el único recuerdo que me transmitió de su aprendizaje en ese establecimiento lo debiese a quien fue, aunque brevemente, marido de Victoria Ocampo, y –como profesor de inglés estrictamente adherido al método directo– durante un mes no había dirigido a su clase una palabra que no fuese en ese idioma, lo que había incitado a los alumnos, convencidos de que ése era el único que dominaba, a dirigirse a él en los términos más procaces que conocían de la jerga porteña, hasta que necesitó menos de un minuto para revelarles hasta qué punto seguían siendo sólo aprendices también en el manejo del vocabulario obsceno en el que es tan rica esa jerga. Pero no faltaban entre los estudiantes del Rivadavia quienes buscaban más anchos horizontes intelectuales, y con ellos papá participó en la formación de una asociación que llegó a publicar el primer y también único número de una revista para la cual él mismo escribió el manifiesto de presentación.

Cuando pasó a la Facultad de Filosofía había comenzado ya a mantenerse con trabajos ocasionales, hasta que su tío Alberto Gerchunoff solicitó del presidente Yrigoyen que una designación en algún puesto de oficina facilitara los estudios de ese joven dotado de tan prometedores talentos. Gerchunoff, que había encontrado su hogar político en la democracia progresista de Lisandro de la Torre, estaba por entonces enfrascado en una desbridada campaña oratoria contra el primer presidente radical, pero eso no impidió que éste acogiera benévolamente su pedido sin esperar nada a cambio, y papá pasó a trabajar por años en las oficinas de la Aduana, cumpliendo rigurosamente tareas que por cierto estaban lejos de ser abrumadoras.

En 1918, cuando mamá entró en la Facultad, papá había avanzado ya en la carrera de Letras, con un ritmo que hacían más lento no sólo su trabajo en la Aduana sino su decisión de seguir simultáneamente la de leyes, que iba luego a abandonar en el camino. En esa facultad, como en todas las de la universidad porteña, ese año estuvo marcado por la irrupción del movimiento reformista, tan arrolladora en el ámbito estudiantil que, de acuerdo con lo que de esa experiencia recordaba mamá (papá hablaba muy poco del tema), no sé si corresponde llamar militancia a la participación en él, que se hizo universal apenas las autoridades de la Universidad de Buenos Aires dieron una casi inmediata respuesta favorable a la más audaz de sus demandas. En efecto, la reforma estatutaria que concedió participación en los consejos de gobierno de la Universidad y de sus facultades a representantes del estamento estudiantil ofreció un estímulo poderoso a cuantos se creían en situación de manipular en su provecho a un sector que de pronto se había tornado influyente, y como consecuencia de ello a partir de ese momento el movimiento reformista emprendió con ritmo acelerado el inevitable tránsito de la mística a la política, que en Francia había decepcionado tan dolorosamente a Charles Péguy luego del triunfo de la causa dreyfusista que había sido la suya. Pero si en la Facultad de Filosofía y Letras ese ritmo fue particularmente vertiginoso mucho influyó también en ello la habilidad con que Coriolano Alberini supo incidir en el entero proceso.

Tengo que hablar un poco de Alberini, porque para mamá las peripecias en la relación que papá tuvo con él constituían un recuerdo obsesivo; pero por otra parte la figura y la carrera de quien fue por más de veinte años el patrón de la Facultad ofrecen sin duda un tema interesante en sí mismo. Nacido en Italia y de origen modestísimo, una poliomielitis que lo atacó en la infancia hizo que a partir de entonces cada paso que daba fuese ya un triunfo de su voluntad. Estudiante sobresaliente en la carrera de Filosofía, se volcó con entusiasmo al movimiento reformista, y pronto hizo del Centro de Estudiantes, en el que se instaló en forma permanente, una fuente inagotable de *bons mots* que hacían honor a su ingenio cáustico y casi siempre certero. Tuvo influencia significativa en el proceso que culminó en la elección de Alejandro Korn como primer decano del nuevo régimen universitario, pero pronto se distanció de él para concertar nuevas alianzas dentro del sector más veterano del claustro de profesores, sin dejar por eso de prestar atención a sus bases en el claustro estudiantil, en el cual la influencia que había adquirido sobre el Consejo Directivo le permitió armar una red clientelar sin duda modesta, pero suficiente para asegurar a la Lista Azul que patrocinaba la victoria sobre la blanca en la que militaban mis padres. Eso no impidió que apenas papá egresó de la Facultad lo hiciera nombrar profesor de latín en el Instituto Libre de Segunda Enseñanza, donde ya se había instalado como vicerrector. Papá le agradeció entonces en una esquela en la que le advertía además que no era su intención convertirse en un profesional del agradecimiento, lo que eliminó para él cualquier posibilidad de encontrar un lugar en la Facultad mientras su destinatario siguiera gobernándola con puño de hierro.

La lógica de ese sistema de poder lo hacía en efecto inevitable. Aunque dudo de que Alberini sintiera por papá el intenso odio que llegó a profesarle a Korn (y que hizo no sólo que lo presentara en *Die deutsche Philosophie in Argentinien* como un médico que en su vejez había desplegado algunas curiosidades filosóficas, sino que además hiciese advertir a don

Pedro Henríquez Ureña que si quería encontrar alguna vez lugar en su facultad debía cortar todo contacto con Korn, a lo que don Pedro respondió que si el doctor Korn le ofrecía el honor de su amistad le era desde luego imposible rechazarla, y tuvo desde entonces que atenerse a las consecuencias), cualquier reacción menos severa hubiera amenazado relajar la disciplina que había decidido imponer a sus subordinados.

Aunque mamá se proclamó siempre apasionadamente solidaria con ese gesto con el que su marido había renunciado de antemano a la que hubiera sido la coronación lógica de su carrera, creo que siempre resintió un poco que con él papá hubiese sacrificado algo que le interesaba menos que a ella. Y, si ése era el caso, tal resentimiento hubiera estado justificado: todo me hace creer, en efecto, que a papá nunca le quitó el sueño no haber alcanzado a integrar el elenco de profesores de la universidad argentina. Encontraba verdadero placer en la enseñanza secundaria, de latín en el Instituto Libre y de castellano y literatura en la Escuela de Comercio Carlos Pellegrini, y en ambas instituciones su actitud nada complaciente no le impidió ganar el afecto a la vez que el respeto de la mayoría de sus alumnos. Y por otra parte no podía ignorar que su posterior designación como profesor de latín en el Instituto del Profesorado lo había integrado a un elenco docente –el de su admirable sección de Castellano y Literatura– que se comparaba con clara ventaja con el de la institución que le había cerrado sus puertas.

Me parece que esa reacción, que mamá encontraba sin duda demasiado serena, no reflejaba tan sólo un rasgo muy profundo de su personalidad, que contrastaba con la inquietud que en ella estaría condenada a permanecer siempre insatisfecha, sino que se legitimaba también a partir de una noción muy de ese momento acerca de cuál era el lugar más alto al que su vocación lo llevaba a aspirar, ya entonces canonizada en la utopía socrática cara al movimiento reformista, para la cual la obra por excelencia del maestro era el maestro mismo (al cabo Sócrates, como casi todos sabemos, no dejó otras más que ésa): tal era sin duda la razón por la cual no podía parecer entonces tan grave como lo sería más tarde que como consecuencia de un régimen de trabajo que incluía veintiocho horas semanales al frente de clases fuese altamente improbable que papá alcanzara a sumar a esa obra, importante entre todas, otras de comparable envergadura.

Esa visión, que hacía del maestro el gurú que Ivonne Bordelois iba, como yo, a descubrir encarnado todavía con feliz anacronismo desde su cátedra de Harvard por Raimundo Lida, mis padres la habían por su parte reconocido ya realizada en el helenista Francisco Capello, único entre sus profesores de la Facultad al que mamá recordaba con admiración profunda de un elenco que había incluido entre otros a Juan Agustín García, José Ingenieros y Ricardo Rojas. Aunque Capello no se parecía en absoluto al altivo maestro de saber y de virtud reclamado por el reformismo, otros rasgos de su personalidad que lo hacían inmediatamente querible hacían también aceptable en él todo lo que lo separaba de ese exigente ideal. Nacido en 1859 en una aldea de la orilla piamontesa del Lago Mayor y doctorado en la universidad de Milán, en 1897 había emigrado a la Argentina, donde a partir de 1903 tomó a su cargo la enseñanza del griego en la recién fundada Facultad de Filosofía y Letras de la Universidad de Buenos Aires. Ese hombre sabio siguió siendo allí a la vez, en palabras de Roberto Giusti, un "niño, que nunca dejó de serlo el empedernido solterón, un niño asustadizo, desconfiado, arbitrario, contradictorio, atento a todo, y llevado por su rica vida interior, lejos de todo, encubriendo su timidez con la caparazón de la

Francisco Capello, su ahijada y su sobrino Carlos Mongini, con Cesarina G. de Donghi, Renata y Valentina Donghi, en una visita al Jardín Zoológico. Foto de tarjeta, 1921.

extravagancia". Este comentario dice algo no sólo sobre Capello, sino sobre la relación que con él establecieron sus alumnos, en que la veneración por el maestro se acompañaba de una enternecida simpatía hacia quien se revelaba a cada paso desarmado y vulnerable, y la coexistencia de esos dos sentimientos que no por reforzarse mutuamente dejaban de ser contradictorios terminaban por hacer del de Capello un ejemplo que se reconocía inimitable y que en el fondo tampoco se aspiraba a imitar. Es revelador al respecto que, entre esos estudiantes que iban a conservar para siempre vivo el deslumbrado recuerdo de sus clases, ninguno iba a ser permanentemente atraído a los estudios helenísticos, y el sucesor de Capello en ese campo iba a ser en cambio Enrique François, quien como hijo de un cultísimo profesor francés el griego lo había traído sabido desde su casa.

Si a través de Capello, que había ya dejado atrás el deslumbramiento suscitado en él por su primer contacto con la renovación introducida desde Alemania en los estudios de filología clásica, sus estudiantes habían tomado contacto con una más antigua y venerable tradición humanística, algunos de esos mismos estudiantes –y entre ellos mis padres– iban a conocer también esa más moderna alternativa, a la que Capello reprochaba que no se hubiera fijado ningún objetivo más ambicioso que la verificación cada vez más estricta de una masa cada vez más abundante de datos eruditos. Ello ocurrió cuando, a propuesta de don Ramón Menéndez Pidal, Américo Castro fue designado director del Instituto de Filología creado en la Facultad con el asesoramiento de la Junta para Ampliación de Estudios madrileña. Castro había adoptado con entusiasmo la orientación erudita, cautelosa y acumulativa de la que –como es sabido– iba luego a abjurar en los términos más vehementes, pero que en 1925 daría inspiración a su primera obra importante, *El pensamiento de Cervantes,* en la que presentaba, catalogadas en un orden impecable, las vastas riquezas del fichero de citas que había reunido sobre el tema. Bajo su guía mis padres aprendieron a trabajar también ellos con fichas de acuerdo con las más estrictas reglas del arte, y mamá completó un estudio sobre italianismos en la lengua de Buenos Aires que las seguía escrupulosamente, y que fue publicado en 1925 por el Instituto de Filología. Luego, aunque bajo la dirección esta vez permanente de Amado Alonso el Instituto siguió siendo para ellos un lugar acogedor en una facultad en que no contaban con muchos otros, no fue ya mucho más que eso.

Ese cambio era sólo uno de los que marcaron el ingreso de la vida de ambos en un nuevo capítulo. En 1922 se habían casado, en tiempos de aguda escasez de viviendas y altísimos alquileres que los habían obligado a alquilar una totalmente inadecuada en una calle remota, donde mamá tuvo que aprender su nuevo oficio de ama de casa a la vez que comenzaba su carrera docente como profesora de castellano y literatura en el colegio nacional Sarmiento; aunque –como descubrió enseguida– le gustaba mucho enseñar y lo hizo también ella con éxito, en esa actividad se sentía menos realizada que papá, y muy pronto iba a buscar un camino que sentía más auténticamente suyo en la creación literaria.

A la vez el casamiento había creado para ambos una nueva constelación familiar, lo que supone una transición siempre delicada, pero que fue en este caso particularmente fácil; creo que en parte debido a la existencia, entre las familias que iban así a vincularse, de un terreno común que todavía en esa etapa argentina alcanzaba repercusiones que hoy no es fácil percibir intuitivamente: era éste el creado por la compar-

Renata Donghi y Gregorio Halperin, en el día de sus bodas.

tida experiencia de la inmigración. Había con todo un elemento que hubiera debido hacerlo más difícil: papá era, como se decía a menudo entonces, de origen judío. Hoy suele asignarse a la preferencia por ese giro una intención eufemística, en cuanto a la vez que reconocía ese origen, suponía una cierta toma de distancia respecto de él, que podía esconder el deseo de que fuera tenido por irrelevante, pero en este caso reflejaba de modo totalmente fidedigno la relación que la familia en que entraba mamá se había propuesto mantener con esas raíces que hoy suelen apreciarse más positivamente. En ella sólo el tío Alberto, quizá más influido de lo que él mismo advertía por el clima colectivo que había llevado ya a Enrique Larreta a descubrir las suyas en Ávila, se interesó por explorarlas en una excursión cuyo destino final algunos creyeron anticipado en el título (*El cristianismo pre-cristiano*) del ensayo en que presentaba los primeros frutos recogidos en ella, pero que no prosiguió luego.

Dada esa actitud, no es sorprendente que la familia en que mamá iba a ingresar no encontrara nada demasiado problemático en que ella no compartiera esas raíces; parece quizá más notable que la suya de origen tampoco lo encontrara en su decisión de incorporarse a otra que sí las tenía. Sin duda era la suya una familia muy poco devota (hasta qué punto no lo era lo refleja el hecho de que, por lo que yo recuerdo, mi abuela Cesarina no fuera nunca a misa los domingos), pero cuando mamá, que hubiera querido convencer a papá de que aceptara algún tipo de consagración religiosa para su matrimonio, no encontró en sus padres el apoyo que había esperado, lo atribuyó menos a cualquier excepcional amplitud de miras en esa materia que a indiferencia ante el dilema que ella afrontaba, y que la atormentaba bastante, porque fue siempre creyente, aunque sin duda muy a su manera (en una oportunidad, escuchando lo que no se me decía a mí, oí a papá explicar a un amigo que "en Renata la religión es folklore"; pero aunque en buena medida era eso, era también algo más que eso).

Mamá atribuía a su vez esa indiferencia a la crisis que estaba viviendo su familia, y que iba a hacer desde entonces problemática su relación con su madre y su hermana. Hacia el fin de los años de guerra el taller de pasamanería había sido reemplazado por una pequeña fábrica textil cuyo éxito posibilitó que mis abuelos hicieran edificar en la calle Yatay el local destinado a ésta, y en sus altos la casa que describí; pero cuando todo sugería que su destino sería seguir gozando de la misma modesta pero sólida prosperidad que habían ya alcanzado, ese destino sufrió un giro radical, del que mamá se iba a sentir en cierta medida involuntaria causante. Ocurrió que Francisco Capello, quien no era tan sólo el más venerado de sus profesores, sino un compaisano que como tal visitaba frecuentemente a su familia, empezó a llevar como acompañante en esas visitas a su sobrino Carlos Mongini, llegado de Italia poco después de finalizada la guerra, al parecer con algún dinero y con deseos de invertirlo en alguna especulación prometedora, y el que iba a ser mi tío Carlino no tardó mucho en instalarse en Yatay como pensionista y muy poco después también como novio de mi tía Valentina, según mamá monopolizando desde el primer día todas las conversaciones con recuerdos de un pasado de aventuras y discusiones de grandiosos proyectos empresarios, y por ese camino logró persuadir a mi abuela, que por entonces se acercaba a los cincuenta años, de que puesto que lo mejor que en el futuro podía esperarse de la empresa familiar era el mantenimiento de los avances ya realizados, y ni aun eso era seguro, se hacía aconsejable una liquidación que permitiera orientar hacia inversiones más atractivas los recursos que estaban inmovilizados en ella. Aunque reconocía que el procedimiento que aconsejaba seguir no era estrictamente legal, era en cambio de uso frecuente (y es preciso admitir que en este punto mi futuro tío apenas exageraba); por esa razón –aseguraba– no le sería difícil obtener el asesoramiento de alguien que contaba con la experiencia necesaria para guiar el entero proceso esquivando los riesgos derivados de esa circunstancia.

Esa versión, que escuché más de una vez de labios de mamá, sólo lograba liberar a mi abuelo de cualquier responsabilidad en una iniciativa que ella había rechazado desde el comienzo con indignación al precio de asignarle (me temo que certeramente) el papel poco gallardo de espectador pasivo de la destrucción de la empresa que lo tenía por jefe. El reconocimiento de que su padre había asumido ese papel en el entero episodio, a la vez que aumentó el cariño que mamá sentía por quien estaba revelando ser otra víctima tan indefensa como ella misma del súbito cambio sufrido por el clima hasta la víspera nada problemático de su convivencia familiar, al confirmarle que ese cambio era ya irrevocable, le hizo percibir aun más dolorosamente todo lo que había perdido con él. Sin duda en cuanto a esto sentía con particular intensidad que quienes habían pasado a hacer la ley en su familia no la reconocieran ya como quien dentro de ella había superado más brillantemente los desafíos de la emigración, al incorporarse en su nuevo país a una vanguardia de mujeres que se preparaban a hacer sentir su gravitación en esferas de actividad hasta entonces cerradas para ellas; en efecto, en el clima de grandiosas expectativas que había entrado a reinar en su casa, su decisión de buscar un futuro en la docencia y unir su vida a quien esperaba encontrarlo también en esa actividad sólo podía ser vista en cambio como el signo de una mediocridad de ambiciones que bordeaba (y quizá no sólo bordeaba) el ridículo.

No es sorprendente entonces que mamá no tardara en descubrir en su futura familia política un ámbito protegido de la incesante tormenta que reinaba en la suya propia, y curiosamente iba a ser una iniciativa de su madre la que contribuiría a crear la ocasión que aceleraría ese descubrimiento. Mi abuela Cesarina, cuando el alarmante deterioro de la salud siempre delicada de Rosa, una de las dos hermanas de su futura consuegra, hizo aconsejable para ella un período de reposo y quizá recuperación en un marco semirrural, convino con ella en que sus dos familias alquilaran juntas durante el verano una quinta en Florencio Varela, en la que mamá iba a convivir casi cotidianamente con mi abuela Sofía y sus hijos, entre ellos desde luego su futuro esposo (todavía en la vejez de todos ellos iban a mantenerse en su trato las pautas establecidas durante ese largo verano de Varela; así, mientras sus seis cuñados por igual se trataban con mamá de usted, ella seguía tuteando a los tres menores, a quienes había conocido de pantalón corto).

Otros factores más permanentes iban a consolidar el vínculo establecido en esa ocasión propicia; mientras para mamá, aun pasado lo peor de su tormenta familiar, ésta iba a dejar como secuela una distancia que no se cerraría nunca, debido a la cual su diálogo con su suegra iba a estar mucho más libre de reservas que el que nunca había cortado del todo con su madre, por su parte esa suegra iba a apreciar positivamente la presencia frecuente de una nueva interlocutora femenina en esa casa de varones (de sus seis hijos todavía solteros sólo la había abandonado el segundo, Jacobo, que desde la adolescencia se había dedicado al periodismo), en que por otra parte la estrechez no se hacía ya sentir como en el pasado. Para entonces hacía ya años que había venido a aliviarla la meteórica carrera de Aarón, el tercero de esos hijos, quien luego de completar –según creo– un bachillerato comercial, había encontrado empleo en el personal administrativo de Dreyfus, desde luego que en un nivel ínfimo. Al estallar muy poco después la primera gran guerra, la mayor parte de los intensamente patrióticos judíos alsacianos que ocupaban allí las más altas posiciones respondieron fervorosamente al llamado al combate que debía devolver a Francia su provincia nativa, y en el vacío así creado mi tío se reveló capaz de asumir responsabilidades cada vez más abrumadoras, hasta tal punto que al llegar el fin de la guerra estaba ya instalado muy cerca de la cumbre de esa estructura empresaria; sobre todo gracias a sus aportes a la economía familiar los cuatro hermanos que le seguían pudieron completar sus estudios, si no con completo desahogo, sí afrontando condiciones menos adversas que los mayores. Y en este punto puedo pasar por fin de la historia que me han contado a la que recuerdo.

Infancia I

Cuando comencé a mirar al mundo algunas cosas habían cambiado en las dos familias en las que estaba destinado a integrarme. Mientras en la materna la liquidación de la empresa familiar propuesta por Carlos Mongini se había completado con el éxito que él había anticipado, y mis abuelos no vivían ya en Yatay, donde ahora éramos nosotros sus inquilinos, sino junto con mi tía Valentina, ya casada con Mongini, en un *petit-hôtel* que habían alquilado en la calle Uruguay, en la paterna a la muerte de Rosa Gerchunoff su viudo, León Weber, y sus tres hijos –Ana Sofía, Frida y Gregorio– pasaron a vivir junto con la familia de mi abuela Sofía, primero en un piso grande y sombrío de la calle Perú, del que sólo conservo una muy borrosa memoria, pero muy pronto en una casa de altos aún más enorme, situada en la última cuadra de Perú casi llegando a Caseros, desde cuyo fondo se bajaba a un jardín al que siempre conocí en estado de total abandono. De esa casa tengo un recuerdo muy vívido; no así de la de Uruguay, donde mis abuelos iban a vivir por muy poco tiempo: en efecto, cuando mi tío Carlino, que había tomado a su cargo invertir con ventaja el patrimonio familiar, decidió emigrar a Bolivia tras un breve y poco exitoso intento de hacerlo en Buenos Aires, se vinieron a vivir con nosotros en Yatay, aunque mi abuela Cesarina de modo harto intermitente, ya que mientras duró esa situación prefirió alternar entre la hospitalidad de sus dos hijas.

En La Paz mi tío instaló una tienda de productos importados que a más de hacerse pronto popular entre las clases altas locales abrió para él y su esposa el acceso a ellas; mi tía pareció por un instante destinada a ocupar en esa sociedad detenida en el tiempo un lugar comparable al que un siglo antes había imaginado Mármol en su *Amalia* para Mme. Dupasquier, la viuda del tendero francés que junto con su hija Florencia ejercía en el Buenos Aires de Rosas el arbitraje de las modernas ele-

Cesarina Gaietta de Donghi, de visita a su consuegra Sofía Gerchunoff de Halperin, y los nietos de ambas, en el patio trasero de la casa de Perú.

Renata Donghi de Halperin en el vestíbulo de Yatay.

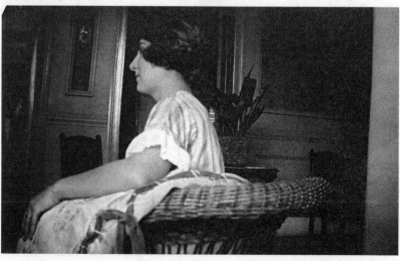

gancias. Tan sólo por un instante, porque esa etapa exitosa fue cerrada demasiado pronto por la muerte de Carlino, apenas entrado en la treintena cuando cayó víctima del tifus exantemático, endémico entonces en Bolivia, y hasta la introducción de los antibióticos casi siempre fatal para los extranjeros. Con la ayuda de mi abuela, su viuda liquidó la empresa y retornó a Buenos Aires, tras declinar la propuesta matrimonial de un distinguido oligarca paceño.

A fines de 1934 mis abuelos maternos estaban ya instalados con mi tía Valentina en un chalet que habían alquilado en Adrogué, atestado de bandejas, jarrones y potes de plata boliviana y decorado con los cuadros de la familia Mongini que habían antes invadido nuestra casa de Yatay, entre ellos un inmenso óleo encerrado en un pesado marco cubierto de hoja de oro, que representaba al abuelo de mi difunto tío, Pietro Mongini, quien –como mi tía no se cansaba de recordarnos– en 1871, en el memorable estreno de *Aída* en El Cairo, había tenido a su cargo el papel de Radamés, y otro gemelo y bastante más atractivo en el que su esposa, peinada al estilo de la emperatriz Eugenia, se mostraba serenamente elegante en un vestido de fiesta dotado de un generoso *décolleté*.

Hasta que se mudaron a Adrogué, los abuelos habían formado de hecho parte de nuestra familia más cercana; su presencia permanente entre nosotros hizo entre otras cosas que las conversaciones en la mesa pasaran a ser bilingües; mientras mamá y sus padres se dirigían a papá y nosotros en castellano, entre sí hablaban en el más cerrado dialecto de la Lombardía occidental, que pronto logramos entender sin problemas, pero nunca intentamos hablar, entre otras cosas porque mamá desaprobaba que lo hiciéramos. Más allá de eso, ambos abuelos iban a aportar bastante a nuestra infancia. No estoy seguro de que hubieran terminado los estudios primarios, pero eso no impedía a mi abuelo ser a su modo un hombre de lecturas, que tenía como libro de cabecera un *Quijote* editado por Sopena en dos tomos en rústica que conocí ajados y a medias descosidos por el reiterado uso, pero que gustaba también de leer, siempre en español, a novelistas populares del siglo XIX; aunque predominaban desde luego entre ellos Dumas y otros franceses, sólo el *David Copperfield* de Dickens había merecido él también varias lecturas.

Después de su prematuro retiro de toda actividad, mi abuelo tenía disponible todo el tiempo del mundo, y aunque lo invertía en muy variadas iniciativas, desde la fabricación artesanal de quesos, que fue sólo una veleidad momentánea, hasta la construcción de una complicada pajarera donde iban a alojarse junto con no pocos canarios un par de cardenales y además algunos cabecitas negras, le quedaba todavía bastante para llevarnos a menudo al Parque Centenario, que quedaba a unas cuadras de casa. Por su parte mi abuela Cesarina, a quien nunca le conocí ninguna curiosidad intelectual ni literaria, quizá porque se sentía suficientemente realizada como la mujer enérgica y decidida que en efecto era, durante los períodos que pasaba en Buenos Aires gustaba de tomarnos a su cargo durante las ausencias de su hija y yerno (mamá había ya para entonces agregado a sus cursos en el Sarmiento otros vespertinos en la sección de Italiano del Instituto del Profesorado), y con frecuencia presidía las cenas de mi hermana y mías, todavía entonces más tempranas que las de los mayores, asegurándose de que en ellas desplegáramos los mejores modales de mesa. Sus temas de conversación no eran los más usuales en diálogos con chicos; seguidora apasionada como era de los progresos de la técnica y a la vez tan intensamente patriota como el resto de su familia, no ha de sorprender que entre éstos afloraran con cierta frecuencia las hazañas de que eran capaces los Caproni con que contaba la aviación de guerra italiana, según ella imposibles de derribar, y el universal entusiasmo con que los italianos de la Argentina se habían movilizado para la guerra con Chile que el general Roca había preferido finalmente esquivar. Es preciso admitir que esa elección de temas era menos absurda de lo que podría parecer a primera vista, puesto que me quedaron tan firmemente grabados en la memoria.

Releyendo lo que acabo de escribir descubro que quise más a mi abuelo que a mi abuela, pero estoy seguro de que entonces no lo advertía; ambos, del mismo modo que nuestros padres, eran simplemente presencias necesarias en el mundo que habíamos encontrado al nacer; estoy seguro también de que si los aceptamos a todos tan poco problemáticamente es porque todos ellos contribuyeron a hacer que la nuestra fuese una infancia feliz (y deduzco que en efecto lo fue de que en ningún momento se me ocurrió preguntarme si lo era o no). Nuestra relación con la familia paterna era totalmente distinta; mamá iba a recordar después cómo su suegra le había dicho más de una vez que comprendía que era inevitable que nosotros la quisiéramos menos que a nuestra otra abuela, a la que veíamos todo el tiempo, y por esa razón no le molestaba que fuese así, pero por lo que a mí toca se equivocaba: a ella sí sabía ya entonces que la quería, supongo que precisamente de-

Juan Donghi con sus nietos en el primer patio de Yatay.

bido a esa distancia mayor, que hacía que su presencia se me apareciese como más contingente que la de mi otra abuela; y sin duda esa mayor distancia era también la razón por la cual podíamos advertir con total claridad que entre sus hijos teníamos tíos favoritos y otros que lo eran menos. Pero esa misma distancia no impedía que apreciáramos, y mucho, el vínculo con esa rama de nuestra parentela: gracias a él contábamos con la familia extensa que suponíamos que todos deben tener (del lado de mamá sólo estaba la de la prima de mi abuela Cesarina, con quien ella y su familia habían pasado sus primeros días en el Nuevo Mundo, a la que visitábamos con muy escasa frecuencia en la misma casa de Villa Galicia en que se habían alojado entonces, muy ampliada desde 1910). Es cierto que en esa familia extensa mi hermana y yo habíamos venido a caer a mitad de camino entre dos generaciones (a la muerte de mi abuela Sofía, en 1935, papá era todavía su único hijo casado; y los hijos de sus hermanas no habían alcanzado edades como para casarse) y por lo tanto nos faltaba la camaradería de los primos cercanos en edad que habitualmente las integran, pero como contrapartida contábamos con la atención exclusiva de la que se nos aparecía como una muchedumbre de gente mayor dispuesta a celebrarnos y mimarnos más de lo que suele considerarse deseable.

Y esa familia se extendía aún más allá del contingente de la calle Perú, para incluir la integrada por Cecilia Gerchunoff, su marido Miguel Wolovick, y sus dos hijos Jaime y Ana, por entonces en su tardía adolescencia, así como también la encabezada por Alberto, a quien no veíamos mucho, pero cuyas hijas Blanca, Ana María y Rosa Esther visitaban a menudo a sus primas en la casa de Perú, y todavía además la de una prima de mi abuela, de nombre María, casada con un señor Kantor, que en su conversación sabía combinar la bonhomía con la maledicencia con un arte que mamá apreciaba mucho (quizá fuese ésa la razón por la cual la visitábamos con cierta frecuencia); tenía ella dos hijas, ambas hermosas, aunque en un estilo muy diferente: mientras Rosita, ya casada con Salvador Kibrick, un abogado que estaba haciendo rápidamente fortuna, era blanca y rubiona, y tenía –ella sí de veras– esa figura *rubenesque* a la que las revistas femeninas eufemísticamente acuden para no herir las susceptibilidades de sus lectoras que se consideran excedidas de peso, su hermana Paulina, que desde su conversión tenía participación muy activa en la Confederación de maestros católicos, era menuda y tenía un cabello muy negro y unos bellísimos ojos de color violeta que le iluminaban el rostro; iba pronto a morir soltera y muy joven de un cáncer fulminante. Y teníamos también a Guerche, el doctor Gregorio Gerchunoff, un otorrinolaringólogo que durante la racha en que se puso de moda la extirpación de las amígdalas nos alivió de ellas a mamá, a mi hermana y a mí (tengo todavía viva en el recuerdo la imagen de su ojo rodeado de un reflector cromado y salpicado con mi sangre, y por bastante tiempo odié pasar cerca del edificio de la esquina de Callao y Corrientes, donde está hoy el café *La Opera*, en uno de cuyos pisos altos tenía su consultorio). Y había que agregar asimismo a Berta Gerchunoff, una viuda de edad ya madura cuyo parentesco exacto no puedo precisar, pero que solía hacer breves visitas a la casa de la calle Perú en las que monopolizaba la conversación hablando a gran velocidad y sin tolerar interrupciones. Y del lado Halperin estaba también un primo de mi abuelo, Alejandro (Sasha) Jascalevich, periodista en español y creo que también en idish, del que sólo conservo el aislado recuerdo de una visita suya al sombrío piso de la calle Perú cuando yo era todavía muy chico, y que iba a morir también él poco después de cáncer (bastantes años más tarde retomamos contacto con su hijo, también periodista, que bajo el nombre de Adolfo Jasca iba a publicar en 1956 una novela policial en su momento muy exitosa, *Los tallos amargos*). Y estaban también la hermana de Sasha, Amalia, y su esposo el pintor Roberto Cascarini, con quienes nos visitamos hasta 1939, año en que se trasladaron a Mendoza, donde Cascarini acababa de ser nombrado profesor en la escuela de arte de la Universidad de Cuyo.

Esa familia extensa era desde luego, como se decía entonces, de origen judío, salvo agregados recientes (en ese momento sólo el marido de Amalia, aunque pronto iban a ser bastantes más), y –aunque se había decidido unánimemente que esa circunstancia no planteaba ningún problema– se supondría que habría acuerdo en que era de todos modos necesario ponerme al tanto de ella. No iba a ser así, sin embargo: se impuso en cambio un consenso (supongo que tácito, porque en este asunto todo lo demás lo era) en favor de ignorarla por entero, y al llegar aquí descubro que me es imposible explicar en pocas palabras cómo pudo adoptarse unánimemente una solución que hoy parece inverosímil de puro insensata.

Hace no mucho pude descubrir que esa solución extravagante era menos inusual de lo que hasta entonces creía. Fue cuando Madeleine Albright, que –como sabemos– fue secretaria de Estado de los Estados Unidos durante la presidencia de Clinton, convocó una conferencia de prensa para informar al mundo que en su reciente visita a su nativa Praga se había enterado de que ella no era, como había creído hasta entonces, de origen católico sino judío; al parecer lo descubrió al encontrar su originario nombre de familia –Korbel– reiteradamente inscripto en las placas que registran los de las víctimas de las deportaciones y cubren por entero los muros interiores de una de las sinagogas de su ciudad natal. Aunque no dejó de sorprenderme que la señora Albright hubiera tardado sesenta años en descubrir algo muy parecido a lo que por mi parte yo había ya tenido bastante claro desde poco después de haberme resignado al hecho de que los regalos que encontraba al lado de mi cama al despertar los días 6 de enero no provenían de los Reyes Magos, no me resultó difícil reconocer el núcleo de verdad contenido en una historia que los más encontraban demasiado inverosímil, y que menciono aquí porque refleja con particular claridad los cambios sufridos por la que podríamos llamar condición judía desde que mis dos familias tomaron la decisión que tomaron, y que hacen más difícil que entonces entender que en efecto la tomaran.

Desde luego fue la sombra del Holocausto la que llevó a Madeleine Albright, como a tantos otros, a tomar plena conciencia de sus raíces.

Pero el cambio que introdujo el Holocausto no consistió tan sólo en la revelación de que lo que en las décadas del veinte y del treinta se designaba como el problema judío podía constituirse para quienes lo eran en uno de vida o muerte; por añadidura su brutal irrupción hizo para siempre inviables unos hábitos de convivencia que –mal o bien, y más bien mal que bien– habían hecho posible que por bastante más de un milenio subsistiera en el seno de la Cristiandad un grupo cuya mera presencia constituía un silencioso desafío al relato de caída y redención que está en el núcleo mismo de la fe dominante. Sin duda, la emancipación que a fines del siglo XIX se había impuesto ya en todo el occidente europeo y también en el nuevo mundo contenía la promesa de un modo de convivencia mejor que la prolongada simbiosis hostil que había dominado hasta entonces, pero, en la nueva etapa de la experiencia judía que ella había abierto, la confianza en que el continuado avance de la tendencia secularizadora –reflejado ya en la emancipación misma– haría posible que a su debido tiempo esa promesa viniese a cumplirse se sumaba a la conciencia de que el momento en que ello ocurriría no había llegado aún para asegurar la supervivencia en ese nuevo contexto –que se esperaba sólo provisional– de los hábitos de discreción heredados de la etapa que acababa de dejarse atrás, en la cual la presencia judía sólo había podido aspirar a hacerse tolerable al precio de hacerse también casi invisible.

Esos hábitos iban a ganar todavía más fuerza desde que comenzaron a crecer las dudas no sólo acerca de si el proceso secularizador seguiría avanzando al ritmo triunfal del siglo anterior, sino –lo que era aún más inquietante– acerca de que continuara orientado por los mismos ideales de entonces, y ello hacía cada vez más impensable un episodio como el que tendría por protagonista a la señora Albright, en el que esa mujer, que era inequívocamente una dama, convocaría a una muchedumbre para revelarle el descubrimiento que acababa de hacer de sus raíces judías. Es sabido que en la Argentina de entreguerras no faltaron los signos de que algo de eso estaba en efecto ocurriendo, y de que la condición judía había comenzado ya a sufrir las consecuencias; así –para poner un ejemplo sólo aparentemente menor– mientras Gerchunoff, escribiendo en 1914 su autobiografía, podía anotar complacido que era mucho lo que en ese tema podía enseñar la Argentina a las viejas civilizaciones, y mencionaba como prueba de ello que "hay israelitas que tienen cátedras universitarias, sin que el hecho asombre ni irrite", dos décadas más tarde la designación de un judío en un puesto administrativo bastante subalterno podía dar pie a deliberaciones que se supondría más adecuadas para encarar un problema de Estado.* Es comprensible que la respuesta ante esa cerrazón creciente haya sido buscar la manera de eludir sus consecuencias y a la vez detenerse lo menos posible a considerar el desagradable giro que habían tomado las cosas: así, cuando mi primo Yoyo (Gregorio Weber), diez años mayor que yo, logró ser admitido sin problemas en la facultad de Medicina, parecía preferible no recordar que lo había sido gracias a la conexión Ivanissevich. Hay que reconocer a la vez que si esa circunstancia podía ser pasada por alto era porque la situación no era a pesar de todo comparable a la previa a la emancipación; así, por ejemplo, si esa conexión conservaba toda su fuerza era sin duda en buena medida porque quien era ya un príncipe de la medicina pero –como todos íbamos a tener ocasión de descubrir más adelante– aspiraba además a gravitar con peso propio en la esfera artística e intelectual apreciaba en mucho sus vínculos con el ilustre autor de *Los gauchos judíos*. Marcaba una diferencia quizás aún más importante que nadie esperara que Yoyo, agradecido por la excepción que había venido a favorecerlo, asumiera en la Facultad una actitud deferente hacia la facción que la gobernaba, en cuyas filas el doctor Oscar Ivanissevich era por entonces el más disciplinado de los soldados del ya legendario caudillo universitario que fue

---

* Es el caso del episodio narrado por Ramón Columba, el celebrado caricaturista que fue también jefe de taquígrafos del Senado de la Nación, quien –frente al delicado problema que vino a planteársele en relación con el nombramiento de un nuevo integrante del cuerpo del que era jefe– decidió poner su solución en manos de Julio A. Roca (h.), vicepresidente de la República y por lo tanto presidente de la cámara alta. El problema, como explicó a Roca, era que "hay un candidato muy bueno, que en el concurso público realizado en la oficina, ha resultado ganador. Pero es judío". Prosigue Columba: "Hay un largo silencio pensativo. Yo advierto la duda, la valla invisible que hay que salvar... sin que me lo pida, le doy mi parecer, haciendo un elogio del profesional... El presidente medita un instante mi opinión e inmediatamente me dice: "Haré extender en seguida el decreto nombrándolo"; hay que agregar que el episodio aparece incluido entre varios destinados a subrayar la excepcional amplitud de miras que caracterizó al entonces vicepresidente (Ramón Columba, *El Congreso que yo he visto*, 3ª edición, Buenos Aires, Editorial Columba, 1978, tomo III, pág. 19).

José Arce; no causó en efecto ningún escándalo que tras ser admitido de ese modo en la Facultad se transformara de inmediato en un integrante muy activo del grupo estudiantil que venía librando desde hacía años una batalla sin tregua contra el oficialista capitaneado por un sobrino de ese mismo caudillo.

Aunque esa reacción a un contexto que se hacía cada vez más sombrío, que consistía simplemente en ignorar un tema que por esa razón se estaba haciendo también cada vez más espinoso, había sido llevada en nuestro caso a extremos que a la corta o a la larga debían hacerla insostenible, eso no le impidió superar en el año 1934 la prueba de fuego que significó nuestra primera comunión. En el colegio de Jesús Sacramentado, donde, como ya dije, mi hermana había comenzado la primaria –según me parece recordar porque la escuela de niñas que el Consejo Nacional de Educación había abierto en el vecindario tenía fama de ser bastante mala– el gran tema era el Congreso Eucarístico convocado para ese año, uno de cuyos actos centrales iba ser la comunión de los niños, que se había decidido de antemano que tenía que ser multitudinaria. Leta, que se había hecho ya muy popular entre el personal de la escuela (quizá contribuyó algo a ello que la participación muy activa de papá en la Liga del Profesorado Diplomado, cuyas posiciones favorables a la enseñanza laica eran bien conocidas, les llevara a celebrar en su presencia una suerte de victoria secreta sobre ese adversario), fue incorporada al curso preparatorio para la primera comunión de masas que iba a tener por teatro el bosque de Palermo, y yo la acompañé.

Todo estaba entonces preparado para que engrosáramos las devotas muchedumbres que, según el entusiasta testimonio de Hugo Wast, hicieron posible que la explosión de fe colectiva que vivió entonces Buenos Aires superara todo lo que se había visto y oído en los tiempos apostólicos, en las Catacumbas o en las Cruzadas, pero el destino lo quiso de otra manera. Primero yo caí con un sarampión bastante violento, y cuando estaba apenas saliendo de él a mi hermana se le declaró una escarlatina, que era entonces una enfermedad demasiado grave para que yo corriera riesgo de caer también con ella cuando apenas estaba entrando en la convalecencia. En consecuencia mientras nuestras ropas y juguetes eran entregados al fuego, a mí me llevaron a pasar cuarenta días en la calle Perú, desde donde seguí por la radio, junto con los otros habitantes de la casa, el desarrollo de las ceremonias eucarísticas que me estaba perdiendo. Recuerdo que Frida nos hacía poner a todos de pie en signo de respeto cada vez que al Papa se le ocurría bendecir al pueblo argentino, cosa que sin duda ocurría menos a menudo de lo que ahora me dice la memoria, y que unos meses después, cuando finalmente tuvimos nuestra primera comunión en Jesús Sacramentado, la familia concurrió en masa a la correspondiente fiestita.

Pero temo que el espacio que concedí al tema sugiera que ya entonces yo advertía todo lo que tenía de problemático, cuando iba a ser ése un descubrimiento gradual y algo más tardío (me parece ahora que me iba a llevar todavía unos dos años más incorporar explícitamente esa dimensión problemática a la imagen que me hacía de mi lugar en el mundo, y aun eso sólo para mí mismo, porque el descubrimiento no

Gregorio Halperin con sus hijos, el día que tomaron la primera comunión.

impidió que ese tema siguiera envuelto en su originario silencio). Abandono aquí entonces la exploración de ese tortuoso proceso, antes de que éste alcanzase el punto de llegada que por otra parte no podría datar más precisamente de lo que acabo de hacer, para tratar de dar cuenta de algunas de las muchas otras cosas que teníamos por más importantes y que nos sucedieron hasta que a mediados de 1935 dejamos para siempre la casa de Yatay.

Al emprender esa tarea descubro una vez más que los recuerdos pueden ofrecer sólo una ayuda limitada. Así ocurre con las vacaciones que tomábamos; sé que pasamos unas en la casa que mi abuela Sofía y su cuñado Weber tenían en La Cumbre, y alguna foto me sugiere que yo debía de tener entonces unos tres años, pero de ese veraneo sólo me queda la imagen de la galería de una pequeña casa chorizo incongruentemente situada en el medio del campo; luego de eso, recuerdo de una estadía en el campamento que la YMCA tenía en Sierra de la Ventana el tedio de un infinito viaje en ferrocarril y las canciones alrededor del fuego ya caída la noche, mientras que una posterior en Piriápolis no me trae a la memoria mucho más que la de mi primer cruce del río en el vapor de la carrera; otra aún más tardía en Miramar, la de la angustia que me provocaba saber que cuando volviera comenzaría a ir a una escuela de verdad, y no sólo al jardín de infantes, y por fin la última anterior a nuestra partida de Yatay, que pasamos en Colonia Suiza, solamente la de una sucesión de interminables días de bochorno bajo los eucaliptos de la que era entonces celebrada como la Córdoba uruguaya.

Esas confusas imágenes de un álbum para siempre desparejo, que prueban a lo sumo que yo no había aprendido aún a encontrarles la gracia a las vacaciones, me confirman que las memorias están condenadas a recurrir a un acervo de materiales que –así consistan en parte en recuerdos personales– han sido tan mutilados por el azar como los de cualquier otra narrativa histórica, y a partir de los cuales –de nuevo como es el caso con toda narrativa histórica– sólo podrá armarse un relato coherente tras definir con alguna precisión las preguntas a las que ese relato intenta responder. Es lo que voy a tratar de hacer a partir de aquí, buscando en esos primeros años sobre todo lo que hizo de ellos la etapa más temprana en un aprendizaje del mundo que desde entonces no ha cesado.

Estaba desde luego el aprendizaje formal que se supone transcurre en la escuela, y al que mamá había venido anticipándose, invirtiendo en

Renata Donghi de Halperin con sus hijos en el muelle de Piriápolis.

ello considerable tiempo y esfuerzo. Desde antes de mis tres años conocimos los cartoncitos cuadrangulares con letras minúsculas que había introducido María Montessori y nos acostumbramos a jugar con ellos, al
principio con poco provecho: fue necesario que aprendiéramos a descifrar las letras a través de descubrimientos espontáneos, como el de que
el jeroglífico que decoraba la botella de vino en la mesa del almuerzo in-
formaba que ésta contenía un semillón producido por la bodega Arizu,
para que esos juegos ayudaran a acelerar nuestra conquista del arte de
leer, que a los cinco años me permitiría hacerlo de corrido. Tenía según
calculo esa edad cuando logré también algo que en ese momento me
pareció que había sido aprender italiano, y que en todo caso me puso
firmemente en la ruta de ese aprendizaje. Mamá gustaba de leernos
cuentos, que traducía a la vista al castellano cuando el libro del que los

leía estaba en otra lengua, y una vez le tocó el turno a un relato de Tolstoi titulado en italiano *I due vecchi;* al día siguiente se me ocurrió tomar el libro y leer ese relato en su versión italiana; no sé cuánto logré adivinar en la lectura de esa versión y cuánto provenía en cambio del recuerdo de la castellana que había oído el día anterior, pero el hecho es que llegué hasta el final, y creo que fue en ese momento cuando descubrí una manera de aprender idiomas que consiste en zambullirme en su lectura apenas lo no mucho que entiendo me anima a tratar de adivinar el resto, y que si me ha permitido después adquirirlos más rápidamente también ha hecho que no domine del todo ninguno.

Mientras nos preparábamos así para una educación formal que no sentíamos ninguna impaciencia por abordar, habíamos comenzado también a avanzar en ese otro camino que lleva a conocer el mundo, y que consiste en vivir en él. Fuimos así enterándonos de que vivíamos en la Argentina, y pronto supimos también que existían otros dos países que eran Italia y Rusia, que ambos estaban en Europa y que en Europa era verano cuando en la Argentina era invierno; ya para entonces habíamos aprendido también que había microbios que causaban enfermedades, y que por esa razón no podíamos comprar los cubanitos rellenos de dulce de leche que se vendían en la calle, y que tanto nos atraían –un tema que a mamá la preocupaba casi tanto como el de los desconocidos que en el parque ofrecían caramelos a los nenes chicos, siempre con las peores intenciones– y así sucesivamente hasta casi el infinito, porque apenas comienza a hacerse el inventario de lo que en esos años se aprende se descubre lo que esa empresa tiene de desesperado.

Me voy a limitar aquí entonces a lo que dentro del abigarrado acervo de nociones acertadas o extravagantes que fui acumulando en esos primeros años se refería ya a los temas y problemas que luego iban a ocuparme como historiador. Pronto empezamos a oír hablar de la crisis, y de la Villa Desocupación, donde se habían ido a vivir los que ésta había dejado sin trabajo, pero en términos que no daban motivo para temer que nosotros corriéramos ese riesgo, de modo que ese tema vino a subsumirse en el de la desigualdad social, que cuando se mira por primera vez a la sociedad que a uno le ha tocado en suerte se presenta siempre como muy enigmático, y frente al cual las señales que recibíamos en casa no nos orientaban demasiado. Pronto supimos que en Italia mi abuelo había tenido simpatías socialistas, y que papá votaba habitualmente socialista, porque los socialistas opinaban que estaba mal que los pobres y los trabajadores la pasaran tan mal. Un poco más tarde supimos también que en Rusia había habido una revolución que había cambiado todo eso, que curiosamente a papá le gustaba bastante poco y sobre la que mamá cambiaba de opinión todo el tiempo, oscilando entre el entusiasmo y el horror. Pero lamento tener que confesar que, como suele ocurrir, una vez agotada la sorpresa inicial ante las peculiaridades del orden social que encontré vigente al entrar en el mundo, el tema perdió para mí buena parte de su interés.

Si la crisis económica no iba a ocupar nunca un lugar demasiado conspicuo en mi horizonte, la crónica crisis política que vivía el país conquistaría uno cada vez mayor. No pasó mucho tiempo luego del descubrimiento de que era argentino y vivía en la Argentina cuando descubrí también que la Argentina vivía tiempos revueltos; entre esos descubrimientos tempranos creo que fue éste el único que puedo fechar con total precisión: ocurrió el 8 de septiembre de 1930, cuando aún no había cumplido cuatro años. En esa fecha la Liga del Profesorado Diplo-

Público en la Plaza del Congreso durante el tiroteo. Fuente: Archivo General de la Nación.

Revolución del 30. Asalto a la Confitería del Molino. Fuente: Archivo General de la Nación.

mado –a la que ya me he referido– había organizado una función de beneficio en el teatro Liceo en la cual la compañía de Eva Franco puso en escena *La casa colonial* de Ricardo Rojas, y a la salida nos costó trabajo esquivar en un taxi el tiroteo del Congreso, que fue la demasiado tardía reacción radical a la revolución de la antevíspera. Pero mentiría si dijera que en ese momento adiviné plenamente el significado del episodio del que éramos testigos, cuando a mi hermana y a mí nos dejó un recuerdo menos vívido que el de la representación del lánguido drama de Rojas, que por su parte iba a perdurar durante meses, quizá porque fue ésa la primera vez que asistimos a un espectáculo teatral.

Algún tiempo después, supongo que todavía bajo la dictadura de Uri-
buru, me ocurrió oír una conversación que no estaba destinada para mí,
en que mamá decía muy angustiada que el nombre de papá había sido
publicado en *Crisol* y que todos los que aparecían nombrados en *Crisol*
eran echados de su trabajo, y papá trataba de tranquilizarla; esa conversación, que hubiera debido alertarme sobre la posibilidad de que la crisis política terminara afectándonos más directamente que la económica,
sin embargo me quedó grabada en la memoria más bien porque encontraba incomprensible que entre un hecho y otro pudiese darse la conexión que afirmaba mamá, y que en efecto en nuestro caso no llegaría a
establecerse. Pronto vinieron tiempos más calmos, durante los cuales
quien más parecía interesarse en las vicisitudes de la crisis política argentina era mi abuelo, y aunque sus intervenciones en la mesa reflejaban
más bien la reacción de un testigo curioso que la de un participante en
ese drama, era habitualmente él quien tomaba la iniciativa para introducir entre los temas que allí se tocaban episodios como el entierro de Yrigoyen (que de toda la parentela él fue, que yo recuerde, el único en presenciar), o las prisiones de Alvear, muy fuertemente sentidas por mamá,
que recordaba la de su presidencia como una perdida época de oro, o
todavía el confinamiento de Ricardo Rojas en Ushuaia, frente al cual la
reacción tanto de ella como de papá iba a ser decididamente más sobria.

En todo caso esas reacciones eran, casi tanto como la de mi abuelo,
las propias de espectadores de un conflicto en el que no se consideraban del todo parte. Y aunque retrospectivamente no deja de parecer extraño que quienes mantenían plena adhesión a los principios de la democracia representativa no se considerasen directamente afectados por
una situación en la cual los que se habían apoderado por la violencia
del monopolio de la violencia lo empleaban para privar a la mayoría de
sus conciudadanos del derecho a elegir libremente sus representantes,
eso no impedía que la actitud de mis padres fuese ampliamente compartida; así, cuando María Rosa Oliver señalaba que "había una euforia
difusa en la gente con quienes yo convivía o alternaba: la crisis económica, ya en receso, la había dejado inmune, y el país se encaminaba –así
decían– por las vías legales. O si no del todo legales, por lo menos tran-
sitables para ellas",* no se refería tan sólo al patriciado porteño que era

* María Rosa Oliver, *La vida cotidiana*, Buenos Aires, Sudamericana, 1969, p. 334.

su grupo de origen sino también a los de la vanguardia tanto artística y literaria como política a los que esa por entonces fidelísima compañera de ruta se había ya incorporado.

Ayuda a hacer comprensible esa actitud el cuidado que puso el general Justo en hacer tolerable a sus gobernados una autoridad a la que los criterios de legitimidad que ella misma hacía suyos condenaba como ilegítima; mientras esa legitimidad tan discutible no fuese discutida estaba dispuesto a asegurar que el régimen erigido sobre ella tendría muy poco en común con uno de excepción, y supo lograrlo con tanto éxito que aun la fuerza política en cuyo daño se había introducido esa falsificación del régimen representativo se resignó finalmente a encuadrarse en ese tácito pacto de convivencia. Tal como lo señalaba Oliver, favorecía ese éxito que en la Argentina la crisis –que había sido vista primero como el comienzo de una era de catástrofes apocalípticas– hubiera entrado precozmente en receso; cuando una sociedad que por un instante se había creído en agonía descubría que estaba volviendo a la vida no era sorprendente que quienes la integraban estuvieran demasiado ansiosos por retomar la propia para oponer obstáculos políticos a esa milagrosa resurrección.

En el marco de ese clima colectivo la de papá siguió siendo una presencia muy activa en la cada vez más dinámica Liga del Profesorado Diplomado. Lo que irritaba a muchos en la acción de la Liga era menos su firme adhesión a los principios del laicismo escolar (que era por entonces compartida por un consenso muy amplio) que su tenaz campaña destinada a asegurar que en la designación de docentes de nivel secundario los nombrados contaran con el título habilitante que las normas vigentes requerían para ocupar el cargo. Encontró para hacerlo un medio que se reveló inmediatamente eficaz: en su boletín trimestral reproducía de los decretos publicados en el Boletín Oficial los nombres de los docentes designados durante ese lapso, acompañándolos de la anotación VIOLATORIO impresa en letras mayúsculas cuando el agraciado o la agraciada carecía de ese título. Don Manuel de Iriondo, entonces ministro de Justicia e Instrucción Pública del general Justo, profundamente irritado ante esa tentativa de retacear su derecho a utilizar esas designaciones como moneda de cambio en su ascendente carrera política, decidió hacer blanco de un sumario a los dirigentes de la molesta asociación, y el Director General de Enseñanza Media, que lo era entonces Juan Mantovani, comenzó, en efecto, aunque con muy escaso entusiasmo, el trámite correspondiente, que pudo abandonar con alivio apenas el diputado Américo Ghioldi le advirtió amistosamente que si lo llevaba a término el resultado iba a ser una interpelación que tendría consecuencias fatales para su carrera y quizá para la de su ministro; armado con esa advertencia, Mantovani no tuvo ya dificultades en persuadir a éste de la conveniencia de dejar para mejor ocasión el castigo de quienes habían osado desafiar su autoridad soberana. Si menciono aquí el episodio es en parte porque me parece que refleja bastante bien las complejidades de la situación surgida bajo la égida de un régimen que, en las manos expertas del general Justo, supo sacar fuerzas de su flaqueza, entre otras cosas reservando a las oposiciones que se avinieran a pasar por alto su muy dudosa legitimidad de origen un espacio harto más amplio que el que en el pasado les habían concedido gobiernos ellos sí auténticamente ungidos por el veredicto del sufragio universal.

En ese clima que María Rosa Oliver caracterizó como de euforia, mamá, que en 1928 había publicado con seudónimo una novela, estableció un primer vínculo con los círculos literarios a través de su actuación en un grupo de existencia efímera, *Corda Fratres,* que entre otras empresas organizó una exposición del libro de la que conservo un vago recuerdo, pero calculo que fue sólo en 1932, con la publicación, ya con su nombre, de un libro de cuentos, *Relatos de la vida gris,* cuando comenzó a ser percibida como una nueva presencia en esos círculos. Sin embargo, ni esas actividades ni las de papá en la Liga y muy pronto también en el Colegio Libre de Estudios Superiores introdujeron todavía muchas novedades en lo que podríamos llamar nuestra vida social, que seguía girando en torno a reuniones familiares y a visitas recíprocas con las familias de compañeras y compañeros del secundario y la Facultad, o de algunos antiguos compañeros de trabajo de papá en la Aduana. Entre todos ellos el único con quien existía un vínculo verdaderamente profundo era Arnoldo Crivelli, un antiguo compañero de facultad, solterón, que almorzaba frecuentemente en casa y que hasta su prematura muerte en 1945 fue el más cercano de los amigos que tuvo papá. Crivelli encarnaba con mayor pureza que su amigo el ideal socrático que había sido tan influyente durante los años de formación de ambos: ese hombre de segura y versátil cultura, rica erudición y agudísima inteligencia y sensibilidad no publicó una sola línea en su vida, lo que no le impidió adquirir un legendario prestigio entre quienes fueron sus estudiantes de literatura española en el Instituto del Profesorado.

Arnoldo Crivelli, foto de tarjeta.

No creo que sea sólo una impresión retrospectiva la que me dice que mamá, a cuyo cargo estaba mantener en funcionamiento esa vida social, encontraba muy poca satisfacción en ella, y que si la llevaba adelante era porque se supone que alguna hay que tener. Mientras los encuentros destinados a mantener vivos los vínculos establecidos en etapas pasadas parecía encontrarlos más bien aburridos, en los nuevos surgidos a partir de su actividad literaria creo que influía también el hecho de que –sin duda justificadamente– no tuviese una opinión demasiado alta de la mayor parte de aquellos con quienes había logrado establecerlos, y eso creaba tensiones y ambigüedades quizás agravadas –pienso ahora– porque, insegura ella misma de ver alguna vez satisfechas las ambiciones que había puesto en su carrera literaria, la desazonaba verla espejada en la de tantos que a su juicio estaban destinados a alcanzar muy poco de lo que ella misma aspiraba a conquistar. En este punto la única excepción la ofreció el vínculo que no sólo ella, sino también papá y aun mi hermana y yo alcanzamos a establecer con el uruguayo Romildo Risso, un poeta gauchesco que todavía hoy conserva un público fiel entre el cual me cuento. Era muy claro que Risso encontraba en la actividad literaria que llevó adelante en paralelo con el comercio de aceites en Buenos Aires y Rosario un placer que no dependía del éxito que pudiese alcanzar en ella, y aunque la suya iba a ser por muchos años una presencia sólo intermitente, ello no impidió que en cada una de sus imprevisibles reapariciones resurgiera de inmediato la cordialidad sin reservas que solía estar ausente de los contactos con otros de sus colegas de pluma, hasta la última, cuando ya muy anciano se presentó en una reunión acompañado de una muchacha risueña a la que ese veterano solterón introdujo como su futura esposa, y esperó a recibir las azoradas felicitaciones de todos los presentes para confesar que era sólo una sobrina nieta.

Pero a medida que pasaba el tiempo a mi hermana y a mí esa vida social, excepto la que transcurría en el círculo familiar, se nos hizo cada vez más ajena, mientras pesaba cada vez más en nuestros días la experiencia escolar, que comenzamos juntos en un pequeño jardín de infantes de Caballito, pero muy pronto continuamos en el que el Jockey Club acababa de abrir en un soberbio edificio construido con ese propósito en los bosques de Palermo. De esa segunda experiencia me ha quedado el recuerdo de papá llevándonos y buscándonos en el auto que había comprado a Carlino a la partida de éste a Bolivia, y que iba a vender poco después, y el de una ocasión en que mi hermana y yo intentamos huir del jardín, y fuimos inmediatamente descubiertos y devueltos al aula; supongo que se trató tan sólo de una ocurrencia del momento, ya que nada me dice que nos hayamos sentido particularmente desdichados durante los no muchos meses que duró nuestra concurrencia a ese establecimiento.

Me preocupaba en cambio cada vez más el inevitable paso siguiente que iba a ser mi ingreso en un sistema escolar en el que me sabía destinado a encuadrarme hasta donde se extendía mi mirada hacia el futuro. Había algo que lo hacía aún más inquietante: se les había ocurrido a mis padres que, como ya sabía leer de corrido, podría comenzar mi aprendizaje en el grado entonces llamado primero superior, aunque sólo me había enseñado a mí mismo a escribir en muy desgarbadas mayúsculas de imprenta. Para salvar este último inconveniente durante el verano previo a mi ingreso a la primaria tuve mi primera profesora particular, que comenzó a enseñarme a usar la cursiva, y si bien no había completado el aprendizaje (durante un examen de ingreso informal que me tomaron en el Manuel Solá tuve que confesar en el dictado que no sabía aún escribir la letra ge) igual me permitieron saltear el primero inferior, y en ese año y en el siguiente iba a atribuir todos los contratiempos que encontré en el camino (en esos dos primeros grados fui muy flojo en aritmética) a la antipedagógica decisión de hacerme saltear un año.

Tengo muy escasos recuerdos de la etapa del Manuel Solá, en la que comencé por hacer inmediatamente mías todas las nociones que la escuela inculcaba sobre su propia excelencia, entre ellas la de que la maestra no era sólo mi segunda madre sino que en todo sabía mucho más que mis padres. Ayudó a persuadirme de que así estaban las cosas el hecho de que la primera maestra que me tocó en suerte fuese de veras excelente (la que tuve en segundo grado resultó, en cambio, tan transparentemente tonta que me hizo despertar para siempre de ese sueño dogmático). Pero fuera de eso me acuerdo muy poco de lo que pasaba en clase, salvo el frío feroz de las mañanas de invierno, mientras que de lo que ocurría fuera de ella sólo retuve algunas imágenes aisladas, como la de las meriendas, en las que nos distribuían un vaso de leche y una factura mientras formábamos fila en el corredor frente al aula, o la de los rituales patrióticos del recreo largo, que incluían el juramento repetido todos los días de amar y defender a la bandera mientras palpitara nuestro fiel corazón.

Mientras avanzaba en mi segundo grado muchas cosas comenzaron a cambiar en mis dos familias. Mi abuela Sofía volvió enferma de La Cumbre y murió a los pocos meses de su retorno, luego de ser operada de un cáncer ya muy avanzado; fue la suya la primera muerte que me tocaba de cerca y, aunque por meses iba a extrañarla un poco todos los días, me sorprendió no estar atravesando los paroxismos de dolor que según mis lecturas debían seguir a la desaparición de un ser querido; creo que fue entonces cuando me pregunté por primera vez si no adolecía yo de una excesiva tibieza en mis emociones (una pregunta que luego iba a encontrar otras ocasiones de repetir, quizá con motivos más válidos). La muerte de mi abuela vino a poner fin al delicado equilibrio entre las dos familias que habían convivido hasta entonces en la misma casa; mientras ella, tras descubrir con algún dolor que sus sobrinos habían decidido de antemano no reconocerla como la reemplazante de su hermana muerta (alguna vez le dijo a mamá que esa experiencia le había enseñado a compadecer a las madrastras), había logrado de todos modos que éstos se avinieran a aceptar su autoridad, así fuera al precio de ejercerla con una discreción que fue creciendo a medida que ellos avanzaban en la adolescencia, ahora éstos se rehusaron a someterse a la de mi tío Cacho (Isaac), que mientras comenzaba su carrera profesional como abogado vino a reemplazarla en la administración doméstica, y persuadieron a su padre de que pusiera fin a la convivencia entre las dos familias. Alquilaron entonces un departamento recién construido en Belgrano y Tacuarí, mientras lo que quedaba de la familia de mi abuela abandonó la casa de Perú por otra más pequeña pero todavía bastante espaciosa en la calle Salta, cuyas dos salas alojaban el estudio de abogados de mis tíos Cacho y Nicolás. Un tiempo después se casó mi tío Aarón con Claire Jacobs, que trabajaba también en Dreyfus, y en 1937 mi tío Manolo (Lázaro) con Brana Weisburd; hubo entonces una nueva mudanza, esta vez a un departamento de los que comenzaban a llamarse antiguos situado en la calle Perú, mientras Nicolás y Cacho trasladaban su estudio a unas oficinas en un piso alto del edificio de estilo neocolonial cuya planta baja ha seguido desde entonces alojando sucursales de distintos bancos en la que es hoy esquina de Florida y Perón.

Sin duda todos esos cambios en mi familia paterna, a los que se sumó en la materna la instalación de mis abuelos y mi tía en Adrogué, sólo modificaron nuestro vínculo con ambas en la medida en que hicieron más frondoso y complicado el ritual de invitaciones recíprocas, pero creo que aun así comenzaron a cambiar mi manera de entender qué significaba vivir en el mundo. Aunque dudo de que el recuerdo que me dice que hasta ese momento había estado sumergido en una suerte de eterno presente tenga mucho que ver con el modo con que efectivamente me había sentido vivir hasta entonces, me parece menos fantasioso aceptar que a partir de ese momento comencé a tomar conciencia como nunca antes de que la constelación de vínculos con la que había contado para vivir desde que tenía memoria, y que súbitamente estaba comenzando a cambiar sus contornos, nunca había sido por naturaleza tan fija ni tan inmutable como irrazonadamente la había imaginado. No me sorprendió entonces demasiado que, poco después de perder con la gran casa de Perú el que había sido algo así como el cuartel general de mi familia extensa, comenzara a oír que pronto dejaríamos también la casa de Yatay, que hasta entonces había ceñido mi entera experiencia de vida desde donde me alcanzaba la memoria.

En efecto, la dejamos a mediados de 1935, luego de largos meses de búsqueda en los que más de una vez estuvimos a punto de alquilar departamento pese a las objeciones de mi abuela Cesarina, quien –decidida a hacer lo posible para conservarnos como sus inquilinos en Yatay– reprochaba a su hija y a su yerno que se prepararan a condenar a sus nietos a una malsana vida de interior en alguno de los antihigiénicos cúmulos de viviendas superpuestas que se estaban multiplicando en Buenos Aires. No sé si mis padres se hubieran decidido finalmente a ignorar esos insistentes reproches, ya que les permitió eludir el dilema el descubrimiento de que los tres edificios contiguos que la empresa Fiorito estaba terminando de construir en un inmenso lote sobre Santa Fe iban a contar con un extenso jardín en los fondos, en el que se disponía a instalar toboganes, calesitas y columpios como los de las plazas municipales.

Es mi recuerdo –que creo en este caso totalmente fidedigno– que durante mi última visita previa a la mudanza a nuestra nueva vivienda me senté un instante en el banco de mármol negro instalado al pie de los seis pisos de curvadas escaleras del edificio que íbamos a habitar, impresionado porque un rápido cálculo me acababa de revelar que cuando dejáramos la casa, vencidos los dos años de duración del contrato de alquiler que papá había firmado unos días antes, yo estaría ya en quinto grado; hasta tal punto me había abierto ya a la noción de que el cambio es parte del orden natural de las cosas que dos años viviendo en la misma casa me parecían ahora casi una eternidad. Pero si el brusco fin de los años de Yatay vino a acelerar la transición hacia una nueva etapa en la que iba a ser más capaz de percibir en las novedades que me afectaban directamente el eco de las que incesantemente ocurrían en un mundo en constante cambio, pronto el de las tormentas cada vez más devastadoras que iban a sucederse en él vino a confirmar con fuerza creciente la validez de ese descubrimiento.

Infancia II

Luego de la muerte de mi abuela Sofía, la partida de Yatay me dio nuevamente ocasión de sorprenderme de la tibieza con que reaccionaba ante la pérdida de algo muy importante que nunca había imaginado que habría de desaparecer de mi entorno, pero creo que en este caso ésta tenía que ver menos con un rasgo que temía profundo en mi manera de ser que con el inmediato descubrimiento de que el cambio de la casa de Yatay al departamento de Santa Fe había sido de casi pura ganancia. No recuerdo la fecha exacta de la mudanza, pero sí que fue en el tardío otoño de 1935 cuando en el momento mismo de instalarnos en Santa Fe descubrimos que habíamos sido liberados para siempre del tormento del frío. Y pronto íbamos a descubrir también que eso era sólo una pequeña parte de lo que esa mudanza había traído consigo para mi hermana y para mí; y hasta qué punto habíamos permanecido hasta entonces encerrados en un entorno que no había ido creciendo junto con nosotros.

Desde que mi abuelo e intermitentemente mi abuela Cesarina habían venido a vivir a Yatay y nos habían tomado a su cargo en las ausencias de su hija y yerno, quedaron definitivamente atrás los tiempos en que pasábamos horas en la cocina participando en una intermitente charla con una sucesión de cocineras correntinas; por otra parte, sin más amigos en el barrio que Coca, casi nunca habíamos tenido motivo para salir a la calle; y fuera del barrio nuestra vida social se había restringido a encuentros con hijos de amigos de nuestros padres, con los cuales casi nunca nos esforzábamos por simpatizar. Al cine íbamos habitualmente con mamá, menos a menudo también con papá, y sólo en ese campo nos adelantamos –quizá demasiado– a nuestra edad (recuerdo haber visto en la flamante sala del cine Hollywood, cuando éste abrió a la vuelta de casa sobre Corrientes, a George Arliss haciendo de Voltaire y a Katherine Hepburn de María Estuardo, pero de la primera película sólo retuve una disputa del patriarca de Ferney con Federico el Grande a propósito de un melón, y de la segunda las imágenes de la voladura del castillo que libró a la reina mártir de uno de sus maridos).

En Santa Fe nuestros abuelos no vivían ya con nosotros; teníamos ahora una sola muchacha, y aunque en el cuarto de la primera que nos tocó en suerte, a la que acompañaba una hija preadolescente, iba a resurgir por un instante la sociabilidad que años antes había florecido en la cocina de Yatay, cuando ambas nos abandonaron, para ser reemplazadas por una ya levemente anacrónica sucesión de menos sociables inmigrantes gallegas, de inmediato descubrimos que su distante presencia no nos impedía gozar de una soledad que no veíamos ya como una carencia, sino casi como una conquista. Y en Santa Fe comenzamos además a descubrir la calle, primero sólo con permiso para visitar una lechería que vendía también helados y golosinas a dos puertas de nuestra nueva casa, pero, apenas ésta cerró –y lo hizo casi de inmediato–, con autorización para cruzar Coronel Díaz en busca de los mismos helados y golosinas en la bombonería y venta de café y té de Mario Marra, y muy poco después para cruzar también Santa Fe cada domingo y asistir a las matinés infantiles del cine Palais Blanc, justo enfrente de casa, donde (al precio algunas veces de revivir por unas horas los fríos de Yatay) veíamos un par de episodios del culebrón de turno, dos películas de clase B y por último la principal del programa de adultos que tocaba esa semana, que podía ser totalmente inadecuada para el público infantil (recuerdo haber visto en una de esas matinés la que en español se conoció como *Encarceladas*, en la que un conjunto de mujeres muy desagradables se comportaba con la máxima brutalidad, y que –como vine a enterarme recientemente– es hoy considerada un clásico de Hollywood en su vena cripto-lésbica).

Que cruzábamos solos es apenas un decir; lo hacíamos junto con buena parte de los chicos y chicas que encontrábamos también en el jardín de casa, y la sociabilidad del jardín fue quizás el cambio más importante que aportó la mudanza. Mi abuela Cesarina, que nunca nos iba a perdonar del todo nuestra deserción de Yatay, describía la casa de departamentos donde vivíamos como un conventillo aristocrático, y la sociabilidad que descubríamos en su fondo tenía en efecto algo en común con la del patio de un conventillo, tal como la suele estilizar la memoria, con la ventaja de que en ese patio no había mayores. No fue necesario mucho tiempo para que madurara en él un orden jerárquico tan preciso como el que los estudiosos de psicología animal han descubierto en los gallineros. Nuestro líder indiscutido era un chico algo mayor que yo, que acababa de pasar un año en Tarento, donde su padre, que era oficial de la marina, había estado en misión en la base naval, y que había vuelto debidamente catequizado por los éxitos del régimen fascista. Pero para ejercer su liderazgo en el jardín se inspiraba menos en el de Mussolini que en el del jefe de la todopoderosa organización que según el culebrón que entonces estaban pasando en el cine de enfrente dominaba un gran pedazo de China, conocido como el Dragón, que sólo se hacía presente a través de mensajes transmitidos por una especie de altoparlante. Hay que agregar que Ray ejercía ese liderazgo de modo bastante negligente; la mayor parte del tiempo hacíamos exactamente lo que se nos ocurría, desde andar en bicicleta casi en círculos, porque en verdad el espacio no sobraba, hasta usar los prometidos columpios y argollas, y aun el tobogán y la calesita destinados en teoría a los nenes más chicos.

La partida de Yatay trajo también consigo un cambio de escuela, tanto para mi hermana como para mí: ambos fuimos inscriptos como medio pupilos, ella en las Adoratrices y yo en la Escuela Argentina Modelo. Para Leta iba a ser una transición difícil: si en Jesús Sacramentado había sido una estudiante-estrella que todas las mañanas era acogida con expresiones de cariñosa admiración por la hermana portera, no iba a encontrar nada parecido en el severo edificio de la calle Paraguay, donde pronto pudo descubrir qué mal la habían preparado en un colegio donde ni siquiera habían comenzado a adiestrarla en el trazado de los elegantes perfiles propios del estilo caligráfico que desde hace dos siglos es conocido como letra de educanda.

Mi experiencia iba a ser muy distinta; aunque la Escuela Argentina Modelo se parecía muy poco a la empresa pedagógica de avanzada que describían sus prospectos, según los cuales ponía sus vastos recursos (entre ellos una cineteca que esos prospectos describían en términos ditirámbicos, y un campo de juegos y deportes para el cual la Municipalidad le había cedido el uso de un terreno en Palermo) al servicio de la formación integral de quienes pasaban por sus aulas, era inequívocamente una buena escuela, gracias sobre todo a que había reclutado un elenco de excelentes maestros que imponían niveles de exigencia suficientemente altos (aunque esa severidad de criterios no se mantenía para la distribución de premios y distinciones entre su alumnado; recuerdo que cuando me tocó recoger una medalla de oro en una colación de grados celebrada en el cine Grand Splendid, Frida, quien fue esa vez la encargada de acompañarme a la ceremonia, quedó algo desconcertada al descubrir cuán numerosos éramos los que esperábamos, formando fila, recibir la medalla de hojalata dorada que el director de la escuela extraía con gesto majestuoso de una caja de cartón que tenía todo el aspecto de provenir directamente de la fábrica que acababa de confeccionarlas). Y aunque es probable que si en la Escuela Argentina Modelo me perfilé ya inequívocamente como un buen alumno, algo contribuyeron a ello las sesiones de la tarde, en las que durante horas no podíamos hacer otra cosa que los deberes; en lo esencial lo que esa escuela podía darme no se alejaba mucho de lo que el Manuel Solá había venido ofreciéndome gratis.

Se entiende entonces que mis padres, ya convencidos desde el fin del curso de 1935 de que mi hermana nunca se iba a sentir cómoda en las Adoratrices y también de que, aunque la Modelo no presentaba el mismo problema, no satisfacía del todo las expectativas que en ella habían puesto, cuando se enteraron, al comenzar el siguiente año lectivo, de que una recién creada Fundación Argentina de Educación acababa de abrir una escuela que debía cubrir tanto el ciclo primario como el secundario, donde se mantendría una relación numérica excepcionalmente favorable entre alumnos y docentes, y que estos últimos iban a constituir un plantel excepcionalmente calificado, se apresuraran a retirarnos de los cursos que acabábamos de comenzar en esas dos escuelas para incorporarnos a la que se había instalado en un muy amplio *petit-hôtel* de tres pisos situado en la esquina de Cerrito y Posadas. Comenzó así una experiencia que no debió de durar más de cinco meses, pero que nos iba a dejar un tesoro de recuerdos tan abundantes como abigarrados.

Si la Fundación y su escuela merecen quizá dar tema algún día para una escueta nota al pie en la historia de la trayectoria político-ideológica de la Argentina de los años treinta es porque en ellas se desplegaron, exageradas casi hasta la caricatura, las notas distintivas del momento de esa trayectoria luego recordado nostálgicamente por Julio Irazusta en sus memorias como una "época en que había una notable inter-comunicación entre las gentes de las tendencias más diversas, por debajo de las agrias –y estériles– disputas que desgarraban al mundo oficial"* (gracias –habría que añadir aquí– a que las alternativas que estarían en el trasfondo ideológico de la Segunda Guerra Mundial no se presentaban aún con la brutal nitidez que pronto iban a adquirir).

La Fundación era fruto de la iniciativa del doctor Alberto Baldrich, entonces cercano a la etapa final de su rápida migración de la extrema izquierda a la extrema derecha del espectro ideológico, y era él quien había designado directora de la escuela en la que ingresamos en ese avanzado otoño de 1936 a la doctora Hildegard Pasch, recientemente arribada de Alemania y decidida simpatizante del régimen instalado tres años antes en su país natal, pero eso no impidió que en los corredores de la Fundación fuese posible encontrarse con don Pedro Henríquez Ureña, quien había tomado a su cargo un curso en el secundario, o que entre quienes colaboraban con esa empresa pedagógica como integrantes de su cuerpo de inspectores se contase Vicente Fatone, que desempeñaba funciones de tal cuando lo vi por primera vez en mi vida, mientras examinaba con gesto y semblante severos mi cuaderno de cuarto grado. La inesperada materialización de Fatone en ese papel era uno de los signos cuya acumulación hizo cada vez más difícil no concluir que –debido quizá no tanto a lo que desde su origen el proyecto de Baldrich había tenido de quijotesco como a la renuncia a corregir las insuficiencias que arrastraba desde ese origen y que prefería ocultar bajo un cada vez más tupido velo de imposturas– de la escuela en que acabábamos de ingresar podía esperarse quizás algo más pero con seguridad bastante menos que lo que provee habitualmente esa clase de establecimientos. Sería el progresivo descubrimiento de que así estaban las cosas el que iba a sellar la suerte de una empresa que, si en sus inicios concitó en muchos las esperanzas que decidieron a nuestros padres a inscribirnos en ella, y que le permitieron contar con un plantel docente de veras excepcional, pese a que por el momento sus integrantes no recibían ningún sueldo, vio agostarse rápidamente esas esperanzas desde que se hizo tristemente claro que luego de un comienzo razonablemente prometedor el reclutamiento de nuevos alumnos se estaba haciendo cada vez más difícil (en mi curso de cuarto grado yo iba a te-

---

* Julio Irazusta, *Memorias (historia de un historiador a la fuerza)*, Buenos Aires, Ediciones Culturales Argentinas, 1975, p. 225.

ner un solo compañero hasta que lo abandoné junto con la escuela antes de concluir el año lectivo).

Sobre esos cimientos cada vez más frágiles, la Fundación continuó edificando un aparato pedagógico cada vez más complejo, no sólo a través de la ya mencionada invención del cuerpo de inspectores sino de la multiplicación del personal directivo, reflejada en la aparición de nuevos personajes dotados de títulos como Directora de Estudios y otros semejantes, a quienes veíamos sólo en nuestros almuerzos. Esos almuerzos eran a la vez el principal instrumento al que recurrió la Fundación para conquistar un lugar en la escena pública; con ese propósito invitaba a compartirlos a huéspedes ilustres, que presidían la mesa destinada a ese frondoso personal directivo, servida ese día según un menú distinto del habitual, mientras la doctora Pasch, adecuadamente ataviada para la ocasión, se desempeñaba con elegante desenvoltura en el papel de dueña de casa. Cuando nos incorporamos a la escuela el gran tema era la inminente visita del general español José Millán Astray, destinada a frustrarse cuando el héroe de la guerra del Rif debió interrumpir bruscamente su visita a Buenos Aires para participar en la guerra civil que comenzó en su país en esos días; recibimos en cambio la del embajador de México, José Manuel Puig Casauranc, quien como Secretario de Educación había puesto las bases del proyecto de educación socialista que en ese momento estaba siendo implantado contra viento y marea en su país (un antecedente que era por entonces insistentemente mencionado desde más de un púlpito de Buenos Aires). Aunque el episodio más brillante de esa campaña iba a ser sin duda la visita del embajador de Francia, la que más hondamente se me grabó en la memoria fue la de Coriolano Alberini, quien era ya para mí una figura legendaria cuando lo vi cruzar, trepado en un par de toscas muletas, la distancia que separaba la doble puerta de madera y vidrio por la que se ingresaba en el comedor de la Fundación del sitial de honor en su mesa principal.

Nuestro paso por esa institución en irrefrenable avance hacia el caos fue inevitablemente breve, pero ello no impidió que incluyese algunos buenos momentos. Aunque los maestros y maestras del tramo primario solían ser bastante convencionales en sus prácticas, el primero que me tocó en suerte, Eduardo Jonquières, quien ya entonces me había parecido sorprendentemente joven para encarnar ese papel (y que, en efecto, según acabo de descubrir en Google, tenía entonces exactamente dieciocho años) no lo era en absoluto. Con él mi compañero y yo la pasábamos muy bien, hacíamos muy poca aritmética, nos hablaba de cosas interesantes y nos hacía llevar el cuaderno usando solamente el lápiz; por desgracia yo puse fin sin quererlo a esa situación tan grata cuando comenté en casa que temía estar perdiendo todo lo que había adelantado en tercer grado. La consecuencia fue una alarmada intervención de mamá ante las erráticas autoridades de la Fundación, y un llamado al orden en respuesta al cual el futuro poeta, artista plástico y funcionario de la Unesco prefirió renunciar al cargo honorario que desempeñaba en ella antes que a sus criterios pedagógicos.

Las consecuencias se hicieron sentir con dureza cuando fue reemplazado por una maestra que no sólo nos devolvió al uso de la tinta, sino que a falta de algo mejor que hacer dedicó buena parte de las horas que pasaba todos los días en *tête-à-tête* con mi compañero Jorge Barraza y conmigo a dictarnos unos textos aburridísimos, que anotábamos en el cuaderno (desde luego con tinta) y una vez corregidos por ella debíamos transcribir en una carpeta de hojas perforadas bajo un título subrayado con una doble línea trazada con regla. La preocupación que me había llevado a desencadenar ese desdichado cambio de fortuna anticipaba ya la que iba a poner fin a la existencia de la Fundación. En efecto, iba a ser el cada vez mejor fundado temor a que la permanencia en ella pusiera en peligro el futuro de sus estudiantes en el marco del sistema educativo el que iba a terminar provocando las deserciones en masa que sólo le iban a permitir sobrevivir hasta el fin de su primer año lectivo.

En el caso de mi hermana y mío la deserción se debería sin embargo menos a esa inquietud que al crónico problema que planteaba el transporte escolar. Cuando ingresamos, sólo contaba la escuela con un sistema muy rudimentario pero eficaz, consistente en contratar varios taxis que se dirigían a los distintos barrios cargando a los siempre escasos alumnos residentes en cada uno de ellos; a los de Palermo nos acompañaba en el trayecto la gobernanta, una señora alemana ya mayor que nos enseñó a recitar en alemán los números hasta veinte, y refutó con insistencia para nosotros la calumniosa versión del himno nacional alemán que traduce sus primeros dos versos como "Alemania sobre todos en el mundo" cuando éste sólo proclama, con muy escasa originalidad, "Alemania por encima de todo en el mundo" (fue esa refutación, que aunque totalmente veraz no logró quebrar nuestro silencioso pero tenaz escepticismo, la única tentativa de adoctrinamiento ideológico con la que íbamos a tropezar en la Fundación). Pero esa solución al problema del transporte no sólo era considerada totalmente insatisfactoria por los padres; tampoco debía de ser barata, y pronto comenzamos a oír que la Fundación había comprado un ómnibus usado, pero en excelente estado, que entraría en servicio en unos días más, una vez que se concluyera de repintar su exterior con los colores y el logo de la institución.

En efecto, unas semanas después encontramos estacionado a la salida un ómnibus que no había sido repintado, aunque necesitaba urgentemente serlo, y seguía por lo tanto anunciando sobre su parabrisas que en su ya larga existencia había venido cubriendo el trayecto de Liniers a Moreno. Como íbamos a descubrir demasiado pronto, el vehículo tenía otro defecto más grave: aunque los vidrios de sus ventanillas seguían intactos, éstas estaban inamoviblemente fijadas en posiciones que dejaban abierto un generoso acceso para el aire exterior. Para nosotros vino a hacer aún más serio ese problema el hecho de que el itinerario fijado para devolver a los alumnos a sus casas comenzaba en Belgrano (rápidamente accesible por vía del Bajo), seguía con rumbo a Flores, descendía luego por Rivadavia hacia Congreso y terminaba en Palermo, con suerte una hora y media después de nuestra partida de Cerrito y Posadas. Los esfuerzos de mamá por conseguir que el ómnibus nos dejara en casa en su camino a Belgrano tropezaron con la objeción, me temo que fundada, de que eso hubiera hecho más lento todo el proceso, y cuando hizo notar que eran demasiadas las noches en que llegábamos a casa famélicos y agotados por dos horas o más de sufrir sin protección alguna el frío del invierno, no encontró la respuesta que había esperado en la sugerencia de que llevando con nosotros un termo con cocoa quizá podríamos resolver a la vez ambos problemas.

Aunque supongo que fue en ese momento cuando mamá decidió que nuestra aventura en la Fundación no tenía futuro, nuestra presencia en ella se iba a prolongar todavía por algunos meses, al cabo de los cuales –sea porque entre tanto fue amainando el frío o porque nos fuimos acostumbrando a él– considerábamos ya a las largas recorridas vespertinas por la inmensa ciudad uno de los momentos más atractivos de nuestro día en la Fundación. En el ómnibus era ahora todo el reducido alumnado externo de los grados primarios (los aún menos numerosos del secundario volvían a su casa por su cuenta) el que era custodiado por la gobernanta, instalada en el primer asiento en permanente charla con el conductor; y muy pronto pasaban ambos en sus diálogos del castellano al alemán y ella dejaba de interesarse en los nuestros. Era en la etapa final del viaje, cuando habíamos dejado ya en el camino a los que se bajaban en Caballito, cuando el menor número de participantes permitía que éste se hiciese más vivaz y tupido. Buena parte de esa vivacidad la ponía Natacha, la hija mayor de don Pedro Henríquez Ureña, entonces en quinto grado, que nos deslumbraba cada vez que el ómnibus debía desviarse de su recorrido para dejar en la embajada de México a ella y a Sonia, su menos comunicativa hermana menor, que cursaba el segundo. Por lo que recuerdo, el tema más insistentemente cubierto en esas charlas eran las películas de estreno, que Natacha había visto ya en los cines del centro que los demás todavía no visitábamos, y que ella nos describía con gran lujo de detalles, deteniéndose en particular en los pasajes que llamaba románticos.

No recuerdo en cambio que se hablara de otros temas del día (mientras que en los ómnibus de la Modelo había participado en discusiones tanto sobre la guerra de Etiopía como sobre las hazañas del bandido Mate Cocido en el Chaco o –aunque muy marginalmente, porque nunca entendí del todo de qué se trataba– sobre la caída del gobernador Martínez de Hoz en la provincia de Buenos Aires) ni que se tocaran temas eternos como el de la existencia o inexistencia de Dios, que según me dice el recuerdo habíamos explorado en una ocasión durante horas en el jardín de nuestra casa (mientras la conclusión abrumadoramente mayoritaria había sido que había que creer en Dios, pero no en la Iglesia, una institución que nos merecía muy escasa confianza, nuestro caudillo nos sorprendió informándonos que él no creía en Dios, ya que no tenía prueba ninguna de que existiera, y sí en cambio en la Iglesia, cuya existencia era indudable).

Pero para entonces esos temas del día se hacían cada vez más difíciles de ignorar, y fueron ellos los que, por un camino bastante oblicuo, condujeron a nuestro retiro de la Fundación. A la hora del almuerzo la guerra civil que acababa de estallar en España se transformó en tema permanente en la mesa de las autoridades, siempre por iniciativa de la señorita Valdés, que en ese momento era, según creo recordar, Directora de Estudios, y ponía en sus intervenciones en favor de la causa republicana esa atractiva espontaneidad y también esa intensidad que siguen caracterizando a tantas jóvenes españolas. Sus alegatos encontraron muy poco eco positivo o negativo entre sus comensales hasta que se hizo pública la intervención de Alemania en el conflicto, que mereció de la señorita Valdés la más violenta de las condenas, lo que a su vez provocó una inesperada respuesta de parte de la hasta entonces silenciosa señorita Schroeder, según mis recuerdos secretaria de la escuela. Era su opinión que, aunque la señorita Valdés tenía sin duda razón en condenar un movimiento que no era sino el que podía esperarse en un país mantenido durante siglos en la miseria y la ignorancia por la nefasta influencia de la Iglesia Católica –de cuyos crímenes, desde el tráfico de indulgencias hasta los incestos muy cercanos al trono pontificio, pasó a ofrecer un resumen bastante completo–, lo que su requisitoria no tomaba en cuenta era que la intervención de la nueva Alemania en el conflicto civil español abría a ese desdichado país, cercano ya en su desesperación a buscar refugio en el comunismo, un camino mejor para dejar definitivamente atrás esa siniestra herencia.

(Al releer este relato me pregunto cuánto he agregado al episodio originario al revivirlo más de una vez en la memoria. Hay algunos elementos que tienen que haber figurado en él desde el comienzo: las violentas intervenciones de la señorita Valdés, la réplica de la señorita Schroeder, doblemente sorprendente porque ella apenas participaba en las conversaciones de la mesa principal y por el giro totalmente inesperado que imprimió al debate, y –de eso estoy absolutamente seguro, porque fue lo que dio pie a nuestro retiro de la escuela– la mención de las indulgencias y del insólito estilo de vida familiar atribuido al papa Alejandro VI; no lo estoy tanto, en cambio, de que la presentación de la intervención alemana en la guerra como una oportunidad para que España superara la abrumadora herencia de su pasado tuviera un lugar central en la arenga de la señorita Schroeder y no hubiera venido a ocuparlo en la memoria a fin de dotar de una mayor coherencia a un episodio que en ausencia de ese motivo hubiera carecido del todo de ella.)

Fue el relato de lo que habíamos oído en el almuerzo el que decidió nuestro retiro de la Fundación, tras una extensa conversación telefónica en la que mamá explicó al doctor Baldrich que no podíamos permanecer ni un día más en una escuela cuyas autoridades habían herido de ese modo nuestros sentimientos piadosos. En efecto, no se necesitaron muchos días para que yo me encontrara de vuelta en la Escuela Argentina Modelo, donde fui recibido con los brazos abiertos (al parecer habían allí temido por un momento que la escuela de la Fundación resultara una seria rival, y vieron en mi retorno un signo inequívoco de que ese peligro, si había existido alguna vez, se había desvanecido ya para siempre). Mi hermana –para quien estaba del todo fuera de la cuestión un retorno a las Adoratrices– iba a tener en cambio una experiencia menos feliz en la escuela pública de niñas que sigue todavía hoy funcionando en un edificio ya entonces bastante decrépito de Arenales entre Laprida y Anchorena, donde le tocó sufrir lo suyo bajo una maestra tan despótica como ignorante.

Desde entonces íbamos a recordar con una suerte de cariño retrospectivo un episodio que había logrado quebrar tan eficazmente la monotonía de la vida escolar, y que en el recuerdo parece marcar la punta extrema de los cambios que siguieron a nuestra partida de Yatay. Sin duda esos cambios no se debían tan sólo al más ancho marco en el cual, gracias a los edificios de Fiorito, su jardín y también la calle Santa Fe, transcurría ahora nuestra vida de todos los días, sino también a que, a medida que avanzábamos en edad, comenzábamos a entender mejor y por lo tanto a prestar mayor atención a lo que ya anteriormente había venido ocurriendo a nuestro alrededor (así, si de la sociabilidad de nuestros padres yo había comenzado por enterarme tan sólo de lo que pasaba en nuestra presencia –y por lo tanto casi siempre en casa– y ahora me interesaba también seguir a través de las conversaciones a la hora de la cena las novedades que tenían por teatro la sala de profesores del Instituto del Profesorado, era porque habían comenzado ya a decirme algo los nombres de Amado Alonso, de Pedro Henríquez Ureña, de Raimundo o María Rosa Lida, de Roberto Giusti, de Juan Mantovani, de Francisco Romero, de Ángel Vassallo, de Abraham Rosenvasser y todavía de unos cuantos más que no siempre había visto en persona pero aparecían y reaparecían en ellas).

Creo que el cambio que introdujo la partida de Yatay en mi entorno más inmediato, sumado a mi mayor interés y capacidad para percibir otras novedades que no me tocaban personalmente, hubieran sido suficientes para transformar a mis ojos el que había sido un mundo de tranquilizadoras rutinas en uno de cambios incesantes, pero repensándolo ahora estoy seguro de que comenzaba a pesar también el hecho de que, entre esos cambios, eran cada vez más numerosos los que aparecían organizados en torno a ese alarmante tema central constituido por el avance inexorable hacia un nuevo conflicto mundial, que se ha-

Profesores y egresados del Instituto del Profesorado, 1942. Sentados, de izquierda a derecha, Roberto F. Giusti, Pedro Henríquez Ureña, Juan Mantovani, Jorge Guasch Leguizamón, Oliverio Tracchia, René Bastianini, Albino Sánchez Barros, Amado Alonso y Gregorio Halperin. En la segunda fila, entre las alumnas, la cuarta desde la izquierda es la profesora Enriqueta Terzano.

cía más fácil de percibir a medida que sus repercusiones empezaban a llegar hasta nosotros, así fuese a través de complejas mediaciones.

Esas repercusiones ya habían comenzado a alcanzarnos cuando mamá decidió invocar la prédica herética de la señorita Schroeder como el motivo por el cual nos retiraba de la Fundación. En efecto, fue poco antes de ese episodio cuando el descubrimiento de que apenas estallada la guerra civil en España los carmelitas de la iglesia de Charcas y Pueyrredón, a la que concurríamos desde nuestra mudanza a Santa Fe, habían instalado a la vera del altar mayor la bandera monárquica adoptada por el bando rebelde la hizo abandonar, para ella y también para sus hijos, la concurrencia a la misa dominical. Debo reconocer que muy probablemente le facilitó adoptar esa decisión el previo descubrimiento de que en el Carmelo le iba a faltar mucho de lo que había encontrado en Jesús Sacramentado, donde monseñor Ussher (que sobrevive en mi recuerdo como una figura imponente, muy poco parecida por cierto a la de ese "santo, gordo y violeta" obispo Ussher de "regordeta y anillada mano" cuyo retrato trazó Rodolfo Walsh en uno de sus cuentos con irlandeses*) gustaba de charlar un rato con ella cuando despedía a los feligreses a la salida de misa (me parece que confirma esa suposición que al abandonar las misas del Carmelo nunca intentó reemplazarlas con las celebradas en otras iglesias y capillas no más distantes de casa que las ocho cuadras que nos separaban de aquélla); de modo que la pausa que introdujo mamá en la que podríamos llamar nuestra vida de devoción podía ser vista como una faceta más en la disolución del sistema de prácticas madurado en la etapa de Yatay tanto como una temprana consecuencia del impacto de la crisis mundial en avance.

Ello no impidió que, sin duda no sólo para nosotros, fuera el estallido de la guerra civil española el que hizo tomar súbitamente conciencia de todo lo que estaba en juego en esa crisis. Todavía en 1935 mamá –aunque no tenía ninguna simpatía por el régimen fascista y encontraba personalmente aborrecible a Mussolini– había asistido al de la guerra ítalo-etíope con un ánimo no muy distinto de aquel con que veinte años antes había acompañado el ingreso de su país en la Primera Guerra Mundial, hasta tal punto que por un momento pensó donar su anillo matrimonial en la colecta organizada por el gobierno italiano para afrontar la emergencia creada por las sanciones que le había impuesto la Sociedad de las Naciones (hay que agregar que en esa ocasión estuvo lejos de ser la única en caer bajo el hechizo del eximio demagogo que gobernaba entonces a Italia y había sabido elegir tan certeramente el tema en torno al cual movilizar a sus compatriotas que logró que aun Benedetto Croce se sintiera obligado a arrojar su medalla de senador al crisol de fundición instalado en el Altar de la Patria), pero un año después, cuando nos retiró de la Fundación, ya habían aparecido en casa los bonos de apoyo a una Junta de Ayuda Médica Sanitaria a España Republicana que íbamos a ver hasta el cansancio en los dos años siguientes.

Una consecuencia de la guerra de España que nos iba a tocar muy de cerca fue la aparición en nuestro horizonte de Américo Castro, quien había esperado encontrar en Buenos Aires un duradero refugio luego

* Rodolfo Walsh, "Los oficios terrestres", en *Obra literaria completa*, México, Siglo XXI, 1981, pp. 405-417; las citas corresponden a las pp. 406 y 408.

de que los pocos días de guerra que hasta que pudo cruzar a Francia había pasado en San Sebastián, donde lo había sorprendido su estallido, durante los cuales las improvisadas milicias organizadas por el PSOE en defensa de la República habían irrumpido en su casa de veraneo y sin atender razones lo habían despojado de todos los colchones que a su juicio sobraban en ella, bastaron para convencerlo de que cualquiera fuese el desenlace del conflicto era muy difícil que en España quedara aún lugar para él. Luego de permanecer infructuosamente por más de un año en la Argentina, Castro se decidió a aceptar una posición en la Universidad de Texas, que pudo luego trocar con alivio por otra en Princeton, pero entre tanto venía a menudo a cenar a casa, y en esas ocasiones a mi hermana y a mí nos gustaba dejar abiertas todas las puertas para escuchar desde nuestro dormitorio cómo monopolizaba la conversación, con monólogos en que esbozaba ya los temas del librito que luego publicó sobre la peculiaridad lingüística rioplatense, y que iba a ser tan mal recibido como suele ocurrir con los de los visitantes que insisten en decir a los porteños cosas que éstos no quieren oír. Recuerdo en particular uno de esos monólogos que me dejó aterrorizado durante días, en el que achacó a la manía argentina de ignorar todo lo que diera motivo para dudar de que el país estuviera ya ubicado en la vanguardia de la civilización la ausencia de medidas efectivas destinadas a detener el pavoroso avance de la lepra, y que cerró profetizando con audaz neologismo "y van a permitir que todo el país se leprosee", con lo que me inspiró la visión horrible de una multitud de vagas siluetas envueltas en vestimentas medievales –que era como el Patronato de Leprosos representaba a sus patrocinados en los carteles que pegaba en las paredes durante su colecta anual– agitando en triunfo sus matracas mientras avanzaban inexorablemente por la calle Santa Fe.

Aunque Castro hablaba muy poco de la guerra civil, estoy seguro de que era ésta la que lo inclinaba cada vez más a ver el mundo desde una perspectiva apocalíptica, y esa reacción era quizá también la más frecuente entre quienes, así fuese fugazmente, la habían contemplado de cerca. Para quienes la seguían desde el otro hemisferio, sospecho que alcanzó en cambio un impacto menos universalmente sentido de lo que sugeriría una revisión de la colección de *Crítica* durante los años en que hizo de ella su permanente noticia de primera plana. Aunque las fotografías del público que en vísperas de la derrota final había acudido a recibir en Buenos Aires a Indalecio Prieto publicadas por el diario de

Botana no necesitaron de ningún retoque para certificar la presencia de multitudes, éstas reflejaban sin duda sobre todo el peso que en la población porteña conservaba todavía la ingente masa de españoles oriundos de las regiones a las que la República había dado su autonomía, que se mantenían firmemente adictos a su causa. Era ella la que hacía que, mientras Américo Castro peroraba en el comedor, el eco de la guerra llegara también al departamento de Santa Fe a través del cuarto de servicio (la empleada que teníamos por esos mismos días buscaba desesperadamente en las innumerables columnas que *El faro de Galicia* dedicaba a reseñar las ceremonias de restauración del crucifijo en todas y cada una de las aulas escolares de la comarca gallega alguna huella de las cosas sin duda horrendas que estaba segura escondía esa crónica triunfal) e iba a hacer que todavía luego de la derrota republicana, cuando vivíamos ya en Belgrano, el almacenero de la esquina de Obligado y Olazábal siguiera ofreciendo un testimonio casi secreto de su lealtad a la causa vencida al decorar su vidriera con papel *crêpe* en los tres colores de la que había dejado de ser la bandera española.

¿Alcanzó la guerra ese mismo impacto duradero sobre la masa de la población porteña? Por lo que pueden valer, mis recuerdos del jardín no me permiten afirmarlo; en los primeros días de ella nuestros sentimientos republicanos fueron sólo compartidos por Gilbertito y Marilyn, hijos ambos del senador mendocino Gilberto Suárez Lago, presidente del bloque conservador en la Cámara Alta y también él inquilino de los no muy suntuosos edificios de Fiorito (lo que quizá sugiere algo acerca de la extrema corrupción que suele achacarse a la dirigencia de la que luego iba a ser conocida como década infame), pero no porque el resto de los chicos apoyaran el alzamiento del 18 de julio, sino porque la mayoría de ellos se interesaban poco y nada por él. De hecho en el jardín pronto se dejó de hablar del conflicto español, y surgió como el gran tema del año 1936 la súbita irrupción en escena de Wallis Simpson, esa sí discutida con pasión entre quienes la considerábamos una aventurera sin escrúpulos y los que seguían embobados las vicisitudes del idilio que iba a alcanzar a la vez su clímax y su anticlímax en la abdicación de Eduardo VIII y la melancólica boda que iba a seguirle.

Hubo sin embargo un grupo sin duda no masivo pero no por eso menos significativo para el cual el estallido de la guerra civil española marcó un decisivo punto de inflexión en su relación con la arena pública. En un país cuyas disputas políticas domésticas no lograban ya interesar vitalmente a muchos que no hubieran hecho de la política su profesión (aun el fraude electoral, que a partir de 1935 se iba a hacer cada vez más escandaloso, era visto demasiado a menudo como una de esas calamidades argentinas sin duda deplorables, pero no lo bastante para que se justificara tratar de hacer algo serio para eliminarlas), el conflicto de la Madre Patria ofreció a quienes conservaban vivo el interés por problemáticas políticas que no encontraban fácil trasladar a la arena nacional un término de referencia que les permitiría perfilar con mayor precisión posiciones hasta entonces bastante más eclécticas o flotantes, y como consecuencia identificarse más resueltamente con ellas. De este modo las tomas de posición frente a un conflicto internacional que, como ya se advertía, se preparaba a gravitar con fuerza creciente también sobre este remoto rincón del mundo comenzaron a funcionar como una suerte de sucedáneo de las suscitadas frente a los dilemas de la política nacional que en tantos países –pero no en la Argentina de ese momento– crean afinidades y diferencias que pasan de inmediato a gravitar también más allá del campo político.

Fue ésa sin duda una transformación que sólo gradualmente iba a disipar el clima colectivo evocado por Irazusta, pero que mantendría con total firmeza su rumbo de origen, y me parece que tanto esa gradualidad como esa firmeza se reflejaron bastante bien en el legado que le dejó a mamá su paso por una agrupación femenina que no iba a llevar su institucionalización más allá de darse el nombre de Hermandad, y cuyas actividades, por lo que yo pude entender, se redujeron a reunir periódicamente a sus integrantes a tomar el té en la casa de una u otra de ellas. En esa efímera sociedad iba a encontrar a algunas de las amigas más cercanas de los años que vendrían; entre ellas se contaban, junto con Dora Miranda, una profesora y abogada que aunque no simpatizaba en absoluto con el comunismo se mantuvo activa en la Unión Argentina de Mujeres aun luego de que se hizo inequívoco su carácter de agrupación "cercana al Partido", y que iba a ser desde entonces su interlocutora de casi cotidianas conversaciones telefónicas, y Julieta Gómez Paz, la más joven del grupo, que a más de publicar ya poesía incursionaba por entonces en el teatro independiente, y todavía Alba Gandolfi, casada con Álvaro Yunque, todas ellas irreprochablemente identificadas con la causa republicana, también Wally Zenner, una poetisa y recitadora hoy recordada sobre todo como una de las legendarias novias de Borges, con quien mamá simpatizó mucho desde el comienzo e iba a mantener una estrecha amistad hasta su muerte, pese a que –aunque Wally tenía el buen tino de no participar en la conversación cuando se tocaba el tema– era sabido que estaba muy lejos de identificarse con esa causa.

Pero había con todo una diferencia, y ésta consistía en que mientras la amistad que no sólo ella sino también papá entablaron con Wally y su muy simpático marido Carlos Aparicio, tenido por muchos como el verdadero responsable de las deplorables orientaciones políticas de su esposa, estaba limitada como consecuencia de esa diferencia de orientaciones a una esfera estrictamente privada y social, en la establecida con Alba –y la en este caso más distante con su esposo– esa dimensión privada se continuaba y reforzaba a través de la pública que había comenzado a gravitar con peso creciente desde que los dilemas políticos que iban a desgarrar al mundo en la década siguiente habían alcanzado su primer punto de ruptura en España. Aunque en este caso ese vínculo debía ser redefinido cada vez que la línea comunista, seguida con ejemplar disciplina por esos dos fidelísimos compañeros de ruta, sufría una de sus siempre bruscas inflexiones, éstas nunca alcanzaron a quebrar una continuidad que aún logró mantenerse entre agosto de 1939 y junio de 1941, cuando el comunismo argentino debió encontrar modo de hacer compatible su militancia antifascista con su neutralidad en el que ahora definía como un conflicto entre imperialismos rivales.

Era el avance, en paralelo con la abierta confrontación que estaba desgarrando a España, del conflicto cada vez menos larvado que por el momento había hallado sus focos en Europa Central y el Extremo Oriente, el que daba cada vez más razones para temer que se acercaba ya el momento en que éste habría de desembocar en una nueva guerra mundial (otro de los recuerdos que me quedan de un instante aislado es el de un desayuno en unas vacaciones de fin de verano en un hotel de Mar del Plata, en marzo de 1936, en que el diario traía la noticia de la remilitarización de la Renania, y papá dijo que era ya totalmente seguro que la guerra iba a volver). La convicción de que así estaban las cosas contribuyó a decidir a mis padres, que desde hacía años venían hablando vagamente de viajar a Europa, a concretar por fin ese proyecto antes de que el estallido del conflicto lo hiciera imposible. Los preparativos se extendieron a lo largo de buena parte de 1937, e incluyeron espaciadas visitas a distintos barcos italianos, que los llevaron finalmente a la decisión de tomar pasajes de segunda clase en el *Conte Grande* y de retorno en el *Augustus,* antes que en los nuevos transatlánticos de clase única destinados al renaciente tráfico de turistas, que se habían hecho muy populares, hasta que una vez cumplidos los rituales de la partida (en que los banquetes de rigor hasta 1914 habían sido reemplazados por las que se dio en llamar demostraciones, consistentes en cócteles abundantemente acompañados de masas y bocadillos, de los que la confitería Ideal había hecho una especialidad), y tras enviar todo el mobiliario doméstico al guardamuebles, porque de acuerdo con las pautas de vida nómada que se estaban imponiendo entre la clase media porteña habían decidido ya que a su retorno buscaríamos una vivienda más grande en reemplazo de la de Santa Fe, mis padres partieron hacia Génova durante las últimas semanas de 1937.

Por nuestra parte partimos a pasar las vacaciones de verano en Adrogué, cerrando así un año del que sólo conservo recuerdos menos precisos que de los anteriores. En el frente escolar, mientras Leta, a la que moviendo toda clase de influencias papá había logrado inscribir en la escuela de niñas situada en Cinco Esquinas, considerada entonces la mejor de las del Consejo, descubrió que formaba allí parte de una minoría de infiltradas recibidas sin cordialidad por las nativas del distrito, por mi parte comenzaba a preguntarme si no estaba ya demasiado cómodo en la Modelo donde —mientras hasta entonces me había sentido todo el tiempo obligado a aprender cosas nuevas, si no quería quedar para siempre rezagado— ahora tenía la sensación de haber entrado en una etapa estacionaria en la que ese peligro se había desvanecido, pero junto con él el interés que antes me había inspirado el incesante arremolinarse de novedades. A la vez ese año, que en ese aspecto contribuyó tan poco a mi formación, fue aquel en que nos graduamos en lectura de libros y revistas dedicados al público infantil, a través de un descubrimiento muy sesgado de Dickens, comenzado con el de una traducción de *Los papeles del club Pickwick* que devoramos de cabo a rabo, y seguido con la de *Nicolás Nickleby* que también encontramos en casa en traducción española, donde buscamos todo lo que avanzaba sobre la misma vena cómica y satírica que tanto habíamos apreciado en Pickwick, mientras de los extensos pasajes sombríos leíamos sólo lo necesario a fin de no perder el hilo del argumento, para abandonar del todo la lectura apenas entraban en escena esos personajes angélicos (en este caso los insoportables hermanos Cheeryble), que en Dickens aparecen siempre a tiempo para proteger al héroe de las calamidades que le han preparado sus siniestros enemigos. Me temo entonces que nuestro descubrimiento de Dickens no reflejara la precoz aparición de una madura sensibilidad literaria, sino casi lo contrario, y eso mismo pareció confirmarse cuando abordamos *David Copperfield,* sólo para descubrir que sus personajes eran ya demasiado complejos y ambiguos para divertirnos con ellos como con los de las dos obras anteriores, lo que hizo que por el momento nuestro canon dickensiano sólo agregara a éstas los capítulos norteamericanos de *Martin Chuzzlewit.*

Ese mismo año comencé también a conocer mejor a papá. Siempre le habían gustado las largas caminatas, y ya de más chico lo había acompañado en las que hacía por el bosque de Palermo, pero en ésas hablábamos bastante poco, en parte porque quizá me exigían demasiado para mi edad y después de un par de cuadras me concentraba en el esfuerzo por seguir adelante. Ahora las caminatas solían seguir a los copiosos almuerzos de los domingos en casa de mis abuelos, y aunque Silvina Ocampo había recomendado para esas ocasiones las "calles de Adrogué, tan recorridas/por las tardes, después de las comidas", papá prefería avanzar por el borde de la carretera a través de lo que era entonces campo abierto en dirección a Burzaco y Longchamps, mientras ahora sí hablábamos de toda clase de temas, algunos del momento y otros surgidos de las muchas curiosidades que me inspiraba el descubrimiento de que el mundo es bastante más complicado y sujeto a variación de lo que había imaginado hasta entonces.

Lo comenzábamos a descubrir también, y de un modo que nos tocaba más de cerca, en nuestra relación con nuestra familia extensa. Aunque, como dije antes, la desaparición de ese cuartel general que para ella había sido la casa de Perú no había hecho menos asiduos nuestros contactos, hacía imposible seguir viéndola como una unidad, y en las variaciones que se sucedían en el vínculo con cada uno de sus fragmentos se reflejaba ese tránsito a una etapa no marcada ya por la estabilidad sino por el cambio. Así, no sólo frecuentábamos menos el departamento en el que se habían reunido mis tíos solteros, quienes –poco adictos al ritual del té– organizaban sólo muy de vez en cuando reuniones de bebida y naranjada a las que invitaban a la familia entera, que el de los Weber, en el que Frida había tomado firmemente las riendas de la administración doméstica mientras concluía sus estudios en la sección de Castellano y Literatura del Instituto del Profesorado, y donde las visitas eran ahora menos exclusivamente de familia, ya que papá no siempre nos acompañaba, Yoyo prefería esquivarlas y la presencia de su padre era intermitente y más bien silenciosa, y en cambio encontrábamos habitualmente en ellas a las tres compañeras de estudios con quienes Frida había preparado exámenes desde su ingreso en la carrera, con lo que comenzaban a parecerse cada vez más a encuentros entre gente vinculada a través del Profesorado, y quizá por esa razón reflejaban mejor que las exclusivamente familiares los temas proyectados en ese momento al primer plano por las vicisitudes de la crisis en curso (uno de mis recuerdos más vivos es el de una acalorada y casi interminable discusión en la que Anita Barrenechea, que era una de esas tres compañeras, trataba en vano de explicar por qué no podía negarse a acompañar a sus padres –partidarios como tantos navarros del alzamiento militar– al teatro en que actuaba Irene López Heredia, en ese momento portaestandarte en las tablas porteñas de la causa rebelde frente a la republicana encarnada con incomparable autoridad por la gran Margarita Xirgu).

Sin duda ya mi atención por las historias del Profesorado evocadas en nuestras cenas en Santa Fe había reflejado el ensanchamiento de mis horizontes a medida que avanzaba en edad, pero me parece que la que ahora prestaba a episodios como éste, a la vez que marcaba un paso aún más decisivo en la disolución de la imagen del mundo firmemente ordenado en que había creído vivir hasta poco antes, anticipaba, sin que yo pudiera aún adivinarlo, el nicho no mucho más vasto en que iba a encontrar finalmente mi lugar en un mundo harto más convulsionado que me iba a tocar en suerte. Si no fuera demasiado imprudente introducir aquí ese paralelo abrumador, diría que allí se había abierto una transición comparable a la que vivió Marcel con el descubrimiento de que el lado de Swann se entrelazaba con el de Méséglise, y que –así como la que evoca Proust preparaba ya la metamorfosis del de Méséglise en el de Guermantes donde iba a encontrar su lugar definitivo como ávido invitado y testigo algo snob de la vida del gran mundo– también a mí me llevaría a encontrar el que hoy hace que entre los episodios que pueblan mis recuerdos abunden tanto los que suelen dar argumento a conversaciones propias de las salas de profesores.

Otra innovación aportada por el paso del tiempo fue que comenzamos a visitar con más frecuencia los cines del centro, ahora a menudo en compañía de Frida, acompañada algunas veces por su prima Anita

Wolovick, que se había recibido de maestra pero no conseguía que la nombraran a causa de los que comenzaban a llamarse púdicamente "problemas de apellido" (los mismos que en la Unión Soviética comenzaban por entonces a ser aludidos como problemas de la quinta línea, que era la que en el pasaporte interno declaraba la nacionalidad del titular del documento). Íbamos en general a los que ofrecían un par de películas de clase A que habían pasado ya por las salas de estreno; nuestro favorito entre ellos era el flamante Metropolitan, en la recién ensanchada calle Corrientes, y de allí volvimos una vez muy contentos de haber visto dos que habíamos disfrutado como pocas veces: una era *La Plaza de Berkeley*, en la que un visitante norteamericano de ese rincón de Mayfair pasaba una temporada en el siglo XVIII, y la otra, que nos gustó todavía más, *La kermesse heroica*, en la que actuaba junto con Jouvet Françoise Rosay, que me caía siempre muy simpática. Mamá oyó demudada nuestros comentarios entusiastas; aunque a esa altura del conflicto español no frecuentaba la lectura de *Criterio*, esta vez sí le había ocurrido leer allí un editorial en que monseñor Franceschi denunciaba a esta última película como un espectáculo de inconcebible lubricidad, que sólo podía haber sido llevado a la pantalla gracias a la criminal tolerancia (o quizá complicidad) de un gobierno del Frente Popular. Creo que fue el total desconcierto de Frida ante sus recriminaciones el que le hizo una noche de esa semana tomar con papá el camino del Metropolitan, de donde volvió diciendo que la película era divertidísima y Franceschi bastante más imbécil de lo que ella nunca había sospechado.

En nuestro verano de Adrogué íbamos a descubrir que allí monseñor Franceschi no era de ningún modo tenido por imbécil, por lo menos no por mi abuela y mi tía, que –aunque no se habían hecho más devotas que de costumbre– se habían convertido en fervientes admiradoras de Mussolini, y todos los domingos escuchaban por la radio la celebración por parte de monseñor de las hazañas de los voluntarios italianos que participaban en la guerra santa librada en España contra el comunismo ateo, mientras mi abuelo mantenía un ostentoso silencio, que sólo quebró cuando la efímera reconquista de Gijón por los republicanos le brindó una ocasión por desgracia irrepetible de celebrar una victoria de su bando. De este modo el choque de las ideologías que se preparaban a desgarrar al mundo comenzaba ya a poner su sello en las tensiones que en la familia de mamá sobrevivían al paso de los años desde la aparición de Carlino en su horizonte.

Esas tensiones sólo se habían atenuado efímeramente cuando mi tía, viuda en el umbral de la treintena, se había reintegrado al círculo familiar. Había entonces pensado calificarse a fin de encontrar empleo, y lo hizo retomando los cursos de la Alianza Francesa que había abandonado para casarse, y estudiando además mecanografía y taquigrafía, sin demasiada urgencia porque gracias al éxito que su esposo había alcanzado en Bolivia y pese a la intempestiva y apresurada liquidación de sus negocios estaba muy lejos de carecer de todo recurso. Pero con el paso de los años se hizo cada vez más improbable que fuera alguna vez a materializar esos proyectos, y todo indicaba que su destino iba a ser vivir de unas rentas destinadas a agotarse en un momento si no cercano, tampoco indefinidamente remoto, que –como todo comenzaba a indicar– no estaba siendo suficientemente postergado por su decisión de buscar refugio para sí y para sus padres en un suburbio donde lo encontraban por entonces no pocas familias deseosas de mantener las exterioridades propias de una cierta holgura contando para ello con medios más reducidos que en el pasado. El tema sólo era ventilado abiertamente por mi abuelo, que no ocultaba su convicción de que estaban viviendo por encima de sus medios, a su juicio de modo del todo innecesario ya que no conocían a nadie ante quien necesitaran guardar las apariencias. Aunque mi abuela prefería no dar voz a una alarma que sin duda compartía, la ansiedad que esa situación no podía sino inspirarle contribuyó sin duda a agravar las tensiones que seguían marcando su relación tanto con su marido como con su hija mayor; esta última ahora aún más problemática porque mientras sobre mamá seguía gravitando con todo su peso el resentimiento que en la década anterior le había inspirado el verse súbitamente marginada por su madre y su hermana, ahora éstas resentían a su vez las modificaciones que estaba introduciendo en esa relación ya hondamente dañada el cambio de fortuna que las había despojado del opulento futuro que diez años antes habían creído tener al alcance de la mano.

Durante nuestra estadía en Adrogué íbamos a vernos muy poco afectados por esas turbias corrientes subterráneas, aunque quizá pueda atribuírseles alguna influencia sobre el descubrimiento que hizo mi abuela de que su hija nos había dejado en un estado de alarmante desnutrición, que la decidió a someternos a una dieta reconstituyente tan exitosa que cuando fuimos al puerto a esperar a los viajeros, a mamá, que nos buscaba con la mirada desde la muy alta cubierta del *Augustus,* le llevó un rato reconocernos (o por lo menos así lo aseguró durante el reencuentro con su madre). Es posible sin embargo que a más de la campaña de sobrealimentación emprendida por mi abuela haya contribuido a esa metamorfosis la plácida monotonía en que transcurrieron esos tres meses: salíamos con mi abuelo por las mañanas en dirección a la cercana plaza Esteban Adrogué, donde mientras él participaba en una tertulia de vecinos en su tercera edad nosotros nos encontrábamos con otros chicos también un poco grandes para jugar en una plaza. Las tardes las pasábamos habitualmente con mi tía (en un chalet de cuatro dormitorios con una sola persona de servicio, mi abuela había tenido que tomar a su cargo buena parte del trabajo doméstico) y las dedicábamos también habitualmente al cuidado del jardín, que nunca nos exigía tareas pesadas.

Cuando volvieron los viajeros estábamos ya tan absorbidos en esas letárgicas rutinas que durante los días que pasamos en un departamento del hotel Savoy mientras encontrábamos la nueva casa sentimos que volvíamos a sumergirnos en el torbellino del mundo. Papá y mamá, que al final no habían visitado París, como tenían planeado, porque dedicaron más días de lo previsto no sólo a Florencia y Roma, sino más inesperadamente a Nápoles, donde habían hecho amistad con el profesor Ezio Levi, que enseñaba literatura española en la Universidad local y como participante en la dirección del Instituto de Lenguas Orientales, una reliquia de los tiempos borbónicos que con fondos propios patrocinaba estudios de lenguas y literaturas que no necesitaban ya ser orientales, habían sido incomprensiblemente atraídos por su propuesta de que pasaran allí un año como investigadores invitados, pese a que durante su permanencia en Italia había ocurrido ya la anexión de Austria al Reich, lo que sugería que la guerra no podía ya estar lejos. (Papá gustaba después de describir la reacción a la que asistió en la plaza San Marcos de Venecia, cuando un boletín especial salió a la venta con la noticia del *Anschluss*; el público que la colmaba lo leía en unánime silencio, ya sea porque la enormidad del hecho lo había anonadado, ya porque juzgaba más prudente guardar reserva hasta que el Duce les informara si había sido ésa una buena o una mala noticia.)

Explica en parte el atractivo que encontraban en ese proyecto que –en esa etapa en que finalmente el fascismo había logrado ganar el consenso quizá más resignado que entusiasta de sus gobernados– habían podido descubrir que la presencia del nuevo régimen político tenía en la vida cotidiana de los italianos un lugar más modesto de lo que sugería la omnipresencia de sus símbolos y *slogans* grabados o pintados en las paredes de ciudades y aldeas, y eso había hecho más fácil para mamá encontrar en Italia a su país perdido más bien que el teatro de un experimento político que seguía juzgando aberrante. Su primer reencuentro fue con su familia, que a esa altura veía en el régimen vigente una calamidad con la cual era a la vez necesario y posible convivir, y se preocupaba más bien de otras cosas, entre ellas de cómo juntar el dinero necesario para que sus hijas contaran con las dotes que les permitirían salir de la soltería. Pero aun fuera del marco familiar encontraron un clima mucho menos crispado que el imaginado desde Buenos Aires (a su vuelta, a mamá le costó trabajo convencer a María Rosa Lida de que si había ya leído el tomo más reciente de *Les hommes de bonne volonté,* la novela-río de Jules Romains, que no había llegado aún a Buenos Aires, era porque lo había comprado un mes antes en Florencia; María Rosa no podía en efecto creer que luego de sus memorables choques con Marinetti en el congreso del PEN Club de Buenos Aires Romains no hubiera sido incluido en alguna lista negra). Sin duda, los signos de que el italiano era un régimen de excepción no faltaron del todo; así, luego de que en un pasillo de la Universidad Levi les hubiera presentado al pasar a "la signorina Croce" (era Alda Croce, que iba a ser pronto conocida como destacada hispanista), les comentó que no faltaban colegas que encontraran demasiado imprudente su decisión de aceptar la dirección de la tesis de una hija del único opositor todavía tolerado. Pero a la vez, cuando fueron a oír en la Universidad de Roma una clase en la que Giovanni Gentile trató de seguir hablando después de hora, no dejó de sorprenderlos que sus estudiantes se atrevieran a oponerle una salva de aplausos cada vez más burlones, que finalmente forzaron a abandonar la cátedra antes de lo que hubiera deseado a quien pasaba por ser el filósofo oficial del régimen.

Durante las semanas del Savoy se disipó el entusiasmo de mis padres por el proyecto napolitano, ya antes de que la implantación en Italia de las leyes raciales le infligiera el golpe de muerte (en 1939 les iba a llegar desde Texas una carta en la que Flora Levi anunciaba la muerte de su marido, a poco de encontrar en un *college* de ese estado una posición en la que ella había ahora pasado a reemplazarlo), y pronto nos instalamos, como originariamente habían planeado, en un chalet construido en el que en Buenos Aires se llama estilo Tudor, en Obli-

gado entre Mendoza y Olazábal, con un mínimo jardín al frente y patio trasero, cuya memoria me vuelve cada vez que me permito uno de
esos ejercicios de nostalgia tan favorecidos por la clase media porteña,
un poco en el espíritu con que Nabokov evoca en sus relatos algún pic-
nic al borde de un lago durante el verano de 1916. Recuerdo que Er-
nesto Palacio, con quien papá se conocía desde la Facultad, y a quien
encontrábamos a veces en el tranvía desde que nos mudamos a Belgrano, pasando una vez por delante de casa comentó entre admirado
y burlón "qué bien viven los profesores", y en efecto en esos dos primeros años en Obligado vivimos mejor que nunca antes o después. Teníamos de nuevo, como en Yatay, dos personas de servicio, desde 1940
fueron ellas las hermanas Matilde y Adelina Fontana, de una familia de
chacareros friulanos de La Pampa; Matilde, muy señorita ella, era la
mucama, y la decididamente más rústica Adelina la cocinera, y entre
ambas aseguraron que nunca nos faltara una torta recién horneada a
la hora del té (es cierto que era casi siempre la torta de un huevo cuya
baratura ponderaba con toda justicia el recetario Royal) y que no tu-
viéramos que abrir las camas al acostarnos, porque de eso se encargaba
Matilde al caer la noche.

En Obligado pasé mi último año de la Escuela Argentina Modelo, y
no sé si porque me sentí un poco más exigido que el año anterior o
porque me acostumbré a la idea de que todo lo más básico lo había
aprendido ya, y no podía esperar progresos como los de los primeros
grados (o simplemente porque me había tocado un maestro que sabía
hacer todo más interesante) lo recuerdo en ese aspecto como una experiencia mucho más grata que la de cursar el quinto. Ése fue también
el año en que estuvo a punto de comenzar la guerra, y los ecos de la crisis que culminó en Munich resonaron con fuerza en ese sexto grado de
la Modelo, donde por cierto las opiniones estaban divididas de modo
bastante parejo. Pero esas diferencias no inspiraban todavía ninguna
animosidad, y recuerdo que me hice bastante popular con mis compañeros fascistas cuando distribuí entre ellos el vasto material traducido al
español que mis padres habían traído de una visita a no sé qué oficina
romana del Ministerio de Cultura Popular, y con el que no sabían qué
hacer. Mientras tanto Leta había encontrado por fin una escuela a su
gusto; era la de niñas que compartía el nombre de Casto Munita con
una de varones instalada en otro edificio gemelo frente a la plaza de
Belgrano, en la que en los dos años que le faltaban para completar la

primaria iba a tener dos excelentes maestras, y tanto ella como yo comenzamos a visitarnos con compañeras y compañeros de grado.

En Belgrano retomamos también la costumbre de la misa dominical, ahora en la iglesia redonda, y lo primero que hizo mamá al retomarla fue mandarnos a comulgar, creo que por primera vez desde que nos habíamos mudado de Yatay. Fue ésa la oportunidad en que descubrí que había perdido la fe, o quizá más bien que nunca la había tenido; eso me ocurrió mientras hacía mi examen de conciencia para la confesión previa a la comunión; al leer el acto de contrición tuve que admitir que no me sentía particularmente contrito, y pasé a examinar si por lo menos –como me recomendaba el librito que tenía en la mano– era capaz de sentir atrición, es decir de lograr que el temor a los fuegos infernales me inspirara el arrepentimiento que el amor a Dios no había logrado suscitar. Nunca hasta entonces había pensado mucho en el infierno y apenas lo hice se me hizo totalmente claro que ese lugar absurdo desde luego no podía existir; erróneamente deduje que siendo ésa una conclusión demasiado obvia la inexistencia del infierno no podía sino ser perfectamente conocida por todos los que seguían las devociones recomendadas por la Iglesia para evitar caer en él, y eso me bastó para que me dispusiera a seguir practicándolas en el mismo espíritu con que, estaba seguro, lo hacían los demás. Pronto esas devociones se redujeron, sin embargo, al rezo mental del padrenuestro antes de dormirme, a causa de un inesperado cambio de circunstancias que puso fin a la segunda etapa de asistencia a la misa dominical abierta por nuestra mudanza a Belgrano.

Al morir poco después de esa mudanza el anciano eclesiástico irlandés, muy querido entre las devotas del barrio, que estaba al frente de la parroquia de Belgrano, fue designado en su reemplazo el presbítero Virgilio Filippo, promovido al efecto desde una parroquia de Mataderos y rodeado ya entonces de una modesta celebridad como émulo plebeyo de las prédicas radiales que la habían conquistado más sólida para los monseñores Franceschi y Napal. Apoyado en un séquito de activistas que trajo de su anterior parroquia, y tras ahuyentar a las devotas que encontraban cada día nuevos motivos para añorar a su predecesor, Filippo multiplicó las iniciativas que según esperaba habrían de permitirle echar rápidamente raíces en su nueva parroquia, comenzando por un censo del estado civil, social y religioso de sus feligreses, que la mayoría de éstos consideraron una tentativa de meterse en asuntos que no eran de su incumbencia. Pero pronto a esas tensiones entre la grey católica de Belgrano y su nuevo pastor, que parecía decidido a ignorar que no estaba ya en Mataderos, se agregaron las creadas por el giro que éste había impreso a su prédica; en efecto, Filippo estaba ya empeñado en ese momento en utilizar el impacto cada vez más cercano del conflicto mundial para conquistar el protagonismo que ambicionaba alcanzar como vocero radial de la Iglesia adaptando a la nueva coyuntura los motivos oratorios de un populismo católico muy tradicional, entre los cuales no iban a faltar los que tomaban por tema al pueblo deicida.

Pero en uno de sus sermones vino a innovar sobre ese legado ya tan rico cuando, al celebrar la humildad extrema del Redentor, proclamó que nada la reflejaba mejor que el hecho de que, cuando podía haber elegido para su encarnación cualquier otro pueblo menos degradado, hubiera decidido favorecer con ella al de Israel. Ése fue el momento que mamá eligió para decirnos, en voz perfectamente audible, "chicos, esto es demasiado, de aquí nos vamos" y dirigirnos en una partida que no se preocupó por hacer silenciosa (hay que agregar que para entonces episodios como ése se sucedían con cierta frecuencia en la iglesia que en ese momento abandonábamos y que –como años antes en el Carmelo, pero esta vez para siempre– no íbamos a reemplazar por ninguna otra).

Mientras todo eso sucedía yo tenía cada vez más la mente puesta en el inminente secundario, que se había decidido que iba a ser en el Buenos Aires (al que en casa seguían llamando el Central, con el nombre que había llevado hasta 1913, cuando había sido transferido de la jurisdicción del ministerio a la de la universidad). Todavía entonces el ingreso estaba abierto no sólo para quienes pudieran exhibir un diploma de sexto grado, sino también para los que habían terminado sólo el quinto si se sometían a un examen previo; en los hechos eso significaba que había una cierta cuota de aspirantes al ingreso que eran aceptados arbitrariamente por las autoridades de la casa, mientras los demás –que desde luego también habían concluido la primaria– debían correr el albur del examen presentando al efecto su certificado de quinto grado. Lamento tener que confesar que yo figuré en el primer grupo: ocurre que mamá había publicado dos antologías de uso escolar editadas por la Librería del Colegio, que todavía no había sido adquirida por la Editorial Sudamericana, y el gerente se ofreció a recomendarme al director del Colegio, quien –tras advertirle que al hacerlo me había puesto en competencia con un candidato recomendado por el Papa (aunque admitió en seguida que sólo lo había sido por el Nuncio)– agregó tranquilizadoramente que a pesar de eso no podía ignorar un pedido del generoso benefactor que todos los años ofrecía un premio en libros al mejor estudiante de cada uno de los cursos, con lo que me salvó de pasar mi sexto grado en la angustiada preparación del examen de ingreso.

Tampoco el ingreso mismo en un nuevo ciclo de formación me provocaba la inquietud con que había anticipado el tránsito del jardín de infantes a una escuela "de veras". Uno de los obstáculos que según la leyenda hacían particularmente difícil –y por lo tanto meritorio– cursar el bachillerato en el Buenos Aires era que incluía la enseñanza del latín en cada uno de sus seis años, y mi única preparación para la experiencia que iba a iniciar fue un comienzo de aprendizaje de ese idioma durante las vacaciones del verano de 1939, en clases que me dio papá con el auxilio de la gramática de Giovanni Battista Gandino, que supongo, por el tono devoto de las frases que incluía en los ejercicios de versión y tema, que debía de haber sido un eclesiástico (recuerdo todavía la primera que me tocó traducir, y que era *Coeli enarrant gloriam Dei*); al final de esas vacaciones había concluido todos los ejercicios agregados a los capítulos iniciales, que estaban dedicados a las cinco declinaciones, y eso me bastó para cruzar sin alarma a comienzos de marzo de 1939 la gran puerta de reja de hierro y las dos canceles de lustroso roble que en los seis años siguientes me seguirían dando acceso al Colegio.

Los años del colegio:
ingreso en el mundo

El título de este capítulo corre el riesgo de sugerir una noción anacrónica de lo que suponía en 1939 ingresar en el Colegio Nacional de Buenos Aires; en efecto, éste todavía no era hasta el punto en
que lo es hoy el Colegio por antonomasia, proclamado tal por la ma-
yúscula inicial que puede reconocerse aún en el tono de voz con que
suele mencionarse a ese solitario monumento sobreviviente en medio
de las ruinas de un aparato educativo cuyo recuerdo inspira sentimientos que combinan el orgullo con la melancolía. Aunque la glorificada
imagen hoy vigente de la institución en la que acababa de ingresar estaba anticipada en la que desde ella se buscaba inculcarnos acerca del
lugar que había sido el suyo en la vida nacional aún antes de que existiera la nación, en la que la grandeza era un rasgo que nunca había faltado a sus sucesivos directores, y era de suponer que tampoco a los antiguos profesores cuyas fotografías decoraban los vastos corredores del
edificio, casi desde el primer día de nuestra presencia en ella comenzamos a enterarnos de la existencia de una versión alternativa a la canónica propuesta por esa impecable historia oficial, que nos revelaba
por ejemplo que quien ejercía en ese momento la dirección estaba a
cargo de ella no porque estuviera ungido de ninguna grandeza, sino
porque su cuñado, que lo había precedido en el cargo, había logrado
hacerlo designar vicedirector, y se encargaba además de ponernos al
corriente de un rico material anecdótico destinado a probar la monumental ignorancia de más de uno de los profesores de la casa (uno en
particular, que antes de la Ley Sáenz Peña había representado en el
Congreso al Partido Liberal de su nativa Corrientes, era la víctima pre-
ferida de esas versiones, algunas de ellas más divertidas que verosími-
les, como la que le hacía decir, ponderando las dificultades de la pro-
nunciación del inglés, "imagínense que lo que se escribe Shakespeare
se pronuncia Schopenhauer").

Colegio Nacional Buenos Aires, clase de caligrafía, 1943. Fuente: Archivo General de la Nación.

Pero creo que en mi caso esa imagen enaltecedora tenía que luchar además con el hecho de que de buena parte de los profesores que iba a tener había oído hablar abundantemente (y no siempre elogiosamente) en casa. En primer lugar de los de latín; de los dos primeros que me tocaron en suerte –y que escandalosamente lo enseñaban también en la Facultad– había oído hasta el cansancio que lo habían aprendido en España, en seminarios que habían abandonado antes de ordenarse, y que ni en su país ni luego en la Argentina habían agregado mucho más al dominio algo sumario que en ellos habían adquirido de ese idioma, y debo decir que su desempeño no me obligó a revisar la idea que traía ya formada acerca de ellos. Pero aun frente a José María Monner Sans, que iba a ser mi profesor de castellano durante cuatro años y con quien aprendí mucho, lo que traía oído me impidió hacer mía la imagen monumental que de él había forjado esa tradición alternativa (como corresponde, la historia oficial no se ocupaba del presente). En este caso los efectos fueron afortunados, ya que

Colegio Nacional Buenos Aires, fachada sobre la calle Bolívar. Fuente: Archivo General de la Nación.

esa imagen, que lo presentaba dotado a la vez que de un saber inago-table de una inexorable severidad (y que él se encargaba de reforzar cada vez que, inscribiendo una nota en su libreta, anunciaba en tono gélido "tiene usted dos puntos"), solía inspirar un terror que reducía a muchos al silencio.

Me liberé del todo de ese temor reverencial luego de que ese exigente juez dijo encontrar bastante logradas las imitaciones de la prosa de Azorín que había creído descubrir en mis composiciones; aunque me guardé muy bien de revelarle que mi modelo había sido en realidad Álvaro Yunque, quien me había hecho llegar, junto con un pequeño volumen de poesía militante titulado *España levanta el puño,* uno de recuerdos infantiles escrito en unas frases muy cortas que me habían parecido muy fáciles de imitar, eso no me impidió leer atentamente desde entonces los artículos que Azorín seguía publicando con gran asiduidad en *La Prensa,* y madurar así un estilo que tardaría en abandonar por el que hoy es casi su opuesto (todavía cuando escribía reseñas para *Imago Mundi* mis párrafos entrecortados por una incontrolable proliferación de puntos y seguido motivaron una exhortación de José Luis Romero a que meditara seriamente si de veras quería seguir escribiendo así, a la que quizá terminé haciendo demasiado caso).

Más que Monner Sans me impresionó el profesor de álgebra, Luis Ygartúa, de quien había oído hablar menos aunque era colega de mamá en el Sarmiento, y que comenzó el curso con una clase que me deslumbró, en la que aunque no lo sabíamos nos estaba transmitiendo los rudimentos de la teoría de los conjuntos. Recuerdo todavía la frase con que la cerró, luego de hablar media hora de coordinar peras con manzanas y cosas por el estilo, sin que supiéramos a santo de qué nos decía todo eso; era ella "eso que tienen en común los conjuntos coordinables se llama número", que en la mejor tradición socrática me pareció que acababa de revelarme algo que yo siempre había sabido. De los restantes profesores que tuve en ese primer año no recuerdo ni siquiera todos sus nombres (era opinión corriente que la primera división del turno de la mañana, en la que me había asegurado un lugar la influencia de mi recomendante, reunía a la flor y nata del cuerpo docente), y de su enseñanza sólo que después de varios falsos comienzos en el aprendizaje del francés –uno en la Fundación que duró exactamente un día y otro en la Modelo, más prolongado pero tan poco exitoso que no me dejó ánimo para tratar de zambullirme en el idioma– me animé finalmente a cruzar esa barrera luego de cursar bajo la exigente guía de Monsieur Lalanne, un señor bastante mayor y muy poco cordial pero que evidentemente dominaba su oficio, el primero de los cuatro años de francés que formaban parte del curriculum del Colegio, y también que el profesor de historia antigua, del que sólo retengo hoy en la memoria una imagen desdibujada y sin nombre, nos dio a leer *De los clanes a los imperios*, de Moret, que me impresionó mucho cuando lo hice en el ejemplar –obviamente de su padre– que me prestó Héctor Rosenvasser, de quien iba a ser compañero durante los seis años que pasé en el Colegio.

Y está en la lógica de esa sociedad paralela que surge de los bancos del secundario que recuerde mucho mejor los nombres de mis compañeros que los de mis profesores. Cuando ingresé en primer año, la que iba a forjarse en su primera división tenía ya un jefe predeterminado, que nunca lograría serlo del todo: era Yosi (José Luis) Reissig, hijo del secretario del Colegio Libre, con cuya familia íbamos a intimar mucho más a partir de las vacaciones de 1939-1940, que por primera vez pasamos como vecinos en Punta del Este. El año anterior a nuestro ingreso Yosi había ganado el primer premio en el concurso abierto por *Crítica* entre alumnos primarios en ocasión del cincuentenario de la muerte de Sarmiento, y como el diario publicó junto con el ensayo premiado un reportaje y la fotografía de su precoz autor, entre los que íbamos a compartir el aula de la primera división de primer año vino a ser el único cuya existencia era conocida de antemano por muchos de sus compañeros. Eso le hizo quizá más fácil movilizarnos apenas comenzado el curso en una campaña contra uno de éstos, Andrés Raggio, que tenía un inconfundible aire de niño rico, había hecho toda la primaria en su casa y con maestros particulares, y comenzaba también él a ser mencionado y alguna vez retratado en otros diarios, en su caso como exitoso participante en torneos infantiles de golf. Debo decir que el blanco a quien Yosi había escogido para esa campaña reaccionó con una magistral indiferencia que impidió a aquélla llegar muy lejos, y ya bastante antes de fin de año el hecho de que todos lo conociéramos como el Ñato creo que ofrecía suficiente prueba de que habíamos decidido pasar por alto sus hazañas en el campo de golf.

El breve episodio era el primer signo de la presencia entre nosotros de una tendencia uniformadora e igualadora que iba a dotarnos rápidamente de un muy robusto *esprit de corps,* nada debilitado porque los supuestos en que se apoyaba fuesen irremediablemente contradictorios. En efecto, nuestro esfuerzo por no distinguirnos ni sobresalir se apoyaba en la convicción de que no hacerlo ofrecía la mejor prueba de la superioridad que elegantemente nos absteníamos de reivindicar, en total contraste con los abiertos esfuerzos por alcanzarla que desplegaban nuestros émulos de la segunda división. Había un terreno en el que cualquier reivindicación de superioridad era vista como particularmente condenable, y ello se reflejaba en el escándalo con que solía recordarse la frase en la que uno de esos émulos había proclamado jactanciosamente que en lugar de mandarlo a jugar al fútbol su padre lo había criado entre libros, y debo confesar que –a sabiendas de que mi ineptitud como jugador de fútbol me hacía bastante vulnerable en ese terreno– me esforcé siempre por que mi voz se mantuviese bien audible en ese coro entre burlón e indignado.

Pero en verdad apreciábamos mucho nuestra no proclamada superioridad, y nuestra sólida confianza en ella no impedía que comenzara a crecer en nosotros la angustia que nos inspiraba la presencia de otros desafíos acerca de los cuales sólo nos llegaban vagos rumores, originados en un universo paralelo donde todas las tardes unos desconocidos de nuestra misma edad se sentaban en nuestros bancos. Cuando con el paso de los años la indiferencia que seguíamos proclamando acerca de nuestro desempeño en los estudios nos impedía ya cada vez menos seguir con atención sus altibajos, mientras nos llegaban noticias cada vez más precisas de que teníamos allí rivales más temibles de lo que habíamos imaginado, esa angustia nos llevó a inventar el argumento que permitiría hacer nuestra superioridad invulnerable a objeciones basadas en cifras de promedios o número de premios: en caso de concretarse, lo que todavía no estaba dicho que debiese ocurrir, los triunfos de nuestros rivales vespertinos sólo premiarían la tenacidad que habían puesto al servicio de la mezquina ambición de acumular trofeos que por nuestra parte –nos tocaran en suerte o no– recusábamos de antemano como desprovistos de toda sustancia.

De este modo, mientras la constante ampliación de nuestros horizontes socavaba los fundamentos de la solidaridad que había hecho de nuestra división un sujeto colectivo englobado en ese otro más vasto que era el Colegio, los redefiníamos todas las veces que fuera necesario para mantenerla incólume, y ello a pesar de que para sobrevivir esa solidaridad debió también sobreponerse a otros desafíos no menos serios. Uno de ellos provenía de que nuestra promoción, como por otra parte todas las que ingresaban en el Colegio cada año, al hacerlo en 1939 había nutrido a no recuerdo si cuatro o cinco divisiones en el turno de la mañana y al comenzar en 1944 nuestro sexto año sólo alcanzaba a poblar a dos; desde luego porque en cada uno de los años intermedios se habían abierto claros que las que habían sobrevivido llenaban con estudiantes provenientes de las que no figuraban ya en la planta del curso en el que la promoción se aprestaba a entrar. La consecuencia era que en cada uno de esos años la solidaridad que había hecho de nuestra división un auténtico sujeto colectivo debía encontrar modo de fundir en él a un número a veces considerable de nuevos integrantes, e indefectiblemente lo lograba, con una rapidez que no tenía nada de sorprendente (ya la solidaridad que en esas ocasiones venía a ensancharse se había forjado no menos rápidamente apenas comenzamos a compartir el aula). Era menos esperable que esa misma solidaridad sobreviviera indemne a las fracturas que la guerra introdujo en nuestra división desde el día mismo de su estallido, cuando una encuesta practicada entre nosotros reveló que quienes se rehusaban a tomar partido superaban por un voto a los que –retornando al vocabulario del conflicto anterior– volvíamos a llamarnos aliadófilos; y creo que el hecho de que ya en esa jornada inicial nos hubiéramos definido en los mismos términos en torno a los cuales iba a polarizarse la opinión en los seis años siguientes mostraba hasta qué punto estábamos ya entonces preparados para recibir los ecos de la tormenta que acababa de desatarse. Pero aunque esos ecos iban a resonar en nuestra división con intensidad creciente, provocando en ella una cada vez más honda fractura interna, era como si la solidaridad que unía a quienes la integrábamos residiera en una esfera distinta, donde sobrevivía sin aparente esfuerzo en medio de las tensiones derivadas de esa fractura misma.

Al llegar aquí me pregunto si al haber dedicado todo este espacio a mis experiencias en el Colegio no les estoy asignando en la memoria un lugar más ancho del que ocuparon cuando las estaba viviendo. Porque mientras las novedades que me aportaban esas experiencias reflejaban sobre todo las que el paso de los años trae consigo cuando se está atravesando la que por muchas razones es conocida como edad del crecimiento (y no es sorprendente que así ocurriese en el marco de una institución que se enorgullecía de su capacidad de permanecer siempre igual a sí misma), otras dimensiones de mi entorno se estaban revelando más permeables a cambios no todos achacables al conflicto mundial que acababa de entrar en su etapa resolutiva.

En ese año de 1939 iba a morir mi abuelo. Comenzó a desmejorar en el otoño, poco después de la partida a Italia de mi abuela y mi tía Valentina, que habían planeado pasar allá el verano boreal, y pronto debió

Hospital Italiano, la *Grande Loggia*, c. 1940 (de Hospital Italiano, *Memoria 1941-1942*, Buenos Aires, Fabril Financiera, 1942).

internarse en el Hospital Italiano, con diagnóstico desde el comienzo desfavorable. Allí fue perdiendo vitalidad durante algunos meses (era víctima de una calcificación progresiva de los pulmones, cuyo inevitable desenlace iba a ser la muerte por asfixia). En esa etapa lo visitábamos varias veces por semana en el ya entonces viejo edificio de la calle Gascón, con su vasto corredor cuya entrada flanqueaban los bustos de Garibaldi y Víctor Manuel II (como ocurría también en otras instituciones de la colonia italiana que habían aceptado sin entusiasmo el nuevo régimen, en el hospital el retrato del Duce gozaba tan sólo de una hospitalidad más discreta en el despacho del director), y allí fui por primera vez testigo del lento fin de una vida que había tocado muy de cerca a la mía. Murió en agosto; poco después volvieron su viuda e hija, que habían partido sin despedirse; no había sido ésa la primera vez que las relaciones siempre problemáticas que mantenían con mamá se rompían por algunos meses; y a su retorno las retomaron casi automáticamente.

Pronto volvimos a visitarlas, ahora en el chalet de Adrogué que compraron al abandonar el alquilado en la avenida Espora, aunque en un clima aun menos grato que en el pasado, en parte debido a que su viaje había intensificado más su fervor mussoliniano, que mamá (quizá no equivocadamente) creía inspirado en alguna medida por el deseo de agregar una dimensión ideológica al contencioso que desde hacía muchos años las separaba.

La muerte de mi abuelo abrió el período de duelo que los usos vigentes aún imponían; yo llevé brazal de luto creo que por seis meses, y la ropa corriente de mamá fue teñida de negro en un tacho de agua con anilina en el patio de casa, mientras varios catálogos le proponían la

Cesarina Gaietta de Donghi con sus nietos, Tulio y Leticia, en Adrogué.

adecuada para salir a la calle durante el período de luto riguroso que –en un signo de la incipiente relajación de las pautas tradicionales– los más reducían ya de dos años a uno, a lo largo del cual la ubicación del crespón que debía descender en cascada de su sombrero informaría a quienes se le cruzaban en el camino que la desconocida que pasaba a su lado había perdido a su padre y no a su marido. Pero las normas que imponían a mamá unos usos indumentarios del género de los practicados en la casa de Bernarda Alba no introdujeron más alteración en su estilo de vida que la derivada de la obligación de abstenerse por algunos meses de concurrir a cines o teatros, y ni la vigencia de esas normas ni el hecho de que la muerte de su padre la golpeó con mucha fuerza impidieron que en sus varias esferas de actividad su participación mantuviera el ritmo algo febril habitual en ella.

Ahora esa participación iba a darse en un marco modificado en parte por el lugar creciente que ocupaba en él el Colegio Libre de Estudios Superiores, que en ese fin de década había comenzado a expandir su área de actividades, en las que papá tenía una parte creciente. Esa presencia nueva vino a modificar también las pautas de lo que a falta de un nombre mejor podríamos llamar nuestra vida social, con nuevas amistades de familia a familia, en cuyo marco mamá adquirió un nuevo elenco de amigas cercanas que –en un retorno a los usos de mi más temprana infancia, cuando partíamos con una bandeja de masas a visitar a la familia de algún antiguo compañero de papá en la aduana– estaban casadas con otros colaboradores del Colegio Libre. Pero me parece que eso era parte de una modificación más general, y que al cabo de una década dedicada a ganar un lugar en el mundo literario que había conquistado sólo a medias, mamá había venido a quedar en una situación ambigua, que hacía que no sólo en el ámbito del Colegio Libre fuese –a la vez que participante (allí sólo semiplena) del grupo directamente vinculado a una institución– integrante de pleno derecho del círculo de esposas de esos mismos participantes. (Así, mientras en la sala de profesores del Profesorado se encontraba con Amado Alonso y Pedro Henríquez Ureña, se encontraba también en tés exclusivamente femeninos con las esposas de ambos, con quienes nunca le faltaba de qué hablar, y más a menudo que con el pintor Attilio Rossi, inmigrado poco antes de Italia en una suerte de exilio voluntario y ya entonces diseñador en Losada, conversaba con su esposa Dorina, como él milanesa del barrio del Naviglio, en largas charlas telefónicas en las que frecuentemente pasaban del italiano a sus respectivos dialectos.)

En el estrechamiento de los lazos creados a través del Colegio Libre influyó además, sin duda, una deliberada decisión de su secretario; en efecto, fue Luis Reissig quien tomó en 1938 la iniciativa de agregar a las relaciones funcionales que mantenía desde hacía años con los colaboradores más activos de la institución las de familia a familia. Así conocimos su casa de la calle General Rivas, más allá del puente de la avenida San Martín, que luego yo iba a visitar tantas veces y que todos habían imaginado bastante modesta pero no lo era en absoluto; para entonces ocupaba buena parte del vasto terreno en el que había crecido junto con la familia que la habitaba, con una recepción también ella muy amplia, amueblada sin reparar en gastos en el estilo algo espartano preferido por la dueña de casa. Era ésta una mujer de agudísima inteligencia y muy fuerte personalidad en la que mamá iba a encontrar y querer a una muy cercana amiga (no es imposible que influyera algo en esa amistad el hecho de que Herminia era también ella de familia lombarda, así fuese del país bergamasco). Fue ella quien en el verano de 1939-40 nos invitó a pasar unos días en su casa de Punta del Este, y durante nuestra estada allí nos propuso que edificáramos una al lado de la que debía reemplazar a la perfectamente adecuada de la que éramos huéspedes, y que estaría situada, como ésta, en Pinebeach, uno de los primeros loteos de la Playa Mansa, cuyo empresario ofrecía créditos de construcción a cuatro años en términos muy convenientes; un par de semanas antes habían invitado a la familia de Roberto Giusti, y no le costó demasiado esfuerzo persuadir a ambas de que compraran dos terrenos aledaños al de la esquina en que el innovador arquitecto Wladimiro Acosta iba a planear y dirigir la construcción de su nueva casa de verano.

La familia de Giusti nunca iba a edificar la suya en el terreno que había adquirido, pero durante varios años alquiló una en Cantegril, que era todavía sólo un par de calles que se abrían a la carretera a Maldonado y Montevideo, separadas entonces de nuestro Pinebeach por un trecho de pinares aún más esporádicamente poblado conocido como el Barrio Francés, y apenas se instaló por primera vez en ella comenzamos a funcionar juntos a punto tal que ahora me cuesta creer que hasta 1940 sólo había oído hablar de don Roberto como de uno de los directores de *Nosotros* y colega de mis padres en el Profesorado, y que hubo en mi vida una época en que no lo conocí junto con su esposa Beatriz

Burbridge y sus seis hijos, de los cuales sólo el penúltimo era varón. En Cantegril como en su casa de Martínez, Beatriz presidía una escena familiar perpetuamente agitada en su superficie con esa placidez que parece ser parte de la herencia de más de una familia anglocriolla que a lo largo de las generaciones ha visto pasar muchas turbulencias más serias, y creo que esa imperturbable serenidad contribuyó en mucho a que todavía ahora, cada vez que alguien cita la opinión de Tolstoi según la cual todas las familias felices se parecen, imagine que es porque todas se parecen a la familia Giusti. Su marido comenzaba por su parte a ver con análoga serenidad su propia experiencia argentina, de la que estaba legítimamente satisfecho, y eso hacía quizá que los recuerdos que había acumulado en una vida que nunca le había sido fácil estuvieran como sumergidos en una atmósfera también ella inesperadamente plácida. Y le gustaba evocarlos, a partir del más temprano, que unía el de su participación –cuando tenía ocho años y estaba en vísperas de abandonar para siempre su nativa ciudad de Lucca– en una manifestación patriótica que al grito de *¡guerra, guerra!* celebraba bajo el balcón del diputado local la que con fatal imprudencia Italia se preparaba a librar contra Etiopía, con el de haber sido observador-participante en otra que dos meses después –y de nuevo al grito de ¡guerra, guerra!, pero esta vez con una *u* que permanecía muda– vociferaba frente al edificio de *La Prensa* su apoyo a la que Estanislao Zeballos proclamaba urgente librar contra Chile, disuelta pocos segundos más tarde por una épica carga de la policía montada, que hizo revolotear por los aires las mesitas ya entonces instaladas por el café London en la vereda de Avenida de Mayo y Perú. Volveríamos a oír luego más de una vez la rememoración de esa escena, en el marco de un lazo casi familiar que con el paso de las décadas ha venido a integrar a los que aún sobrevivimos de ese primer encuentro con los hoy mucho más numerosos que en 1940 todavía no habían nacido.

Nuestra casa sí fue construida a lo largo de 1939 a la sombra de la planeada por Wladimiro, quien se había inspirado muy libremente en un chalet de alta montaña edificado en la falda de una colina suiza, y sus modestas dimensiones y convencional arquitectura ofrecían un marcado contraste con la audacia de líneas del imponente edificio que se erguía a su lado, encaramado en el médano artificial que había venido a ocupar el lugar de la colina del original helvético. Allí llegamos en enero de 1940, y unos días después llegó Herminia con sus hijos (su

marido, que además de las actividades en el Colegio Libre debía atender las de la muy activa escribanía de la que era titular, sólo podía acom-
pañarlos por períodos más breves); ya para entonces habíamos descubierto que en esos tiempos en Punta del Este el ciclismo era, antes aun
que un deporte, un requisito para sobrevivir a la espera de que los pes-
cadores locales y los panaderos, lecheros y carniceros de la vecina Maldonado se enteraran de nuestra llegada y detuvieran sus carritos en
nuestra puerta; enseguida de su arribo Magda, la hija mayor de Reissig,
ya avanzada en su bachillerato, nos guió en el camino al almacén de Sa-
der, en la más extrema punta de la península a la que debe su nombre
Punta del Este, que en ese año y los siguientes íbamos a recorrer tantas
veces, no pocas de ellas de nuevo en su compañía. (Herminia, que solía
ubicarse en la vanguardia de todos los cambios, hacía una excepción
para algunos de los temas que ahora se llaman de género, en los que se
mantenía firmemente apegada a los criterios de sus abuelas bergamas-
cas, y por lo tanto hubiera encontrado impensable cargar con esas tareas a Yosi, quien como rey que era de la casa usaba su soberanía para
no estar casi nunca en ella.)

Fue ésa la primera de nuestras largas vacaciones en la otra orilla, a las
que debí entre otras cosas la experiencia de ver por primera vez a la Argentina desde afuera, pero desde un afuera tan cercano que esa mirada
externa me mostraba lo mismo que siempre había visto desde un án-

Gregorio Halperin, Renata Halperin y sus hijos, en la galería de la casa de
Punta del Este.

Gregorio y Renata Halperin, con sus hijos y José Luis (Yosi) Reissig, en Mar del Plata.

gulo que aun siendo apenas distinto lo era lo bastante para hacerme luego más fácil aceptar que la perspectiva con que me habían enseñado a ver a mi país no era la única posible. El primer vislumbre de ello lo iba a deber a la lectura cotidiana de *El País,* órgano entonces de la fracción llamada independiente del Partido Blanco, cuya posición –desde antes militantemente antifascista y en ese momento ardientemente aliadó-fila– tenía además un tinte decididamente progre del todo opuesto al cerradamente conservador que hoy lo caracteriza. Ese diario, como entonces todos los uruguayos, incluía en sus columnas las efemérides de cada día, y entre las evocaciones de la odisea de la barca *Puig,* que había llevado al destierro a los principistas deportados por el coronel Latorre, y del sacrificio de Lavandeira, mártir de la libertad de sufragio, pude releer todos los años, reproducida en la fecha adecuada, la misiva en la que el brigadier general Juan Manuel de Rosas celebraba la bizarría con que las autoridades de Gualeguaychú habían defendido esa población entrerriana de las depredaciones del pirata Garibaldi, y me gusta imaginar que esa lectura sembró la primera semilla de las dudas que me iban a inspirar luego los hallazgos de genealogías ideológico-políticas cuya búsqueda inauguró entre nosotros el general Mitre, y es quizás el elemento más discutible en el legado en tantos otros aspectos admirable que de él ha recibido nuestra historiografía.

A la distancia a primera vista apenas perceptible que introducía el peso sobre el presente de dos pasados sin duda entrelazados pero aun así distintos, se iba pronto a sumar en cada cambio de orilla la demasiado visible que derivaba de los modos cada vez más divergentes con que ambos países se relacionaban con el mundo en guerra. Mientras la Argentina, movida tanto por buenas como por malas razones, perseveraba en una neutralidad que se iba a revelar finalmente insostenible, el Uruguay había tomado apasionadamente partido, y mientras ya en el verano de 1941-42 se había integrado en la gran alianza que iba a derrotar a las potencias del Eje y su aliado asiático (en el correo de Maldonado un cartel ilustrado daba instrucciones sobre cómo afrontar un bombardeo aéreo, y por esos días el colorado y batllista *El Día* titulaba "nos hemos retirado de Singapur, pero volveremos"), en el siguiente el vigesimoquinto aniversario de la creación del Ejército Rojo, celebrado a lo largo de todo el día por la radio estatal con un programa de música rusa periódicamente interrumpido por evocaciones de sus más recientes glorias, iba a ser también recordado en un suplemento especial de *El País* que desde luego no incurría en la falta de tacto de mencionar el nombre de su primer organizador.

Tanto en Punta del Este como en Buenos Aires no nos iban a faltar indicios de que las turbulencias desencadenadas por la guerra mundial y luego las del giro que ésta estaba contribuyendo a imprimir a la crisis argentina eran capaces de rozar nuestra vida cotidiana; así, pude una vez ver cabalgar frente a nuestra casa de verano con la aplomada elegancia propia de una veterana amazona a Margarita Sarfatti, hasta 1935 amante oficial a la vez que Egeria del Duce, y por esa razón una figura casi tan legendaria a mis ojos como la reina de Saba, escoltada en esa ocasión por el matrimonio Romero Brest, como también asistí a la llegada a ella en bicicleta de Maruja Mallo, la pintora española autora de tantas de las viñetas que habían decorado las tapas de la *Revista de Occidente,* fugitiva ahora de la paz de Franco.

Ya para entonces en Buenos Aires otras más nutridas presencias ultramarinas contribuían a acentuar la animación que iba a caracterizar a una coyuntura de guerra que contra lo que todos habían esperado se anunciaba muy distinta de la penosamente deprimida que había introducido en el Río de la Plata el anterior conflicto mundial. Las leyes raciales que habían traído a orillas del Plata a esa legendaria Margarita trajeron también, ya comenzada la guerra pero antes del ingreso en ella de Italia, a Rodolfo Mondolfo con su familia, y tuvo algo de conmovedor ver a las distintas corrientes marxistas abrir una tregua a sus luchas fratricidas para recibir a ese vínculo viviente con los padres fundadores, que en una de sus conferencias pudo responder a quien puso en duda su interpretación de un pasaje de Engels que cuando él había sentido la misma duda no había vacilado en consultar sobre ella al ingeniero Engels, quien con su habitual cortesía se había apresurado a aclararla ofreciendo la interpretación que acababa de transmitir a su auditorio. Fue así como la familia de ese socialdemócrata de estricta observancia, que en los artículos sobre marxismo que había tomado a su cargo en la *Enciclopedia Italiana* presentaba a un Lenin insalvablemente heterodoxo y más cercano a Blanqui que a Marx, tuvo su primera morada porteña en una casa prestada para ese fin por ese marxista-leninista de aún más estricta observancia que era el doctor Emilio Troise. Mondolfo había traído consigo una carta de presentación dirigida por Giovanni Gentile a Alberini en términos tales que éste no se atrevió a ignorarla del todo, pero prefirió atenderla ubicando a su recomendado en Córdoba y no –como había esperado su corresponsal– en Buenos Aires. Si había supuesto que el exiliado exégeta del marxismo iba a encontrar una recepción problemática en esa ciudad de cúpulas y conventos pronto se hizo claro que eso no habría de ocurrir; Mondolfo, que luego del triunfo del fascismo, en busca de tópicos menos polémicos que los de la filosofía de la praxis, había reorientado sus trabajos hacia la etapa más temprana de la filosofía griega, en Córdoba prefirió abordar de frente un desafío potencialmente no menos serio tomando a San Agustín como tema del primero de sus cursos de filosofía antigua, en el que desplegó una distante benevolencia que logró desarmar las prevenciones de la opinión católica allí siempre tan alerta.

También encontró lugar en Córdoba Giovanni Turin, de quien llegaríamos a ser muy amigos; este producto del minúsculo reducto protestante que en los Alpes piamonteses continúa bajo signo calvinista el desafío al circundante catolicismo introducido en la comarca ya en la Edad Media por los seguidores de Pedro Valdo, el heresiarca de Lyon, encarnaba en grado extremo el arisco espíritu de independencia que es parte del legado de esa experiencia plurisecular, y ello le había hecho

Despedida a Rodolfo Mondolfo, de retorno a la Argentina, en el andén de la estación de Punta del Este. De derecha a izquierda: Tulio Halperin, Duccio (Alfredo) Turin, Aldo Luzzati, Renato Treves, Mario Luzzati, Rodolfo Mondolfo, X, Olga Calderoni de Luzzati, Gregorio Halperin, Elda Calderoni de Turin y Vittorio Luzzati.

cada vez más penoso soportar el clima de cerrado conformismo que el fascismo había acentuado en los liceos donde enseñaba filosofía. La expulsión del cargo que sufrió su esposa, profesora en ellos de matemáticas, como consecuencia de la implantación de las leyes raciales lo decidió por fin a afrontar una emigración que ya lo había tentado más de una vez. En Buenos Aires este hombre de raros talentos, riquísima cultura y rápida y aguda inteligencia iba a encontrar cálida acogida tanto en *La Nación* como en *Sur*, aunque limitada la primera en sus consecuencias porque la disputa por el espacio en el que era entonces el más prestigioso escaparate desde el cual las letras argentinas se desplegaban ante el gran público impidió a Mallea –cuya benévola disposición nunca iba a desmentirse– asignarle uno tan amplio como ambos hubieran deseado, y la segunda considerablemente entibiada luego de que en varias oportunidades Turin rechazó con su vehemencia habitual sumarse a condenas y admiraciones en ese momento ampliamente compartidas en Buenos Aires (en una de ellas se lo oyó proclamar ante un público que acababa de asistir deslumbrado al preestreno del *Citizen Kane* de Orson Welles que lo que tanto habían admirado disimulaba bajo sus audacias de estilo una fábula moralizante irredimiblemente cursi; en otra, profetizar ante un grupo de devotas del arte de vanguardia seguidoras de Jorge Romero Brest que en el siglo XXI los productos de esa ya rutinaria farsa que era la pintura del siglo XX habrían sido apreciados como lo que eran, y rescatado en cambio del olvido al anónimo maestro de los carteles de Coca-Cola, y me pregunto ahora qué sentimientos le habría inspirado ver el modo en que esa profecía iba a ser prematuramente vindicada por obra de Andy Warhol). Luego de más de un año en que, mientras su presencia no pasaba inadvertida en los círculos intelectuales porteños, sólo había logrado encontrar ocupación miserablemente remunerada en algunos de los menos prestigiosos colegios privados de la capital, aceptó con alivio integrarse junto con su esposa en el cuerpo docente de la escuela normal superior Agustín Garzón Agulla recientemente creada por la administración radical de la provincia, cuyas innovaciones en materia pedagógica afrontaban la militante hostilidad del catolicismo cordobés. En Córdoba Turin iba a descubrir entre los integrantes de la fracción liberal de las familias tradicionales algunos espíritus afines, en cuyas contribuciones a la guerrilla ideológica que esa fracción viene librando desde hace dos siglos contra la devota fracción rival pudo reconocer un eco de la festiva insolencia que había hallado tan atractiva en la aventura del surrealismo francés cuando dos décadas antes la había seguido con alguna envidia desde la otra vertiente de los Alpes, pero los inesperados atractivos que había descubierto a la existencia en la capital mediterránea no le iban a impedir venir a Buenos Aires cada vez que se daba una ocasión propicia para ello.

En 1941 llegó a la Argentina el lingüista Benvenuto Terracini, con su hija y su anciana madre, contratado junto con su hermano el matemático Alessandro Terracini por la universidad de Tucumán, lo que les había permitido cruzar con un salvoconducto especial la Francia todavía no ocupada para embarcarse en Bilbao hacia el Nuevo Mundo, y con esas dos familias íbamos a estar luego muy ligados; tanto Benvenuto como su hija Eva iban a ser nuestros huéspedes en Punta del Este, y luego lo fui yo en su piso de Turín durante mis primeras semanas en Italia. Porque, mientras Eva, ya casada, iba a permanecer en la Argentina, Benvenuto y su hermano con su entera familia se volvieron a casa apenas se reanudó el tráfico de pasajeros sobre el Atlántico, y creo que facilitó esa decisión el recuerdo de su último contacto con Italia, en la aduana de Modane, donde el guarda se negó a revisarles las valijas en busca de artículos cuya exportación estaba prohibida alegando que era ya suficiente vergüenza que se vieran obligados a abandonar su país.

Desde luego esa diminuta diáspora italiana y judía, que dejó huellas bastante hondas en nuestra experiencia familiar, apenas si las dejó fuera de ella a lo largo de esos complicados años argentinos cuando se hizo sentir, en cambio, con fuerza creciente el impacto de la diáspora española que siguió a la derrota final de la causa republicana. Mientras las instituciones de enseñanza superior no se iban a mostrar mucho más hospitalarias para ella que para las víctimas del tardío giro antisemita de Mussolini, sus mucho más numerosos integrantes utilizarían mejor las oportunidades abiertas por la breve coyuntura durante la cual Buenos Aires llegó fugazmente a constituirse en capital de la edición en lengua castellana, y su nutrida presencia en ese sector en súbita expansión iba a gravitar con todo su peso en la editorial que a poco de su creación había conquistado el lugar central en ese territorio que había quedado súbitamente desierto. Pero aun en Losada a los españoles ya incorporados a la vida argentina al estallar la guerra civil, como su fundador o Amado Alonso, o vinculados a ella por otras razones —así Guillermo de Torre, evocado alguna vez por Borges en un apócrifo alejandrino del Gran Siglo como *ce beau-frère espagnol que le destin m'a donné*–, sólo se iban a sumar otros que habían tenido su primer contacto con el país como desterrados luego de que el régimen militar instaurado en 1943 les arrebatara las posiciones que habían llegado a ocupar en universidades del interior (fue ése el caso de Francisco Ayala, cesante entonces en Santa Fe, y el de Lorenzo Luzuriaga, que sufrió el mismo destino en Tucumán). Y me parece que esas vicisitudes reflejan muy bien el modo en que la presencia de la diáspora republicana se haría sentir en la vida intelectual y literaria de Buenos Aires: sin llegar a ser dominante en ninguna parte, en una suerte de avance capilar terminaría por hacerse presente en todas.

Se la iba a encontrar no sólo en Losada, sino en las muchas iniciativas del grupo predominantemente gallego que a fines de 1942 comenzó a publicar una bellísima revista mensual, *De mar a mar*, que sólo pudo sostenerse por algo más de seis meses (y que, como me informa Google, acaba de ser objeto de una suntuosa reedición facsimilar por parte de una editorial danesa), y a fines del año siguiente *Correo literario,* un periódico que iba a tener vida algo más larga, en parte porque su atención al movimiento editorial entonces tan vigoroso le aseguraba algunos apoyos económicos de ese origen. Ese mismo grupo había abierto la librería Sagitario, en Corrientes entre San Martín y Reconquista, que no sería mucho más duradera (en 1944 ocupaba ya su local otra aún más efímera de orientación católico-nacionalista) pero conserva un amplio lugar en mis recuerdos, entre ellos los de los recitales en su salón del primer piso en los cuales Daniel Devoto acompañaba desde el piano a la rubia Martha Maillie y la morena Dora Berdichevsky, interpretando las canciones que él mismo había elegido con sabio arte de un vastísimo repertorio cuyas riquezas no se fatigaba de revelarnos.

Más decididamente marginal iba ser la presencia de esa diáspora en el Colegio Libre, que en esos años buscó hacer sentir como nunca antes su presencia en la vida de la ciudad (de las pocas semanas del otoño de 1939 en que usé el tranvía para ir de casa hasta el Buenos Aires me ha quedado el recuerdo de los carteles en los que, en cuadra tras cuadra de Cabildo y luego de Santa Fe, el Colegio Libre anunciaba el curso colectivo que se disponía a ofrecer en rememoración de la Revolución Francesa, y que alternaban con los de los cigarros toscanos de Avanti y el tónico licor de Girolamo Pagliano). Sin duda, el acrecido lugar que el Colegio comenzaba a ocupar en la vida de Buenos Aires les iba a deber menos a proyectos de esa envergadura (al consagrado a la Gran Revolución sólo seguiría el aún más ambicioso dedicado en 1940 a la realidad económica argentina y sus problemas), que a la constante expansión de las actividades que ya había venido desarrollando en ámbitos más limitados y que le habían permitido, a la vez que hacerse de un público fiel, reclutado en su mayoría en las filas del sector que hoy llamaríamos progre de la clase media porteña, ofrecer un terreno de encuentro a figuras de las más variadas orientaciones ideológicas dentro de las elites universitarias, políticas y económicas de la nación (mamá recordaba haber compartido en una oportunidad, en tiempos de la presidencia de Ramón Castillo, el minúsculo ascensor de la asociación *Unione e Benevolenza,* en cuyo local funcionaba el Colegio Libre, con monseñor De Andrea, entonces opositor al gobierno, y su ministro de Hacienda, Arturo Acevedo; Monseñor rompió el hielo observando que allí tenían cabida todas las tendencias, pero no fue su recurso a ese oportuno lugar común, sino la respuesta del ministro la que fijó para siempre el episodio en la memoria de esa profesora de castellano; en efecto, Acevedo replicó en tono entusiasta: "eso es natural en un antro de cultura").

Unione e Benevolenza, Salón de actos, c. 1957 (de *1858 - 18 de julio - 1958. 1º Centenario de la Asociación Italiana Unione e Benevolenza,* Buenos Aires, 1958).

La expansión de las actividades del Colegio Libre se encuadraba muy bien en el clima colectivo propio de una etapa en la cual la que hemos reaprendido luego a llamar sociedad civil, que había venido recuperando vitalidad a medida que se disipaban las consecuencias de la crisis de 1929, continuaba haciéndolo a un ritmo cada vez más vivo junto con la economía, que contra lo que todos habían esperado estaba siendo poderosamente estimulada por las alteraciones que la guerra estaba provocando en los tráficos internacionales. En ese marco el Colegio pudo crear filiales en el interior, algunas de las cuales desarrollaron desde el comienzo muy nutridos programas de actividades, y aun establecer contactos con instituciones chilenas y brasileñas, que atrajeron a visitantes de esos países y dieron lugar a visitas recíprocas; en el verano de 1942 Reissig partió al Brasil con su familia, en ferrocarril desde Montevideo, y en 1943 un grupo de colaboradores del Colegio Libre del que papá formaba parte lo hizo a Chile, en un viaje en avión en el que tanto él como la mayoría de los integrantes de esa comitiva tuvieron su bautismo del aire.

Pero me parece prudente interrumpir aquí el inventario de las demasiado numerosas novedades que se agolpaban en esos años cuando, en medio de la más desatada tormenta, se desvanecía la figura del mundo que habíamos conocido hasta entonces y no se adivinaba aún el perfil de la que habría de reemplazarla, para tratar de reconstruir la experiencia que significó para mí vivir y crecer en medio de ellas. Cuando trato de hacerlo, descubro en primer lugar que los recuerdos que me han quedado de mi paso por el colegio secundario, una vez superado el impacto inicial del ingreso en el nuevo ciclo educativo, sólo vuelven a hacerse densos y nutridos para los tres últimos años de ese ciclo. Antes de ellos sólo logro no sin esfuerzo hacer aflorar del pozo de la memoria algunos episodios aislados (entre ellos el entierro de dos compañeros, muertos uno durante el primer año del colegio y el otro en el segundo, este último suicida) y se me ocurre que eso tiene algo que ver con que durante los primeros años yo ni sabía ni me preguntaba qué me hacía caminar todas las mañanas las siete cuadras hasta la estación Belgrano del Ferrocarril Central Argentino, pasar nueve minutos en un compartimiento oloroso a madera recién encerada, en el que las enmarcadas fotos turísticas de las cuevas de Ongamira tenían exactamente el mismo tamaño de las de las Cheshire Caves que años después iba a descubrir decorando trenes ingleses, para tomar en Retiro el tranvía 22, que por Reconquista y Defensa me llevaba hasta el colegio (de todo lo cual compruebo una vez más que me ha quedado un recuerdo mucho más vivo que de lo que ocurría una vez que llegaba a destino).

Cuando trato de poner en orden mis imágenes de los años que van de 1939 a 1944 lo primero que me viene a la mente guarda sólo una relación muy mediada con la tormenta desatada en el mundo: es una sucesión de mudanzas que en 1944 iba a culminar devolviéndonos a la misma casa de departamentos que habíamos abandonado en 1937. Cuando venció en 1940 el contrato de alquiler de la casa de Obligado se hacía ya sentir la incipiente crisis del transporte urbano que no haría luego sino acentuarse, y para quienes retornaban al anochecer a Belgrano había comenzado la azarosa caza del colectivo a la salida del subte en su entonces terminal de Plaza Italia. No fue ésa la única razón por la cual mis padres se decidieron a abandonar ese barrio que por cierto nos gustaba mucho; las dificultades que eran parte del impacto de la guerra para quienes, como nosotros, vivían en una casa cuya caldera de calefacción consumía carbón de coke y cuya cocina quemaba antracita hacían preferible afrontar la emergencia desde un departamento que dependiera del petróleo para calefacción y del gas para su cocina, y donde, en todo caso, asegurarse de que esos combustibles no faltaran quedaba a cargo del propietario. Encontramos uno muy atractivo en el segundo piso de una casa recién construida en la esquina de Bulnes y Beruti, entonces la única de departamentos en el que nos pareció un rincón del Palermo de Borges. Nos iba a desengañar en este punto la primera noche pasada bajo su techo, que no nos dejó duda de que allí nos tocaría vivir en medio del ruido y la furia de un febril nudo industrial; ya antes de la madrugada comenzaron a avanzar a los tumbos bajo nuestras ventanas los carritos de reparto de gaseosas y de hielo de la empresa Bilz (de cuya máquina frigorífica provenía también la incesante y monótona melodía de fondo que muy pronto dejaríamos de percibir) y sólo un poco más tarde los de la cervecería Palermo, mientras durante toda la noche había resonado en los muros del nuevo edificio el eco de las intermitentes conversaciones que el vigilante de facción en esa esquina entablaba con el sereno del depósito al aire libre instalado por la cervecería tras la tapia situada en la vereda de enfrente de nuestra casa, que mamá había decidido en un rapto de imaginación poética que sin duda ocultaba más bien un viejo jardín abandonado. No pasó un mes y estábamos ya buscando transferir el contrato de alquiler; cuando lo conseguimos, al cabo de un par de meses adicionales, habíamos ya decidido volver al chalet de Belgrano, cuyas propietarias –que habían entre tanto instalado una cocina a petróleo y una caldera de calefacción que quemaba leña– se habían declarado dispuestas a esperarnos todo el tiempo que necesitáramos para librarnos del departamento de Bulnes.

Esta vez no íbamos a completar tampoco en Obligado el plazo fijado en el contrato de alquiler, porque papá –que había ya atravesado en 1937 un episodio cardíaco que supuestamente no le había dejado huellas– sufrió otro más grave que reveló la presencia de una insuficiencia permanente, lo que hacía desaconsejable seguir viviendo en una casa de dos plantas. Ya en ese momento era difícil encontrar departamento, y nos dimos por muy afortunados cuando pudimos alquilar, en un edificio muy elegante de doce pisos en Santa Fe entre Callao y Rodríguez Peña, uno bastante más pequeño que el de Bulnes, que desde el contrafrente de su octavo piso se abría a una vista muy atractiva del elegante jardín de una mansión con entrada sobre Callao, a pesar de que en él a mí me tocaría dormir en el escritorio separado por una puerta corrediza del gran living-comedor, único ambiente verdaderamente espacioso del departamento, y de que tanto la cocina y la pieza de servicio como el que iba a ser dormitorio de mi hermana estaban sumidos en la eterna penumbra de un patio interior. Allí íbamos a vivir hasta 1944; en ese año, en el que fue demolida la mansión de Callao y comenzó a erigirse en su lugar un edificio de pisos que amenazaba sumergir el resto de nuestro departamento en la misma penumbra, se había hecho ya poco menos que imposible encontrar vivienda en alquiler, y estábamos casi resignados a permanecer indefinidamente envueltos en ella cuando recibimos de Arnaldo Tondelli, que seguía a cargo de la portería en Santa Fe, y a quien mamá había alertado sobre nuestra situación, un llamado telefónico en el que nos dio la inesperada noticia de que en el edificio donde habíamos vivido de 1935 a 1937 acababa de desocuparse el departamento del sexto piso a la calle, y en ese mismo departamento, en el que papá iba a morir en 1951 y mamá en 1986, vive hoy mi hermana, y también yo durante el par de meses de cada año en los que participo de la primavera porteña.

En el recuerdo, todos esos lugares se me aparecen un poco como esas escenografías cuyas modificaciones entre un acto y otro se corresponden en más de una obra teatral, desde *El jardín de los cerezos* hasta nuestro *Locos de verano,* con las vicisitudes de la trama dramática. El breve interludio que pasamos en Bulnes, en el que no creo que nos haya visitado mucha gente, es para mí una etapa marcada por el derrumbe de Francia y el inesperado giro que éste imprimió a la guerra; el recuerdo más vivo que de él conservo es el de papá desplegando en silencio una primera página de *Crítica,* cubierta toda ella por una fotografía de cuerpo entero del rey de Bélgica con uniforme con un título en letras catástrofe en que Botana lo estigmatizaba como "El rey felón" por su rendición casi sin combate al invasor alemán; desde ese momento no dejaron de sucederse las malas noticias mientras proseguíamos nuestras vidas casi como sonámbulos (aunque una vez más nada se dijo de lo que para nosotros estaba en juego en el conflicto, creo que desde la *Kristallnacht* teníamos una idea suficientemente clara acerca de ese punto). Por esos días estaba en Buenos Aires Paulina Luisi, una bien conocida figura pública uruguaya que mamá había conocido recientemente; esa militante del feminismo y el socialismo, que como médica había hecho una especialidad de la denuncia de las consecuencias sanitarias de la trata de blancas, había venido a participar, como lo hacía todos los años, en la campaña de esclarecimiento que en esas semanas libraba la Liga Argentina de Profilaxis Social, y creo que para mis padres fue providencial la oportunidad que esa visita les ofreció para perderse en el torbellino de actividades a cargo de la visitante y homenajes en su honor, culminantes en uno durante el cual la veterana luchadora concluyó su arenga con un "¡Rosas rojas de Francia, resurgid!", que mostraba que contra lo que sugería su constante buen humor estaba al tanto de lo que ocurría en ese momento, y que no le impidió desplegar de inmediato un robusto apetito en la cena que clausuró triunfalmente su paso por Buenos Aires.

Pero un par de semanas después éramos nosotros los que desplegábamos un apetito no menos saludable cuando almorzamos en un tibio mediodía invernal en el jardín del legendario restaurante alemán Dietze, frente a la plaza de Belgrano, mientras los peones de la mudadora descargaban nuestros muebles de retorno a la casa de Obligado. Y unos meses después, cuando la llegada del invierno boreal disipó la amenaza de invasión a Inglaterra, comenzamos a ver la guerra como una sangrienta rutina que, como había ocurrido ya con la anterior, luego de demasiados años en los que todos aceptábamos de antemano que no faltarían otros momentos sombríos, estaba destinada a cerrarse con un desenlace opuesto al que habían parecido anticipar los éxitos acumulados en su primera etapa por Alemania.

Esa seguridad, que quizá reflejaba la misma ausencia de imaginación a la cual Orwell atribuía la tenacidad con que en 1940 los británicos habían perseverado en su apoyo a una empresa que el sentido común no podía sino juzgar desesperada, y era entonces ampliamente compartida en la Argentina (sólo ello explica por ejemplo que el devastador informe de la comisión parlamentaria que investigó las actividades subversivas promovidas en el país por Alemania fuese aprobado con un único voto por la negativa en una Cámara de Diputados en la cual no era un secreto que los simpatizantes de la causa del Eje excedían holgadamente ese número) ya en 1942 encontró mejores argumentos en su favor. Fue en ese año cuando mi primo Yoyo, concluida ya la carrera de medicina, tras haberse incorporado al grupo de investigadores que formaba y dirigía Bernardo Houssay, descubrió sin sorpresa que si aspiraba a continuar en ese campo de actividades no tenía en la Argentina ninguna posibilidad de encontrar modo de sobrevivir, y se postuló con éxito a una beca del British Council que le permitiría continuar sus trabajos en Cambridge, y ya para entonces, aunque en la familia no dejamos de preocuparnos por los riesgos implícitos en un cruce del Atlántico en tiempo de guerra y por las privaciones que le esperaban en un país totalmente movilizado para el combate, no creímos necesario ni por un instante detenernos a considerar las consecuencias que hubiera tenido para él una derrota final de Gran Bretaña que estábamos seguros de que no cabía ya en el terreno de lo posible.

Mientras tanto la guerra en curso estaba cambiando la figura del mundo más radicalmente de lo que advertíamos, y las consecuencias comenzaban ya a hacerse sentir también en el contexto argentino. No iba a ser la única ni la más importante el estrechamiento de los vínculos no sólo mercantiles entre los países latinoamericanos con que éstos habían buscado paliar las de la crisis del lazo con ultramar (que por cierto volvieron a languidecer apenas cerrada esa crisis); ya desde antes de su ingreso en el conflicto, los Estados Unidos descubrieron la oportunidad que les abría el temporario eclipse de Europa para conquistar en el hemisferio posiciones que no les podrían ser disputadas cuando, vuelta la paz, los exangües antagonistas volvieran a hacerse presentes en tierras latinoamericanas. Las consecuencias de ese descubrimiento iban a alcanzarnos muy rápidamente; así, desde que el *Reader's Digest* comenzó a publicar sus selecciones en español hasta el fin de la guerra nos suscribió a éstas un profesor del Macalester College de Minnesota respondiendo a una campaña en la que los avisados empresarios de la revista lograron reclutar a miles de donantes patrióticamente dispuestos a contribuir de ese modo al estrechamiento de los vínculos panamericanos, mientras *En guardia para la defensa de las Américas,* distribuida gratuitamente con mayor profusión por los servicios norteamericanos, con su generoso formato, su papel satinado y sus ilustraciones a todo color, ofrecía un elocuente contraste con el formato pequeño, el papel de estraza y las diminutas fotografías en blanco y negro de *Inglaterra moderna*, su rival británica (aunque hay que admitir que ésta era de lectura más interesante).

Pero más aún se advertían esas consecuencias en el flujo cada vez más nutrido de visitantes de la otra América dedicados a estrechar lazos culturales con la nuestra, que recalaban casi siempre en el Colegio Libre, entre los cuales los hubo muy interesantes. No debe extrañar que así fuese, puesto que en más de un caso la iniciativa había partido de María Rosa Oliver, entonces a cargo de proyectos de ese orden en el State Department, y en algunos otros de Sergio Bagú o Adolfo Dorfman, quienes integraban junto con Isidro Ódena un minúsculo núcleo argentino activo en la todavía llamada Unión Panamericana; y de algunos de esos visitantes nos llegaron las primeras advertencias acerca de lo que podía esperarse en el futuro de un país que se estaba militarizando con el entusiasmo con que suele acoger y celebrar todas las novedades que encuentra en su camino. Entre esas visitas la más memorable iba a ser la de Waldo Frank, y ello no sólo debido al eco que suscitó en el nutrido séquito de fieles admiradores que conservaba desde hacía más de una década en la Argentina, sino más aún a la agresión de la que fue víctima en Buenos Aires, reconocida por muchos como un jalón en el avance hacia la crisis de fondo a la que el país parecía destinado a precipitarse. El episodio lo vivimos desde bastante cerca porque luego de que Raimundo Lida, consultado por Victoria Ocampo, que buscaba quien pudiese actuar como secretario al lado de Frank durante su estadía, sugirió para esa tarea a Frida, que acababa de volver de Estados Unidos luego de completar sus estudios de doctorado en Bryn Mawr, a ella le tocó afrontar sus secuelas inmediatas, que incluyeron el inevitable reportaje acompañado de fotografía en *Crítica,* en el que por cierto desplegó una desenvoltura de la que no la habíamos imaginado capaz.

Quizá por haber vivido ese episodio de cerca, ni ella ni nosotros nos detuvimos demasiado a considerar lo que éste podía tener de ominoso. Pero creo que en la resistencia a considerarlo bajo esa luz algo más estaba en juego; mientras la crisis argentina se deslizaba inexorablemente hacia un momento resolutivo del que era difícil esperar nada bueno, un país que estaba adquiriendo cada día nuevo vigor se resistía a admitir que esa prueba que todo hacía suponer inminente lo era en efecto. De una excursión que, poco después de instalado el gobierno surgido del golpe militar del 4 de junio de 1943, la SADE organizó a la que había sido quinta de José Hernández recuerdo que cuando José Gabriel, a quien le había sido encomendado tomar la palabra en la ocasión, la usó para invitarnos a que reconociéramos que en ese momento la Argentina era un país feliz y que también lo éramos los presentes, sus oyentes reaccionaron con la no del todo silenciosa indignación que era esperable de parte de un público en el que sin duda abundaban los angustiados ciudadanos de la Argentina invisible que según Eduardo Mallea habían hallado refugio en la bahía de silencio; pero recuerdo también que en el ómnibus que nos había llevado a nuestro destino el tema dominante en las conversaciones había sido la buena nueva de la rebaja general de alquileres decretada por el gobierno militar, celebrada en un tono despreocupado y festivo que parecía dar anticipadamente la razón al orador de la quinta de Hernández.

El episodio reflejaba a su manera un rasgo de la realidad argentina de ese momento que es difícil entender desde la actual. Hace poco leí un estudio acerca de la etapa inicial del gobierno militar instalado en 1943 que describe la reacción al ejercicio de oscurecimiento de la ciudad en preparación para un posible bombardeo aéreo como una de mudo terror ante las perspectivas que abría una iniciativa como ésa cuando provenía de gobernantes formados en la doctrina de la guerra total, y aunque hoy puede parecer del todo verosímil que así fuera vivida esa novedosa experiencia, recuerdo demasiado bien qué placentero encontramos en esa noche deliciosamente tibia mezclarnos entre la muchedumbre que caminaba las calles despojadas de tráfico e iluminadas sólo por la luna, y también con qué gusto apenas terminó el ejercicio nos sumamos a los parlanchines parroquianos que llenaron el local de la confitería del Águila. Esa actitud íntimamente despreocupada, que retrospectivamente parece reflejar una no sé si feliz o deplorable inconsciencia, tenía con todo su razón de ser: aunque desde 1930 la Argentina había navegado a la deriva, por debajo de las heridas sólo a medias cicatrizadas que le habían sido infligidas desde entonces podía todavía palparse la sólida estructura de un país que había sido construido para los siglos, y por esa razón las anomalías y los rasgos patológicos cuya presencia se hacía cada vez más evidente podían aún ser vistos como otras tantas islas dispersas en un mar quizá demasiado tranquilo, en el que seguía reinando una normalidad sin duda cada vez más mediocre y rutinaria pero aun así tranquilizadora.

La confianza en que pese a la acumulación de signos en contrario la Argentina sabría una vez más salir del paso sólo se vio sacudida cuando el régimen militar comenzó a introducir con ritmo cada vez más vertiginoso novedades que sugerían que los gobernantes surgidos en junio no sólo habían decidido llevar a su momento resolutivo la ya crónica crisis política argentina, sino que se disponían a resolverla en términos que justificarían con creces las dudas acerca del futuro que hasta entonces esa confianza había terminado siempre por disipar. El tránsito de la confianza a la alarma alcanzó su decisivo punto de inflexión en octubre de 1943, después de que un grupo de figuras públicas, que en una entrevista con el general Ramírez le habían manifestado su preocupación ante el rumbo cada vez más inequívocamente autoritario por el que avanzaba su gobierno, volcaron esa misma preocupación –tal como su entrevistado les había sugerido– en un manifiesto favorable a un rápido retorno al régimen democrático prescripto por la Constitución y a una línea de política exterior basada en los principios de solidaridad americana que el régimen militar había proclamado suyos al tomar el poder. Si –como parece razonable suponer– al alentar esa iniciativa el presidente Ramírez había contado con que la ruidosa entrada en escena de un vasto sector del que todavía no era conocido como el *establishment* pondría coto al avance de los sectores más decididamente autoritarios dentro del ejército, que parecían cada vez más inclinados a desplazarlo del poder, su cálculo se iba a revelar catastróficamente errado; mientras la respuesta oficial, que invitaba a los firmantes del manifiesto a expiar en silencio su falta de lealtad para con el país, reflejaba en términos cuya deliberada brutalidad eliminaba toda posibilidad de equívocos el triunfo de los puntos de vista del sector al que acababa de desafiar, él mismo no pudo evitar poner su firma al pie del decreto de cesantía de quienes entre esos firmantes desempeñaban cargos en dependencias del Estado.

Las consecuencias inmediatas nos tocaron muy de cerca –en nuestro entorno más cercano tanto Roberto Giusti como Francisco y José Luis Romero y Jorge Romero Brest se contaron entre los cesantes– y, aunque su impacto material se iba a revelar bastante más leve de lo que habíamos temido (las víctimas de la medida que no estaban en posición de acogerse a los que el lenguaje burocrático sigue llamando "beneficios de la jubilación", y que entonces merecían aún ser descriptos en esos términos, iban a descubrir de inmediato que reemplazar los ingresos que acababan de serles arrebatados era empresa mucho menos ardua de lo que habían imaginado), era difícil no reconocer en el episodio un anuncio de la inminencia de otros peores. Papá decidió entonces acogerse también él a una jubilación que, siendo en su caso anticipada en tres años, trajo consigo un sensible recorte en sus ingresos, a la vez que introdujo un cambio radical en sus rutinas de vida, en las que la parte dedicada a la enseñanza, que tanto le gustaba, quedó reducida al dictado del curso de latín que conservó en el Instituto Libre. En uno y otro aspecto vinieron a tomar su lugar trabajos editoriales; primero fue un manual de latín para juristas, del que sólo alcanzó a completar un volumen de adagios jurídicos latinos que iba a encontrar amplio uso en juzgados y estudios de abogados, y muy pronto luego, cuando el latín fue introducido en el curriculum de las escuelas secundarias, dos cursos de gramática y ejercicios de ese idioma que le encargó la editorial Estrada, a los que se agregó la traducción de los escritos latinos de Descartes para la biblioteca filosófica que dirigía en Losada Francisco Romero. Pero el proyecto que iba a ocuparlo con más gusto sería la traducción, también para Losada, de la *Historia de la Literatura Italiana* de Francesco de Sanctis, a la que contribuyó más que mamá, y el placer que encontró en esa tarea debió mucho sin duda a la instintiva afinidad entre su modo de ver el mundo y el que se despliega en esa historia de una nación a través de su literatura inspirada en la misma fe a la vez nacional y democrática que en una generación anterior había hallado en Francia expresión más grandiosa en la obra de Michelet.

Pero en lo inmediato pesaba más que cualquier consideración sobre lo ganado y perdido en esa reorientación de actividades el hecho de que ésta no había sido fruto de una decisión espontánea, sino respuesta a un clima que todo sugería destinado a tornarse cada vez más hostil. Pronto esos presagios sombríos se vieron confirmados por los tres decretos promulgados simultáneamente en el último día de 1943, que disolvían los partidos políticos, introducían la enseñanza religiosa en el ciclo primario y secundario de la enseñanza oficial y agravaban las restricciones que ya limitaban la libertad de prensa. Todo auguraba entonces que 1944 iba a ser el año en que el catolicismo integral, que había venido ganando espacio e influencia por más de dos décadas, lanzaría un esfuerzo decisivo destinado a reorientar bajo su signo a la entera vida nacional.

Ya lo anunciaba así la gestión del doctor José Antonio Olmedo como interventor en el Consejo Nacional de Educación, cuyas iniciativas, reflejadas en una lluvia de comunicados que informaban acerca de nuevas exoneraciones y cesantías en las filas del magisterio, daban fe de su decisión de no detenerse hasta haber borrado la memoria misma de las tradiciones ideológicas bajo cuyo signo se había construido el imponente aparato educativo que seguía ofreciendo uno de los cada vez más escasos argumentos que quedaban a los argentinos para no renunciar a la ufanía con que habíamos aprendido a mirar tanto a nuestro pasado como a nuestro futuro, y creo que el desesperado llanto con que mamá reaccionó, de modo del todo inhabitual en ella, al descubrimiento de que el nombre de su amiga Dora Miranda estaba incluido en una de esas listas no se debía tan sólo al afecto que las unía, sino quizá más aún a la súbita toma de conciencia de que era nuestro entero mundo circundante el que esa cruzada depuradora ambicionaba destruir.

Esa desesperación debía mucho a la seguridad de que nada eficaz podía hacerse para evitar tal desenlace, que hacía que frente a la inminencia de un destino tan horrendo como ineludible la primera respuesta fuera una parálisis comparable a la del conejo bajo la mirada de la cobra que se prepara a atacarlo, reflejada en la resignación con que nos prestábamos a desempeñar el papel que nos había sido asignado en las ocasiones en que el naciente nuevo orden se celebraba a sí mismo. Desde que el doctor Alberto Baldrich fue designado ministro de Justicia e Instrucción Pública del gobierno militar esas ocasiones no iban a escasear, y de ellas me ha quedado sobre todo en la memoria el unánime silencio de la vasta muchedumbre estudiantil convocada a la Plaza de Mayo en una tarde prematuramente invernal para oír su arenga celebratoria del primer aniversario de la revolución de junio, a la que asistí junto con el entero alumnado del Colegio.

Para entonces éste estaba en vísperas de transformarse en uno de los principales teatros de la batalla por el alma nacional a la que convocaba infatigablemente el ministro. En efecto, unos diez días más tarde, tras ser rebautizado Colegio Universitario de San Carlos, el hasta la víspera Colegio Nacional de Buenos Aires pasaba a ser gobernado por el presbítero doctor Juan R. Sepich, lo que nos dio ocasión de oír, de nuevo en silencio, cómo desde ese momento la "tradición humanísticamente criolla de una ascendencia generosa de linaje y abolengo inobjetable", por demasiado tiempo "soterrada por el aluvión y la avalancha racionalista que llegó de las orillas del Sena", volvía a ser "la médula de nuestra concepción de la vida individual y de la vida política de la Nación entera".

Pero pronto se iba a descubrir qué difícil le resultaría volver a serlo (si es que, tal como aseveraba nuestro flamante rector, lo había sido alguna vez) aun en el ámbito más reducido del colegio. Frente a esa recusación frontal de otro legado tradicional al que estábamos más apegados de lo que hasta entonces habíamos advertido, el silencio primero inspirado por el terror mutó rápidamente en el más eficaz instrumento de una resistencia por el momento del todo pasiva pero que, pese a las divisiones introducidas por la guerra tanto entre los estudiantes como en el cuerpo docente, pudo funcionar con la misma eficacia que si hubiera contado con el apoyo unánime de aquéllos y éste, y fue entonces particularmente inesperado el de los profesores que se sabía cercanos a la posición del flamante rector frente al conflicto aún en curso.

Así, en respuesta a los esfuerzos del revisionismo por hacer de Rosas el restaurador de la tradición "humanísticamente criolla" en cuyo nombre era ahora gobernado el Colegio, desde su cátedra de Historia de América Diego Luis Molinari nos aseguraba tranquilizadoramente, invocando su autoridad de historiador menos improvisado que los que últimamente trataban de mimetizarse como tales, que el Restaurador de las Leyes había rendido un verdadero culto a la tradición de Mayo: así lo demostraba más allá de toda duda la presencia de cuatro gorros frigios en una de las banderas usadas bajo su gobierno, por él descubierta en una de sus visitas al archivo, de la que entregó un facsímile a un alumno sentado en primera fila para que lo hiciera circular por el curso. Aunque no dejó de divertirnos el descubrimiento de que ese facsímile había sido recortado de la revista *Billiken,* como lo probaban las figuras de personajes de la historieta "La familia Conejín" que poblaban su reverso, nos alivió enterarnos de que no necesitábamos desarrollar sentimientos hostiles hacia un profesor que siempre nos había caído simpático, y que sin duda no ignoraba que el giro que esta vez había impreso a uno de sus habituales ataques contra los intrusos que estaban invadiendo el territorio del historiador sería interpretado por su audiencia como un signo inequívoco de que no lo unía solidaridad alguna con los responsables de la calamidad que acababa de caer sobre el Colegio.

Esta interpretación de su mensaje no hubiera tenido nada de rebuscado. No sólo estábamos acostumbrados a que quien había sido bri-

llante parlamentario y eficaz orador político, y estaba reducido ahora a
jefe nacional de un partido cuyo séquito electoral no era más numeroso
que el alumnado del Colegio nos hiciera blanco de arengas más adecuadas a ámbitos más amplios que nuestra aula (recuerdo una clase
que dedicó por entero a reivindicar para el casi imperceptible Partido
Radical, cuya fórmula presidencial había encabezado en 1937, la condición de único émulo legítimo de su admirable homónimo francés, del
que la Unión Cívica Radical sólo había alcanzado a ofrecer una burda
versión cimarrona), sino que había esta vez una razón adicional para interpretar de ese modo el mensaje que nos había transmitido: en el
clima peculiar creado en el Colegio por el cataclismo que acababa de
hacerlo su blanco, nuestra opinión había adquirido un peso que justificaba el esfuerzo de nuestro profesor de Historia de América por con-
servarla favorable, y la razón por la cual ahora nuestra opinión pesaba
más que hasta la víspera era que en la institución que acababa de ser de-
capitada el orden rígidamente jerárquico que hasta entonces la caracterizaba había sido puesto en suspenso por el surgimiento de una cohesión solidaria que tornaba irrelevantes las fronteras internas por él
trazadas dentro de la comunidad que era el Colegio.

Esa solidaridad, surgida originariamente de un reflejo defensivo nacido del temor suscitado en toda ella por el anuncio de que debía prepararse para sufrir una brutal metamorfosis, alcanzó de inmediato eficacia suficiente para llevar el combate al terreno del invasor; lo revelaba
ya por ejemplo el hecho de que mientras ese temor nos llevó a dar fe a
la versión según la cual, si nuestro flamante rector estaba entrevistando
a algunos estudiantes era con el propósito de reclutarlos para una red
de espionaje destinada a mantenernos bajo perpetua e invisible vigilancia, en los hechos éramos nosotros los beneficiarios de otra vigilancia
que nos mantenía diariamente informados de quiénes entre nuestros
compañeros habían visitado el despacho del usurpador.

Una inesperada consecuencia de los vínculos más igualitarios que
ahora unían a los integrantes de nuestra agredida comunidad fue el
aflojamiento de la legendaria disciplina de la que siempre se había
enorgullecido el Colegio; la primera norma que dejó de cumplirse era
la que desterraba de nuestras solapas todo distintivo que reflejara adhesión a alguno de los bandos enfrentados en la guerra (de hecho sólo los
había favorables a las que comenzaban a ser conocidas como Naciones
Unidas, ya que los partidarios del Eje preferían proclamarse neutrales),

que hizo que se vieran cada vez con más frecuencia los de la entonces popular cofradía del fuelle, cuyos integrantes destinaban a las Reales Fuerzas Aéreas británicas una contribución mensual que fluctuaba junto con el número de aviones alemanes que éstas habían logrado derribar en ese lapso. El nuevo rector, que había decidido acortar distancias con sus gobernados mezclándose durante los recreos con la muchedumbre adolescente que llenaba patios y corredores, debió resignarse a sufrir en silencio la progresiva invasión de las solapas por esos prohibidos distintivos, que no iba a ser por cierto el único signo de la vertiginosa erosión que terminaría por destruir por entero su autoridad. Ya su primer intento de acortar esas distancias le ofreció un anticipo de las dificultades que debería afrontar, cuando a un alumno que se dirigió a él dándole el título de *señor* le repuso: "señor hay uno solo, llámame padre", sólo para recibir la inesperada réplica: "padre también hay uno solo, señor", que unía tan ingeniosamente la cortesía a la insolencia que no justificaba el recurso a castigos disciplinarios; desde entonces concederle ese último título cada vez que nos dirigía la palabra se transformó en un deporte cruel, que no íbamos a tener muchas ocasiones de practicar, ya que fue espaciando cada vez más sus visitas de los recreos hasta renunciar del todo a ellas.

El desventurado rector intentó finalmente romper ese cerco silencioso convocando a una reunión al entero cuerpo docente, en la que se susurraba que se proponía pedirle un voto de apoyo; como era ya costumbre, nos habíamos enterado de antemano de la convocatoria y esa tarde el veredón de la calle Bolívar se llenó de alumnos del turno matutino curiosos de conocer el desenlace de esa jornada decisiva. Nuestras expectativas se vieron satisfechas por la aparición en el portal del Colegio del rector, escoltado por el ordenanza de su oficina, cargado este último con una masa considerable de papeles. Ambos avanzaron hasta el cordón de la vereda, a la espera de un taxi, pero como ésta se prolongara, el ordenanza depositó su carga en el suelo privando de su compañía al doctor Sepich, quien, rodeado de una multitud de escolares, siguió a la espera del taxi providencial que finalmente vino a rescatarlo de nuestra siempre silenciosa compañía. Sólo al día siguiente nos enteramos de cómo se había alcanzado ese desenlace: el rector estaba apenas comenzando su alocución al cuerpo de profesores cuando irrumpió en el salón de actos el profesor Ricardo Caillet-Bois, vicedirector del Colegio, para comunicar a la audiencia que el decreto de cesantía del que era portador había puesto fin a la gestión de quien la había convocado. La restauración del orden jerárquico puesto en suspenso durante ella no necesitó siquiera ser explícitamente proclamada para caer sobre nosotros con el peso de una losa de cemento: al entrar por primera vez en el edificio luego de la partida de la autoridad intrusa nos bastó con encontrarnos con los mismos celadores hasta la víspera tan sistemáticamente indulgentes con nuestras transgresiones a las normas vigentes escrutando nuestras solapas para cerciorarse de que habían desaparecido de ellas los prohibidos distintivos para advertir que había vuelto a reinar en el Colegio una normalidad que comenzábamos a preguntarnos por qué habíamos ansiado ver restaurada. No hubo entonces ruidosas celebraciones de la victoria alcanzada sobre quien había osado turbarla –no sólo estábamos demasiado deprimidos para ello, sino acabábamos de descubrir que no serían ya toleradas– y la única mención del episodio cerrado en la víspera provino de nuestro profesor de lógica, Carlos Astrada, quien a través de sus numerosas reorientaciones político-ideológicas había conservado intacto el virulento anticlericalismo característico del sector liberal del patriciado cordobés del que provenía, y ella no pudo ser más concisa: al entrar en clase se limitó a decir, en tono apenas audible, *sic transit gloria mundi,* y las risas que celebraron esa frase oportuna no hubieran podido tampoco ser más discretas.

Mientras en el Colegio la tentativa de refundarlo bajo el signo del humanismo criollo había encontrado ya su fin ignominioso antes de concluido el año lectivo, al finalizar éste el Instituto del Profesorado tenía aún a su frente a Jordán Bruno Genta, quien en 1943 había fracasado ruidosamente en un prematuro intento de gobernar bajo ese signo a la Universidad Nacional del Litoral, en el que había puesto un celo más intemperante de lo que consideró aceptable el régimen surgido de la revolución de junio en una etapa en que aún no había definido del todo su rumbo. Al año siguiente todo sugería que ese mismo régimen, después de superar sus titubeos iniciales, estaba decidido a avalar plenamente la gestión que podía esperarse de ese fervoroso cruzado de la causa del catolicismo integral, y así parecía también anticiparlo el traslado a establecimientos secundarios de tres de los profesores del Instituto (Juan Mantovani, Abraham Rosenvasser y Sansón Rascovsky), dispuesto por el ministro Baldrich invocando razones de mejor servicio simultáneamente con la designación del nuevo rector.

Si en mi recuerdo el proceso vivido en el Instituto del Profesorado se diferencia tan nítidamente del que paralelamente tuvo por teatro al Colegio, ello se debe sin duda en parte a que mientras a éste lo viví como integrante del estamento estudiantil, a aquél lo conocí a través de la visión madurada en el claustro de profesores (así, debo atribuir a ese diferente ángulo de visión que mientras en mi memoria la melancólica partida del doctor Sepich ha quedado grabada como un inesperado *coup de théâtre*, tuve un conocimiento anticipado de las modalidades que iba a revestir el episodio final de la apenas menos efímera gestión del profesor Genta como rector del Profesorado). Pero entre ambos procesos había otra diferencia que no dependía del ángulo desde el cual se los contemplara: mientras la tentativa de refundar el Colegio bajo el signo del integralismo católico no podía sino entrar en inmediato conflicto con otro legado tradicional que ocupaba un lugar central en la orgullosa imagen que la institución tenía de sí misma, en el Profesorado se hubiera buscado en vano una lealtad institucional de intensidad comparable a la que se sabía cimentada en una tradición que, aunque quizá (como tantas otras) había sido inventada más bien que recibida en herencia, lo había sido en todo caso a lo largo de casi un siglo contando para ello con las contribuciones de algunas de las mejores mentes argentinas. Eso hizo que, aunque la gestión de Genta compartía plenamente la inspiración católico-integrista de la de Sepich, en el Profesorado las divisiones que ella suscitó reflejaran opuestas tomas de posición referidas al presente más bien que al pasado; era ésa la razón que hizo posible que mientras en el Colegio Diego Luis Molinari multiplicaba los gestos destinados a marcar distancias con la gestión de éste, en los actos públicos celebrados en el Profesorado se lo viera más de una vez entre los escasos profesores que rodeaban a aquél en el estrado.

Otra consecuencia del contexto tan distinto en que una y otra institución debió avanzar la tentativa de regenerar a ambas bajo signo integrista fue que en el Profesorado las vicisitudes de la guerra en curso repercutían con una fuerza que no alcanzaba a hacerse sentir en el Colegio. Así, mientras revolviendo en mi memoria no puedo establecer si el eclipse de Sepich fue anterior o posterior a la fecha de la liberación de París, en el Profesorado ese acontecimiento, que además de eliminar aun para los más distraídos cualquier duda acerca de cuál sería el desenlace del inmenso conflicto sugería que éste estaba más cercano de lo que en efecto iba a ocurrir, hizo que la presencia de Genta a su frente pasase súbitamente a ser vista no como una fatalidad sino como una anomalía cada vez menos soportable.

Él mismo pareció advertir cómo la casi unanimidad con que el cuerpo de profesores seguía rehuyéndolo debía ahora menos al temor suscitado en el momento de su designación por el recuerdo de sus pasadas hazañas que a una hostilidad que sólo esperaba una ocasión favorable para expresarse de modo más directo, y –aplicando quizás una lección aprendida durante su etapa leninista– buscó contrarrestarla persuadiendo a las masas a las que aspiraba a ganar para su causa que ésta había sabido ya hacer suyas las concretas demandas de quienes permanecían sordos a su mensaje. Convocó al efecto una reunión del entero cuerpo docente de la casa en la que –como nos contó luego mi madre– en lugar de abrir sus palabras, como era habitual en sus alocuciones, citando la sentencia de Heráclito que proclama que en el comienzo fue la guerra, entró directamente en materia haciendo saber a sus oyentes que hacía tiempo que lo preocupaba que, siendo ellos docentes de una institución de enseñanza superior, fuesen remunerados al mismo modesto nivel de los de enseñanza media, y luego de describir las gestiones que se preparaba a iniciar para obtener que esas remuneraciones fuesen inmediatamente dobladas, terminó rogándoles que le indicaran si las hallaban adecuadas o podían sugerir otras más eficaces.

Por un momento la audiencia pareció dispuesta a mantener su silencio, y mamá se preparaba a vivir una escena como las que abundaban en las películas de Hollywood ambientadas en la Europa ocupada que solíamos ver en Punta del Este, en que ni las amenazas ni las demagógicas promesas de los voceros del vencedor lograban arrancar a sus interlocutores de una hosca y sombría mudez, cuando don Emilio Ravignani, acaso exasperado ante la total ineptitud de las estrategias anunciadas por el orador, rompió ese silencio para indicarle a qué funcionarios del ministerio de Instrucción Pública y del de Hacienda le era indispensable ganar para su proyecto si es que quería que éste llegara a buen puerto. Lejos de molestarse al recibir instrucciones sin duda más precisas de lo que había anticipado, Genta repuso invitándolo a que lo acompañase personalmente en esas gestiones, dotándolas así de un aval que facilitaría enormemente su éxito. Según mamá, sólo en ese momento el veterano parlamentario comprendió que su entusiasmo lo había llevado demasiado lejos, y cerró el diálogo con algunas lacónicas evasivas. Del tema tocado en esa reunión de profesores nada volvió a oírse durante la gestión de Genta, y el anuncio que hizo en ella fue visto como un manotón de ahogado, inspirado por la conciencia de que su posición era cada vez más precaria. Pero el tiempo pasaba, y su presencia al frente del Instituto, aunque aparecía cada vez más anacrónica, amenazaba prolongarse indefinidamente en ausencia de una crisis resolutiva que no se adivinaba de dónde podía provenir.

Sin duda, ya antes de que terminara 1944 nos había llegado de una alta fuente una sugestión precisa acerca de cómo desencadenar esa crisis resolutiva, pero no se sabía hasta qué punto prestarle fe. Ocurre que el doctor Rómulo Martini, que había sido profesor de latín de mis padres en la Facultad, y ya jubilado seguía interesándose por los destinos del sistema educativo argentino, compartía su dentista con el entonces coronel Perón, y había decidido usar la oportunidad que ello le brindaba para mantener a éste suficientemente informado acerca de la alarmante situación creada en el Profesorado por las arbitrariedades de Genta. Luego de un par de sesiones en las que el facultativo trató extensamente el tema, Perón le repuso que entendía perfectamente las razones que lo llevaban a insistir en él, pero que personalmente no podía hacer nada para modificar una situación en efecto deplorable, de la que por otra parte estaba ya enterado, a lo que agregó que quienes a su juicio sí podían hacer más de lo que parecían advertir eran los mismos que habían buscado alertarlo sobre ella, y sugirió como ejemplo que si lograban que la ceremonia de apertura del próximo año lectivo fuese interrumpida por algunos estudiantes de la Universidad del Litoral venidos a denunciar la pasada gestión de Genta al frente de ella, y eso diera lugar a un tumulto de proporciones, sería inevitable una intervención del Instituto por las autoridades del Ministerio que pondría fin al entero episodio, para concluir señalando que, en caso de producirse ese oportuno incidente, él estaba en condiciones de prometer que la policía llegaría al teatro de los hechos con dos horas de retraso.

Aunque –como dije más arriba– los destinatarios del mensaje no sabían cuánta fe prestar a esa promesa, lo encontraron de todos modos alentador en cuanto ofrecía una confirmación más de la fuerza con que los nuevos vientos soplaban en el mundo, que autorizaba a confiar en que de una manera u otra pronto habrían de derribar el modesto obstáculo erigido contra sus avances en la calle Valentín Gómez. Al finalizar 1944 nuestra confianza en el nuevo *Zeitgeist* era ya tan sólida que partimos a Punta del Este con la convicción de que a nuestro retorno asistiríamos a cambios cuyos alcances habrían de exceder en mucho los de los conflictos que nos habían obsesionado en el año que se cerraba, y en que la victoria se estaba revelando mucho más fácil de lo que nos habíamos atrevido a esperar.

Lo que encontramos en la otra orilla nos iba a confirmar aún más en esa confianza: después de un par de años opacos esta vez vimos desfilar por la casa de Reissig a la flor y nata del exilio montevideano (de sus mayores figuras conservo en la memoria la de don Luciano Molinas, enfundado en un riguroso traje negro para sus caminatas tempraneras por la Playa Mansa, y la de un más distendido Rodolfo Ghioldi, instalado bajo la sombrilla de Herminia proclamando su exasperación frente a la resistencia que la idea de una alianza con las fuerzas conservadoras encontraba en las filas del radicalismo y ofreciendo como ejemplo su propia reconciliación con Getulio Vargas, luego de haber sufrido en sus manos indignidades infinitamente peores que las que la Unión Cívica Radical se negaba perversamente a olvidar). Los invitados de la casa vecina sabían ya que estaban viviendo el último verano de su exilio, y creían saber también que en el combate que les esperaba a su retorno la victoria se anunciaba más fácil de lo que hubiera parecido posible sólo unos meses antes, y por esa razón su fugaz presencia en ella para asistir a la presentación de la *Invitación al viaje sonoro* en que los versos de Rafael Alberti se acompañaban de un arreglo musical para piano y laúd debido a Paco Aguilar, que en vísperas de la que tendría por escenario el del Bosque Municipal ambos ofrecieron como primicia en el inmenso *living-room* de Herminia, hizo que quienes asistimos a ella la viéramos como el festejo anticipado de una victoria que se sabía segura e inminente.

Fueron probablemente las expectativas creadas para el año que se abría, destinado a ser en el mundo el de la victoria y –según esperábamos– en la Argentina el de la clausura definitiva de la crisis institucional que con modalidades constantemente cambiantes se arrastraba desde 1930, las que en vísperas de la partida a la otra orilla hicieron que viviera con ánimo algo distraído el fin de mis años del Colegio. En el que fue nuestro último día de clase sus autoridades, sin duda preocupadas de que durante las últimas horas los alumnos nos permitiéramos celebraciones demasiado turbulentas, lo dieron por terminado en mitad de la mañana, en una rápida maniobra que dejó a los que ya no íbamos a volver a él mezclados en el veredón de Bolívar con los que debían retornar luego de la pausa veraniega. Lo que siguió fue un melancólico anti-clímax; unos pocos de nosotros a quienes los azares de ese prematuro y expeditivo fin de jornada nos habían dejado juntos en medio del remolino fuimos a un bar lácteo de "La Vascongada" que había entonces en la Diagonal Norte a pasar un rato que resultó bastante breve porque pronto descubrimos que no teníamos nada más que decirnos. Cada uno siguió entonces su camino, y creo que en ese momento no fui yo el único en preguntarme si el que estaba a punto de tomar me llevaría finalmente a alguna parte.

Una estación a la deriva

Cuando ingresé en la Facultad de Ciencias Exactas, Físicas y Naturales para cursar en ella la carrera de Química, el entero aparato educativo oficial estaba emergiendo de la pasada tormenta; mientras mi antiguo colegio había ya recuperado su nombre, y tanto las víctimas del paso del doctor Olmedo por el Consejo Nacional de Educación cuanto los firmantes del manifiesto de octubre de 1943 destituidos entonces de sus cargos se encontraban nuevamente en posesión de ellos, en la Universidad de Buenos Aires, del mismo modo que en las restantes de la nación, había comenzado ya el proceso que debía devolver su gobierno a autoridades elegidas siguiendo las normas fijadas en sus respectivos estatutos, y muy pronto la derrota sufrida en la elección de rector por la candidatura de guerra de Bernardo Houssay, el más ilustre de los profesores sancionados con la cesantía después de firmar el manifiesto de octubre de 1943, iba a confirmar que –tal como había previsto el doctor José Arce, cuyo consejo había decidido al coronel Perón a arrojar todo el peso de su influencia en favor de esa solución al problema universitario– los cuerpos representativos surgidos de ese proceso aspiraban por encima de todo a mantener relaciones normales con un gobierno que, por su parte, acababa de dar pruebas muy convincentes de que, tras renunciar a sus recientes veleidades refundacionales, tampoco aspiraba ya a otra cosa.

Por todas esas razones no me sorprendió no volver a encontrar en la Facultad las tensiones político-ideológicas que no habían cesado de agudizarse durante mis últimos años en el Colegio. Sólo más tarde iba a hacérseme claro que el muy distinto temple colectivo que descubría al pasar de una institución a otra no reflejaba tan sólo el cambio de clima político que se estaba dando en la ciudad y el país, sino que respondía también a la gravitación de diferencias más permanentes entre ambas instituciones.

Aquella en la que acababa de ingresar tenía quizá tantos motivos como la que había abandonado para enorgullecerse de sus raíces en el pasado nacional; como ésta había logrado –con el auxilio de una reconstrucción genealógica en la cual la invención tenía tanta parte como la memoria– presentarse como heredera y continuadora del esfuerzo de actualización científica y cultural que conoció la región del Plata bajo la égida de la monarquía ilustrada, pero era mucho más convincente su invocación del papel central que sus hombres habían desempeñado en las iniciativas con que el Estado había buscado desde los comienzos de la era constitucional acelerar la implantación de una economía moderna en el bravío territorio nacional. En el centro de su patio central, la estatua de Luis A. Huergo, integrante en 1870 de la primera promoción de ingenieros formados en sus aulas, que en las cuatro décadas siguientes se iba a revelar como uno de los demasiado escasos *grands commis d'État* con que la Argentina iba a contar en su camino, reflejaba muy bien la halagadora noción que la Facultad había elaborado del papel que se creía destinada a desempeñar en ese proceso. Tanto el carácter exquisitamente técnico de su contribución como la estrecha alianza con el Estado que era condición para el desempeño eficaz de la misión que había hecho suya hacían que quienes desde dentro de ella podían influir en su marcha estuvieran menos inclinados que en otras facultades a poner en riesgo su relación con ese Estado a partir de dilemas político-ideológicos que sólo muy marginalmente incidían en su campo profesional. Todo eso no podía sino ser reforzado por el papel que –como todos sabían– ese lazo con el Estado había tenido y seguía teniendo en las carreras de algunos de los más exitosos profesores y egresados de la escuela de Ingeniería, y esta última consideración gravitaba quizá aún con mayor fuerza en la de Arquitectura, que junto con aquélla completaba el núcleo de la facultad en la que acababa de ingresar. He aquí entonces algunas excelentes razones por las cuales, como comenzaba a descubrir, la tormenta que el año anterior había soplado con tanta fuerza en otras secciones de la Universidad sólo se había hecho sentir de modo muy atenuado en su Facultad de Ciencias Exactas, Físicas y Naturales.

Todo eso iba a cambiar a muy poco de mi ingreso en ella, cuando las mismas razones que la habían protegido de la anterior tormenta la acercarían al epicentro de la que en 1945 iba a desencadenarse en torno a dilemas que no serían ya los del año anterior. Estoy seguro de

Facultad de Ciencias Exactas, Perú y Alsina, c. 1920. Fuente: Archivo General de la Nación.

que la intensidad creciente de esa nueva tormenta contribuyó en algo a que prestara una atención demasiado distraída a todo lo que hubiera debido persuadirme de que las disciplinas que se aprendían en esa facultad no eran para mí. Desde mi ingreso en ella había notado con alguna sorpresa que el nivel al que se dictaba el primer curso de química, que junto con el primero de análisis matemático agotaba el curriculum del primer año, no se elevaba demasiado sobre el que había tomado en el Colegio, pero lo achacaba en parte al rigor y la seriedad con que allí había encarado su enseñanza Reinaldo Vanossi, que sabíamos excepcional (y estoy seguro de que la admiración que por él sentíamos fue responsable de otras falsas vocaciones, a más de la mía). Y por otra parte lo que ese descubrimiento podía tener de inquietante se equilibró con el más tranquilizador de que desde el primer día pude sentirme más cómodo de lo que había esperado en las nuevas rutinas que me obligaban a pasar lo mejor de mi tiempo en laboratorios mucho menos suntuosos que los que en el Colegio sólo habíamos visitado de tarde en tarde, atareado ahora en trabajos prácticos que en la primera etapa del curso buscaban grabarnos con firmeza en la mente las leyes básicas de la físico-química, a través de experimentos que debían confirmar su validez. Como no teníamos ningún motivo para dudar de ésta, y sabíamos de antemano que si nuestros resultados no las confirmaban era porque habíamos hecho algo mal, fue ésa más bien una etapa de aprendizaje artesanal del trabajo de laboratorio, y no dejó de alentarme que ese terreno para mí desconocido me presentara sólo módicos desafíos que pude superar sin demasiado esfuerzo.

Cursar análisis matemático me permitió llegar a una conclusión análoga. La dictaba el profesor Blaquier, famoso por la anacrónica y señorial elegancia de sus presentaciones; en ellas, envuelto en un guardapolvo de seda cruda y protegidas sus manos por guantes de cabritilla, llenaba a gran velocidad los pizarrones de ecuaciones y fórmulas que un acólito se encargaba de borrar no menos velozmente, mientras envolvía a ambos una cada vez más densa nube de polvo de tiza. No sólo porque Blaquier era un excelente expositor, sino porque los cabos sueltos que podían dejar sus lecciones los salvaba la límpida presentación de los mismos temas en el admirable *Curso cíclico de matemáticas* de Julio Rey Pastor, seguir el que él dictaba me mantenía la mente gratamente ocupada sin exigirme tampoco esfuerzos que pudiera encontrar abrumadores.

Sin duda tanto la satisfacción que encontraba en afrontar desafíos bastante modestos como la ausencia de cualquier intento de avanzar más allá en la exploración del campo de estudios en el que había decidido internarme hubieran debido hacerme sospechar que mi interés por éste era demasiado tibio para justificar la decisión de pasar en él el resto de mi vida. Aunque –como ya he indicado– estoy convencido de que contribuyó a que eso no ocurriera la intensidad creciente de una crisis nacional que muy pronto nos iba a absorber a todos casi por completo, creo que también entró en juego el brusco paso de las ordenadas rutinas que me habían limitado pero también sostenido durante los seis años en que el Colegio había llegado a ser para mí un entorno casi total, a la caótica baraúnda que me pareció reinar en la Facultad durante mis primeros contactos con ella; la adaptación a ese contexto radicalmente distinto comenzó por requerirme un esfuerzo que no me dejó ánimos para escrutar mucho más allá de mi horizonte temporal más inmediato.

Si me pregunto –como no me pregunté entonces– qué era lo que más sentía haber dejado atrás al abandonar el Colegio, todo me sugiere sin embargo que no era esa tupida red de normas de comportamiento a la que muy pronto nos habíamos acostumbrado a tributar una automática obediencia; lo que en el momento de abandonarlo me hacía recordar con una suerte de tibio cariño los años allí transcurridos era el recuerdo de la camaradería que habíamos conocido a lo largo de ellos, en primer lugar de la que bajo el nombre de compañerismo nos fijaba normas aún más estrictas que las impuestas por las autoridades del establecimiento, de la que advierto que dije aquí demasiado poco, aunque quizá sea suficiente testimonio de lo que había significado para nosotros el uso constante que según descubro hice del plural de la primera persona al referirme a esos años, pero también de otra a la que nunca se nos hubiera ocurrido dar ese nombre, y que nos unió con algunos de nuestros profesores –no necesariamente los que más admirábamos–, a quienes agradecíamos que nos aceptaran como interlocutores de pleno derecho. Como descubrí de inmediato, esa relación que podía deslizarse muy cerca de una maliciosa complicidad era desconocida en la Facultad, y por lo que se refiere al compañerismo, éste sólo había logrado conservar su imperio –y aun allí al precio de una drástica resignificación– dentro del grupo de tres formado por quienes por azar íbamos a compartir en el laboratorio de trabajos prácticos un cajón provisto de implementos que debíamos reponer al final del curso. Pronto descubrimos que protegerlos de quienes se sintieran tentados de arrebatarnos alguno para reponer otro roto por accidente iba a requerir una perpetua vigilancia, y ello hizo que el clima colectivo reinante en el laboratorio se acercara más al que, según era fama, era propio del servicio militar que al que había conocido a la vuelta de dos esquinas. Esa supervivencia miniaturizada y degradada de un elemento que había sido central en la experiencia que acababa de dejar atrás anticipaba que en la Facultad no había de repetirse el indefectible milagro que por seis años sucesivos había forjado un sujeto colectivo con quienes acudíamos a retomar las clases en la primera división del turno de la mañana del Colegio Nacional de Buenos Aires, y era aún más impensable que volviera a forjarse en las inmensas aulas en las que confluía una muchedumbre de estudiantes de las más variadas promociones y carreras.

El descubrimiento de que la Facultad nunca iba a significar para mí lo que había significado el Colegio hizo aún más fácil que en la imagen de la experiencia que comenzaba dominara casi en exclusiva el primer plano el conflicto político que se acercaba inexorablemente al momento resolutivo en que se iba a decidir el futuro curso de la vida nacional. Ya mis recuerdos de los últimos años del Colegio que no tienen a éste como telón de fondo se vinculan a ese mismo conflicto; los más tempranos giran en torno a una suerte de peña organizada por Yosi con algunos chicos de las dos divisiones, que nos reuníamos en su casa para hablar de la política del día (el gran tema era en ese momento la división de la CGT) y discutir textos que debíamos llevar leídos, entre ellos *El hombre mediocre*, de Ingenieros, que ya entonces me pareció bastante cursi, y el *Anti-Dühring* de Engels, que no creo haber sido el único en encontrar impenetrable, porque nunca nos iban a faltar razones para postergar su discusión. Pero desde poco antes de la revolución de junio las reuniones pasaron a girar en torno al proyecto de crear en el Colegio un centro de estudiantes, que según supongo ahora debió de estar vinculado al intento del Partido Comunista de organizarlos en los secundarios dependientes del Ministerio, en los que estaban explícitamente prohibidos. Pero no habíamos ido muy lejos por ese camino cuando la instauración del régimen militar las transformó en reuniones clandestinas, que al año siguiente –cuando el piso sobre Callao al que se habían mudado los Reissig, después de vender su casa de General Rivas, no resultó adecuado para seguirlas allí– se trasladaron a la de Rosenvasser, sobre la primera cuadra de Arribeños. Para entonces había cambiado algo la composición del grupo, y las reuniones adquirieron un tono decididamente menos ideológico; las dedicábamos casi exclusivamente a la lectura y comentario de los periódicos clandestinos que comenzaban a circular en número creciente y dividían su espacio entre una defensa apasionada del legado de la era constitucional (aunque sólo uno de ellos había tomado por nombre ¡URQUIZA, DESPIERTA! todos hubieran merecido llevarlo) y noticias y rumores referidos al nuevo elenco gobernante, sus siniestros proyectos y sus escandalosas prácticas, lo que a nuestros ojos nos constituía en participantes, así fuera un tanto marginales, de lo que esa prensa designaba como la resistencia.

También en cuanto a esto, al retornar en 1945 de la pausa veraniega me pareció que en su transcurso todo había cambiado; mientras sólo muy cerca de cerrarse el año anterior habíamos descubierto que no necesitábamos seguir temiendo que también a nosotros nos alcanzara la muerte que según había anunciado el doctor Sepich se acercaba inexorablemente para la "generación nacida en el Sena", en el nuevo año ese enconado conflicto entre dos inconciliables concepciones del mundo parecía haberse desvanecido en el aire, reemplazado por un blando consenso en torno a nociones que invitaban tan poco a la controversia como cuando las evocaba la prensa clandestina. Visto desde la escuela de Química, ese consenso parecía acercarse a la unanimidad, y sin duda así ocurría dentro de ella. La explicación más obvia de esa cuasi unanimidad invocaba la abrumadora contundencia de la victoria que estaba clausurando la Segunda Guerra Mundial; puesto que –tal como habían gustado proclamar los derrotados– en ella se habían enfrentado no sólo las mayores potencias del planeta, sino a la vez dos opuestas visiones del mundo, era difícil no reconocer en la victoria de una de éstas el veredicto definitivo con el que se cerraba una guerra que había sido a la vez una suerte de juicio de Dios. Así parecía haberla visto anticipadamente el Pontífice en su mensaje de la Navidad de 1944, y en la Argentina incitaba cada vez más a verla también de esa manera la evolución del régimen militar, que tras haber buscado tenazmente mantener sus distancias con el bando finalmente vencedor terminaría incorporándose a él en los términos más humillantes.

Dentro de la Facultad eran menos notables las deserciones de las filas de los partidarios de la causa derrotada que la gravitación cada vez más abrumadora de un consenso que no cesaba de ampliarse gracias a la adhesión ahora sin reticencias de la vasta masa que hasta poco antes se había mostrado indiferente o sólo tibiamente favorable a la vencedora, y que se identificaba cada vez más decididamente con una visión que hoy llamaríamos progre de las consecuencias a la vez probables y deseables de su triunfo. Esa identificación se hacía particularmente explícita en el movimiento estudiantil, en el cual ocupaba un inexpugnable lugar central el Centro de Estudiantes de Ingeniería, que –con su muy próspera oficina de venta de apuntes y materiales de estudio– tenía en la vida de la Facultad un papel parecido al que hoy desempeñan otros centros estudiantiles en más de una de la UBA, y como éstos funcionaba en esencial acuerdo con el grupo de profesores que en los hechos gobernaba la institución, pero a diferencia de los actuales había tradicionalmente cultivado una extrema moderación en materia política e ideológica que lo había llevado a mantener una cuidadosa distancia con el ideario del reformismo universitario, pero ahora –aun sin cerrarla explícitamente– recurría a un lenguaje a menudo difícil de distinguir del cultivado por las corrientes reformistas más radicales. Confirmaba que esas audacias eran reflejo de una reorientación más general de la opinión el hecho de que ellas no crearan distancias entre esos dirigentes estudiantiles y los prestigiosos profesionales y docentes que gravitaban decisivamente en el manejo de la Facultad; no hubieran podido hacerlo cuando el Centro Argentino de Ingenieros, firmemente controlado por lo que había de más sólido en la profesión, acababa de elegir como su secretario a Ricardo M. Ortiz, cuya condición de fidelísimo compañero de ruta del Partido Comunista era bien conocida.

Todo eso hacía posible que ese consenso, que sumaba a la oposición cada vez más intransigente a un régimen militar que parecía cercano a entrar en agonía una adhesión anticipada a las audaces transformaciones sociales que –según habían prometido Roosevelt y Churchill en la Carta del Atlántico– pondrían fin a las privaciones sufridas desde el comienzo de los tiempos por tanta parte del género humano, viera en el ingreso a sus filas de quienes habían siempre defendido todo lo que esa promesa condenaba a desaparecer un signo de que habían percibido con su habitual clarividencia la imposibilidad de resistirse a una mutación histórica que se estaba revelando incontenible. Del mismo modo que tres décadas más tarde hubo quienes creyeron que la simpática comprensión que por un tiempo les prodigaron primero el general Perón y luego el general Harguindeguy nacía del reconocimiento por parte de ambos de que sobre ellos había recaído el mandato del cielo, también los incluidos en ese consenso encontrábamos fácil concluir que era su instinto de supervivencia el que incitaba a los más inesperados viajeros a sumarse a un convoy que acababa de revelarse propulsado por la locomotora de la historia.

Nos era aún más fácil creerlo así porque la atención obsesiva que dedicábamos a los aspectos del conflicto que nos tocaban de cerca nos hacía prestar muy poca a los primeros signos de que en otros sectores con los que apenas teníamos contacto éste podía plantearse en términos bastante distintos. Recuerdo muy bien cuando me llegó –e ignoré– el primer indicio de que esa posibilidad existía; fue en 1944, cuando fue promulgado el Estatuto del Peón, y mi compañero Enrique Pinedo comentó, no sin satisfacción, que era ésa una buena lección para los muchos que se habían negado a prestar oídos a las advertencias recibidas, seguros de que con el general Diego Mason en el Ministerio de Agricultura no tenían nada que temer del régimen militar, pero confieso que ese comentario me interesó menos que lo que el mismo Negro nos contaba acerca de las molestias causadas por la instalación permanente en su casa de un pesquisa al parecer bastante bruto que por cierto parecía aburrirse sólidamente en ella.

No ha de sorprender entonces que al revelar el régimen militar que don Antonio Santamarina y la señora Berta Perelstein de Braslavsky se habían puesto a la cabeza de un complot cuyo objetivo era arrojar desde un avión previamente secuestrado con ese propósito miles de volantes convocando a los porteños a unirse a la resistencia, la inesperada alianza de ese gran hacendado y caudillo conservador con la fogueada militante comunista fuera atribuida a la impresión que estaba causando en aquél el épico avance del Ejército Rojo, que comenzado a orillas del Volga estaba ya cercano a abrir sobre las ruinas de Berlín un nuevo capítulo en la historia de la humanidad, más bien que a la alarma que hubiera podido inspirarle el surgimiento de un enemigo doméstico potencialmente más peligroso que el comunista.

En ese comienzo de 1945 creo que nada hubiera expresado mejor la visión que no sólo yo tenía del futuro inmediato que la fórmula que el conde Ciano, ministro de Relaciones Exteriores de Mussolini, se había cansado de escuchar durante una visita a Berlín en medio de una guerra que duraba más de lo esperado. Era ésta: "La guerra está ya ganada, ahora sólo falta descubrir cómo terminarla", pero si Ciano había deducido de ella que no estaba en absoluto claro que la guerra estuviera ya ganada, tres años después en Buenos Aires no hubiéramos dudado en tenerla por literalmente válida para nuestra batalla doméstica, y la confianza en ese diagnóstico optimista iba a inspirar una fe igualmente optimista en que bastaría seguir golpeando al enemigo con ímpetu creciente para obligarlo finalmente a confesarse derrotado, como en los hechos ya lo estaba.

En los meses que iban a seguir hasta octubre, la fe depositada en esa táctica iba a inspirar un constante avance en el camino de una confrontación que muy pronto absorbió por entero incluso a quienes participábamos en ella desde los márgenes. Por mi parte, comencé a vivirla como curioso espectador del incidente que marcó el comienzo del fin del rectorado de Genta en el Profesorado, que tanto yo como Héctor Rosenvasser pudimos presenciar gracias a la complicidad de integrantes del personal de la casa, quienes nos ubicaron entre los alumnos del último año del Colegio Nacional Mitre, que compartía local con el Instituto. Descubrimos que había sido ésa una precaución innecesaria cuando el patio comenzó a llenarse de gente que no hubiera debido estar allí, como lo revelaba entre otras cosas la presencia de un número considerable de alumnas de liceos y normales inmediatamente reconocibles por los guardapolvos blancos entonces de rigor para ellas. Esta vez Genta comenzó su alocución con la ritual cita de Heráclito, pero fue de inmediato interrumpido por el vocero de una delegación de la Federación Universitaria del Litoral, que había logrado ocupar íntegramente una de las galerías que desde lo alto bordeaban el patio, quien en nombre de esa organización le prohibió continuarla. Desde ese momento el público comenzó a vociferar y moverse en todas direcciones, mientras en el estrado, que estaba gradualmente siendo abandonado por sus ocupantes habituales, tanto funcionarios cuya presencia allí era obligada cuanto algunos docentes que buscaban con ella subrayar su solidaridad con la gestión de Genta, el frustrado orador contemplaba la escena con aire estupefacto, y su esposa lo recorría incesantemente con paso nervioso, preguntándose una y otra vez cómo era posible que la policía, que había sido advertida de antemano, no hubiera acudido ya a poner fin al escándalo. Pronto descubrí que su quejumbroso soliloquio, que la señora de Genta no se preocupaba por no hacer audible, y más aún el mudo desconcierto con que su esposo asistía por segunda vez al derrumbe de sus sueños, comenzaban a inspirarme sentimientos de humana compasión a los que en ese momento me pareció incongruente entregarme, y decidí volverme a casa. Como pudimos leer en los diarios del día siguiente, al hacerse finalmente presente la policía los causantes de la perturbación se habían ya retirado, tras causar sólo destrozos insignificantes, con lo cual cualquier intervención de aquélla se reveló innecesaria. La que se produjo, en cambio, unos días más tarde fue la del Ministerio, que –tal como había anticipado acertadamente nuestro asesor benévolo– puso fin al rectorado de Genta.

No advertía yo entonces que mientras el episodio que acababa de presenciar completaba con un capítulo póstumo la crónica del conflicto que tanto nos había obsesionado el año anterior, ya había comenzado a capturarnos el engranaje del que iba a hacer de 1945 el año decisivo que encontraría su eficacísimo cronista en Félix Luna. Sin duda hacía más difícil percibirlo el súbito retorno de la normalidad a los ámbitos en que nos movíamos, que hacía que nuestros oídos, acostumbrados al ensordecedor diapasón que había alcanzado el pasado conflicto, percibieran muy mal los primeros ruidos anunciadores del que en el nuevo año terminaría por dominarlo todo.

No los percibí por cierto durante la elección (celebrada a poco de abrirse el curso lectivo) del delegado de curso que debía representar ante las autoridades de la Facultad a los alumnos que cursaban el primer año de la carrera de Química, ocasión en la que tuve mi primer contacto con la dimensión política de la experiencia universitaria que acababa de comenzar. Aunque la del delegado era una institución informal y consuetudinaria que había continuado funcionando de modo del todo normal dentro de su modesta esfera durante la etapa radicalmente anormal que acababa de quedar atrás, esta vez su elección dio pie para una movilización inspirada en el contexto político del momento. En ella se hizo sentir de modo significativo la presencia del Partido Comunista, que –cercano ya el fin de su larga etapa de clandestinidad formalmente comenzada en 1936– aspiraba a transformarse en un factor de peso en la vida política nacional, e iba efímeramente a lograrlo durante ese año. Ya en esa campaña se reflejaron las virtudes que iban a caracterizar su estilo político, en primer lugar una muy precisa definición de los objetivos que en cada momento se había fijado, a la que se sumaba la casi sobrehumana tenacidad con que los servían sus sufridos militantes; que esta vez fueron premiadas por el éxito (el candidato que contribuyeron a llevar al triunfo fue Yosi, quien había comenzado estudios de química como primera etapa para una especialización en genética que entonces sólo podía completar en el extranjero); sólo más tarde íbamos a ir descubriendo con qué frecuencia esas mismas virtudes venían a agravar las consecuencias de la insensatez que solía desplegar el Partido en el momento de definir los objetivos a cuyo servicio ponía a sus militantes.

Pero si el esfuerzo que el comunismo invirtió en un asunto tan nimio derivaba de que lo colocaba ya en el contexto de la confrontación que se avecinaba, en rigor la alternativa que en él se planteó estaba más directamente vinculada con otra confrontación más localizada y menos episódica, consecuencia de la fuerte transformación en curso en la fisonomía de la carrera, cuyo alumnado crecía rápidamente, y la paralela de una profesión que –aunque carente del prestigio tradicional de las dos mayores de la Facultad– se esperaba destinada a ocupar en el futuro un lugar mucho menos marginal que en el pasado. Las tensiones provocadas por la expansión del cuerpo estudiantil habían llevado a las dos listas que tradicionalmente se habían disputado el control del Centro de Estudiantes a unificarse en una Azul y Blanca en la esperanza de hacer de ella una barrera más eficaz contra la creciente influencia de los invasores, y aunque en el nuevo clima inducido por la inminente victoria de las Naciones Unidas la que se le había opuesto hasta entonces bajo el marbete de Lista Acromática comenzó a desplegar la oposición más militante anunciada por su adopción del de Unión Reformista necesitaría todavía años para vencer a su inveterada rival, eso no impidió que ya a los pocos meses de comenzado el año lectivo de 1945, con el Centro aún gobernado por una lista en la que habían confluido los adictos a la causa que estaba siendo derrotada en ese conflicto, encontrara apoyo abrumador la tendencia favorable a lanzar a la Universidad a una confrontación frontal con el régimen militar, al que se le reprochaban sobre todo sus vergonzantes simpatías por la causa que en esos mismos días sufría una abrumadora derrota.

Lo confirma en mis recuerdos la memoria del plebiscito celebrado sólo pocos meses después, en el que debíamos responder a tres preguntas vinculadas con la índole de las relaciones que la Universidad debía mantener con ese régimen; en esa ocasión los votantes que avanzábamos hacia el cuarto oscuro lo hacíamos entre dos cadenas humanas que nos recordaban a cada paso que la respuesta que se esperaba de nosotros cuando ejerciéramos en secreto y con total libertad nuestro derecho de sufragio era sí-sí-no; y como lo iba a probar el resultado, fueron entonces muy pocos los que desoyeron ese insistente consejo, que pudo no ser sentido como una insoportable imposición porque el consenso opositor reinante en el seno de la Universidad era ya en ese momento tan amplio que hacía difícil percibir lo que podía tener de abusivo su pretensión de ser aceptado como unánime.

Una de las razones por las cuales dentro de la Universidad ese consenso se consolidaba cada vez más era el avance que también fuera de ella se estaba dando hacia una actitud opositora cada vez más enconada. En junio, en una declaración formulada en nombre de las que eran entonces conocidas como fuerzas vivas, los dirigentes de las más importantes organizaciones del comercio y la industria daban voz a su alarma frente a la intervención cada vez más activa y menos imparcial de la Secretaría de Trabajo y Previsión en las relaciones siempre delicadas y a menudo conflictivas entre las empresas y sus trabajadores, y un mes después las organizaciones sindicales respondían con un acto por primera vez multitudinario en apoyo de la acción de la nueva secretaría; pasaba así a primer plano un nuevo tema y un nuevo campo de conflicto, precisamente cuando el que tanto nos había obsesionado el año anterior estaba siendo cerrado por la explícita renuncia del régimen militar a los proyectos refundacionales que tanto nos habían alarmado. Aunque se trataba de dos conflictos que tenían muy poco en común, contribuyó a que terminaran siendo vistos como uno solo que se hubieran originado por igual en iniciativas surgidas de un régimen, que, precisamente porque se sabía debilitado, podía estar tentado de mejorar sus perspectivas de futuro recurriendo a otras potencialmente aún más conflictivas, como de hecho lo estaba haciendo ya a través del creciente activismo de la Secretaría de Trabajo, y esa circunstancia hacía aconsejable sumar los esfuerzos de los ofendidos por una y otra iniciativa, y a la vez extremarlos para poner rápido fin al experimento político inaugurado por iniciativa militar el 4 de junio de 1943.

Ese objetivo pareció aún más alcanzable desde que se hizo evidente que el tardío acercamiento del régimen militar a las potencias vencedoras no le estaba asegurando una acogida calurosa por parte de éstas. Eliminó toda duda sobre este punto la actitud del embajador de los Estados Unidos, Spruille Braden, cuyas cada vez más estrepitosas expresiones de hostilidad hacia el gobierno frente al cual representaba al suyo invitaban a concluir que la potencia a la que su reciente y abrumadora victoria militar había asegurado una hegemonía más marcada que nunca en el pasado sobre las restantes naciones del Nuevo Mundo estaba decidida a impedir por todos los medios a su alcance que el influjo político de los responsables de ese experimento superase indemne la prueba de la inminente restauración de las instituciones representativas en la Argentina.

Se entiende entonces que las fuerzas empresarias se hayan sentido cada vez más inclinadas a adoptar en el conflicto que acababan de abrir con el régimen militar un estilo polémico apenas menos vehemente que el del insólito embajador; si ya sus íntimos lazos con el Estado, que le hubieran hecho demasiado costoso afrontar un distanciamiento prolongado respecto de éste, incitaban a esas fuerzas a aproximar de ese modo el desenlace que esperaban favorable del conflicto entablado con quienes en ese momento lo dominaban, las animaba aún más a hacerlo la seguridad –que se iba a revelar luego infundada– de que los Estados Unidos estaban decididos a movilizar todos sus inmensos recursos para evitar la humillación que les significaría ver exitosamente burlado el veto que su embajador no se fatigaba de interponer anticipadamente contra cualquier sucesión política acorde con los deseos del régimen militar argentino. Y se entiende también que en facultades como la de Ciencias Exactas, donde era fuerte el influjo de profesionales acostumbrados a mantener vínculos tan estrechos con las fuerza vivas como con el Estado, la creciente inclinación de éste a tomar distancia frente a aquéllas debía incitarlos a usar ese influjo en el mismo sentido, agregando su peso decisivo al mucho más ligero de quienes tenían desde el año anterior motivos sobrados para emplearse a fondo en la confrontación final con ese régimen, y estaban decididos a proseguir hasta el fin un combate en torno a alternativas que no eran ya las mismas que habían propuesto en tono apocalíptico Baldrich, Sepich o Genta.

Pero en este punto sería más honrado que pasara de la tercera a la primera persona del plural, ya que el lugar que me había tocado estaba entre estos últimos. Si traté hasta ahora de evitarlo fue porque no quería desviarme hacia uno de esos exámenes de conciencia que ya hemos oído mil veces, en los que se exploran las pecaminosas raíces de los errores cometidos al afrontar una encrucijada hasta tal punto decisiva que sus consecuencias perduran incluso después de cruzado el umbral de un nuevo milenio. Pero sería de nuevo poco honrado negar que, aunque me atraen poco los ejercicios de autocrítica a los que son tan afectos quienes se han asignado a sí mismos el papel de la vanguardia y se reprochan haber olvidado su deber de acompañar a las masas aun cuando éstas se desvían del recto camino (desde luego que con el propósito de guiarlas de vuelta a él apenas superen su temporaria ofuscación), estoy más tentado por la exploración de esa otra clase de errores que, en la opinión autorizada de Talleyrand (o según otros de los que gustan de citarla, del aun menos respetable Fouché), no son crímenes porque son algo todavía peor, en los que –a la luz del resultado conseguido por nuestros tenaces esfuerzos– es necesario concluir que debemos de haber incurrido abundantemente durante esos meses centrales del año 1945.

La consecuencia inevitable es que, en cuanto intento perfilar con alguna precisión la idea que me hacía del proceso que estábamos viviendo cuando su desenlace estaba aún en las manos de los dioses, acuda para ello a contrastarla con alguna de las que nos hubieran permitido alcanzar un desenlace diferente. Este modo de aproximación al tema, obligado cuando –como es aquí el caso– lo que interesa sobre todo descubrir al abordarlo es lo que en esa idea nos estimuló a avanzar con la ciega seguridad del sonámbulo sobre la ruta que nos llevó a un fin desastroso, no tiene nada de objetable, siempre que esa búsqueda se mantenga constantemente alerta no sólo frente al peligro de ceder a sugestiones provenientes de autocríticas que son a menudo mal disimulados intentos de autoexculpación, sino al que –según he descubierto– resulta para mí más insidioso, y es el de atribuirme haber llegado en esa etapa a conclusiones sobre la experiencia que estábamos viviendo que sólo iba a alcanzar retrospectivamente.

La intención autoexculpatoria es muy evidente en el diagnóstico que primero se me ocurrió para explicar ese fracaso, a saber, el ya mencionado que lo achacaba a que no habíamos percibido a tiempo que el enemigo que nos tocaría enfrentar en 1945 no era el mismo que habíamos afrontado el año anterior, del que a menudo se intenta deducir que ese desenlace poco feliz fue fruto de uno más de los muchos desencuentros que han ocurrido a lo largo de nuestra historia como consecuencia de una sucesión de desdichados malentendidos. Esa explicación plantea un obvio problema, y es que no es cierto que no hubiéramos percibido esa diferencia, o sólo lo es en la medida en que nos negábamos a tomar en cuenta la proliferación de signos que deberían habernos persuadido de que el combate que nos tocaba librar en 1945 nos planteaba un desafío mucho más serio que el que el año anterior habíamos librado con tanta fortuna contra las huestes del doctor Baldrich, comenzando por el que nos había revelado ya que el adversario que ahora debíamos enfrentar, lejos de compartir la casi sobrenatural torpeza política que había caracterizado a aquéllas, llevaba a ese campo dotes que le hacían posible obtener provechos políticos aun de los ratos que se veía obligado a pasar en el sillón del dentista.

Preferíamos en efecto ignorar esa diferencia junto con otras igualmente sustanciales y concentrar nuestra atención en la presencia de un innegable elemento común entre la situación de los profetas de la regeneración nacional que habíamos tenido que sufrir el año anterior y la de quienes en 1945 se esforzaban por dar al régimen militar un sucesor a la medida de sus aspiraciones. Era éste que ambos debían afrontar las consecuencias negativas de haber ignorado por demasiado tiempo el giro decisivo que ya al instaurarse ese régimen había tomado la guerra mundial, cuya gravedad se estaba haciendo cada vez más perceptible a medida que ésta se acercaba a su desenlace.

Se comprende entonces que cediéramos sin resistencia a la tentación de colocar a ambos enemigos bajo el signo común del fascismo, que al ubicarlos también bajo el de la derrota venía a reforzar del modo más grato el poco profético optimismo que iba a animarnos en la confrontación que se abría. Y si era ya difícil resistir a la tentación del triunfalismo cuando era todo el equilibrio del mundo el que acababa de tomar un giro vertiginoso que prometía corregir con creces las consecuencias de dos décadas de incesantes derrotas, en mi casa lo hizo aún más difícil que la primera consecuencia de ese giro hubiera sido la caída del fascismo en su tierra de origen, cuyas repercusiones locales íbamos a tener oportunidad de seguir de cerca. Recibimos la noticia de la caída de Mussolini en un llamado telefónico de la señora Luzzati, cuñada de Turin, que en su poderosa radio de onda corta escuchaba todos los días el noticioso de Radio Roma, y ese 25 de julio de 1943 comenzó a sospechar que algo raro pasaba cuando comprobó que *Giovinezza* había sido reemplazada como cortina musical por el que hoy es himno nacional de Italia; y de inmediato vio confirmada su sospecha por la lectura de un comunicado de corte que hacía saber que Su Majestad se había dignado aceptar la dimisión presentada por el Presidente de su Consejo de Ministros, en una audiencia tras la cual quien había entrado en ella como Duce del Fascismo ofrecía, desde el llano, su leal colaboración al sucesor que acababa de darle el monarca. Como era esperable, ese curioso anticlímax en el que la aventura revolucionaria abierta veinte años antes por una aparatosa marcha sobre Roma hubiera debido cerrarse sin ruido mediante un retorno a los rituales del pasado liberal abrió paso a una feroz etapa durante la cual a la guerra entre naciones se sumó la guerra civil, y desde que el armisticio de septiembre eliminó el último equívoco en cuanto a este punto, la reorientación que él significó para lo que aún sobrevivía del Estado italiano encontró eco inmediato en el *establishment* económico y social de la colonia italiana en el Plata, que no iba a desaprovechar la oportunidad de tomar definitiva distancia de las temibles listas negras inglesas y norteamericanas, forjando así en ella un inesperado consenso del que muy pocos se autoexcluyeron. Era éste desde luego un consenso basado en el silencio y la reticencia, en el que mamá –que estaba ya vinculada con el movimiento Italia Libre– entró a participar más plenamente de lo que hubiera imaginado posible cuando el Comité de Ayuda a Italia formado bajo los auspicios de ese movimiento se unificó con el que desde el comienzo de la guerra había organizado la embajada, al que se habían sumado ya los comunistas desde el momento mismo del armisticio, y desde entonces íbamos a seguir de cerca las vicisitudes de una relación que arrastraba tensiones y ambigüedades nunca resueltas (conservo todavía el recuerdo de cómo esas tensiones se sentían prontas a asomar a flor de piel en la misa de acción de gracias celebrada por iniciativa del ingeniero Di Tella en la capilla italiana de Mater Misericordiae al consumarse la Liberación, y cómo el oficiante decidió consagrarla en cambio a celebrar el fin de la guerra, quizá porque esa alternativa, que permitía a cada uno de los presentes decidir en su fuero interno qué encontraba digno de celebrarse en el acontecimiento, hacía más probable que pudiéramos terminar la fiesta en paz).

Pero en todo caso esa relación estaba siendo construida sobre el nuevo terreno creado por la victoria, como lo estaban también las numerosas iniciativas con que la Francia recién liberada se esforzaba por reconquistar esa presencia central en la vida cultural argentina que había sido tradicionalmente la suya, y que –como otro signo del cambio de los tiempos– trocaban a menudo el reducido marco ofrecido por el local del Institut Français en la bajada de Maipú por el vastísimo del Teatro Colón, que las autoridades del régimen se apresuraban ahora a poner a su disposición. En él las entradas disponibles superaban hasta tal punto el número de candidatos decididos a utilizarlas que pude asistir en la soledad de un palco *baignoire* a una conferencia de Pasteur Valéry-Radot que –aunque mortalmente aburrida en su vacía elocuencia– contribuyó también a hacerme sentir que de alguna manera las consecuencias de la victoria que aún no habíamos alcanzado estaban ya entre nosotros, lo que hacía más difícil no sentir también que alcanzarla era sólo cuestión de tiempo.

Junto con la convicción de que así era nos impulsaba a seguir avanzando cada vez más impetuosamente por la ruta que nos iba a conducir al desastre la de que nos arrastraba a ello una ola de fondo que estaba conmoviendo a la entera sociedad argentina, y ello pese a que sobre la validez de esa conclusión no nos faltaron advertencias que la ponían en duda. Ya a fines de 1944 uno de los exiliados antifascistas italianos –que se rehusaba además a convenir en que se estaba repitiendo en el Plata el trágico proceso que había conocido en Italia, basándose sobre todo para ello en una opinión entonces compartida por muchos inmigrantes, para quienes nada de lo que sucedía en la Argentina necesitaba ser tomado del todo en serio– se declaró convencido de que la Secretaría de Trabajo estaba ganando simpatías populares para el régimen militar con una eficacia mucho mayor de lo que imaginábamos. Confieso que esa advertencia me impresionó menos que su negativa a reconocer la afinidad que todos teníamos por evidente entre el proyecto del régimen militar y el implantado bajo la guía de Mussolini en su patria, no porque me hiciera dudar de que esa afinidad fuera tan profunda como la suponíamos, sino porque me hizo temer que no fuese suficientemente perceptible para ofrecer el estímulo a la movilización opositora que se esperaba suscitar al denunciarla incansablemente.

A medida que se agravaba el desconcierto con que el régimen militar descubría que sus gestos de apertura tenían por único efecto estimular a las fuerzas opositoras a adoptar un tono cada vez más desafiante acrecían mis dudas acerca de la eficacia de esas denuncias, que seguía considerando válidas en lo esencial. Así, cuando el coronel Perón decidió dirigir a la oposición estudiantil un conciliatorio mensaje radial redactado en prosa inesperadamente galana, y recibió en respuesta una riada de telegramas que mezclaban el insulto con la burla y llenaron enteras columnas de *La Prensa* (recuerdo uno enviado por alumnos de no sé qué grado de una escuela primaria de Villa María, que no estoy ahora del todo seguro de que –como me dice la memoria– interpelara al infortunado orador usando los términos de vesánico tirano) llegué a temer que la alegación de que vivíamos silenciados por el terror estuviera destinada a caer en oídos cada vez más escépticos. Y cuando poco después la hizo suya el doctor Gregorio Bermann en una gestión ante la asamblea fundacional de las Naciones Unidas en que argumentó que el delegado argentino no debía ser aceptado en su seno porque representaba a un régimen que en sus esfuerzos por aferrarse al poder no vacilaba en recurrir a medios tan horrendos como los que había conocido la Europa ocupada, me volvió a preocupar que el comentario que ese delegado ofreció al periodismo –en que se limitó a señalar que, según tenía entendido, después de presentar su escalofriante alegato el doctor Bermann se proponía partir esa misma noche de regreso a Buenos Aires– no estuviera totalmente desprovisto de fuerza persuasiva.

Pero el desconcierto con que el régimen reaccionaba –o más bien no reaccionaba– ante esas provocaciones invitaba a dejar de lado toda duda y seguir doblando a cada instante la apuesta del desafío; no ha de sorprender entonces que poco después de invadida la escena pública por las fuerzas vivas, las universidades nacionales comenzaran a avanzar con paso cada vez más decidido hacia una actitud abiertamente opositora. Si todavía a fines de julio sus rectores, reunidos por primera vez en conferencia nacional, mantuvieron en la declaración en la que se pronunciaban en favor de una restauración pronta y total de las libertades democráticas y de una adhesión plena del gobierno nacional al principio de solidaridad continental el tono propio de un diálogo cortés ya que no cordial entre la institución universitaria y las autoridades del Estado del que eran parte, el anuncio en esa misma reunión de que era su propósito crear una comisión interuniversitaria consagrada a "estudiar las situaciones que se planteen respecto de aquellos profesores que en el ejercicio de la cátedra o en su conducta ciudadana exterioricen una orientación contraria a los principios democráticos que son la esencia de nuestra organización constitucional", que no podía sino estar dirigida en primer término contra los colaboradores que habían encontrado en el seno de las universidades argentinas los agentes del régimen militar que las habían gobernado hasta casi la víspera, permitía prever que las relaciones con ese régimen iban pronto a internarse en una zona de tormentas. En efecto, una segunda reunión celebrada menos de un mes después de la primera adoptaba ya un tono muy distinto cuando recogiendo los puntos de vista expresados a título individual por algunos de sus miembros, y tras rechazar como del todo infundada la alegación ministerial de que con tomas de posición como ésas las autoridades universitarias buscaban deliberadamente elevarse por encima de su legítima esfera de competencia para constituirse en un peligroso factor adicional de perturbación, hacía constar su "opinión precisa y categórica" según la cual la única respuesta adecuada que el régimen militar podía ofrecer a la creciente agitación cívica que vivía el país era la transferencia inmediata del poder del que se había apoderado por la violencia al presidente de la Corte Suprema de Justicia, a fin de que ese magistrado convocara y organizara las elecciones generales destinadas a restaurar el orden constitucional.

Cuando se celebró esa segunda reunión rectoral la victoria de las Naciones Unidas sobre el Japón acababa de ofrecer una nueva oportunidad para que en Buenos Aires la agitación opositora intentara conquistar la calle, a la que el régimen militar, dedicado en ese momento a reclutar para sus planes de normalización constitucional a cuantas figuras lograba atraer dentro de la clase política, había respondido con un despliegue de violencia oficial y oficiosa que –al cobrar varias víctimas mortales– ofrecía un signo inequívoco de que la confrontación final entre una oposición cada vez más ensoberbecida y un régimen que daba signos de estar saliendo de su desconcertado letargo se aproximaba inexorablemente. Y al asumir en esa segunda reunión el compromiso de dar apoyo "profesional, material y moral" a los docentes primarios y secundarios amenazados de destitución por haber participado en una no muy exitosa huelga convocada en protesta por los recientes hechos de sangre, los rectores no dejaron ya duda de que las universidades estaban decididas a tomar parte activa en la ya cercana batalla decisiva, de la que la resistencia estaba segura de emerger victoriosa.

Pero quizá no necesitaría siquiera librar esa batalla: en septiembre un gigantesco desfile opositor, tras cuyos estandartes se congregaron varios centenares de miles de porteños, pareció anticipar de modo tan claro cuál había de ser el resultado del combate entre la que aún no se acostumbraba designar como sociedad civil y un régimen en agonía, que no era inconcebible que éste desistiera de librarla, renunciando con ello al proyecto de imponer un gobierno sucesor a la medida de sus deseos. No fue así, sin embargo; y un nuevo gabinete dominado por veteranos de la vieja política iba a implementar las medidas que marcaron el retorno del régimen militar a la manera fuerte con pulso más firme que sus predecesores de menos segura fe democrática; mientras el ministro del Interior, en el pasado uno de los más cercanos confidentes políticos del doctor Alvear, llenó hasta desbordar las cárceles con dirigentes de las llamadas fuerzas vivas y de las universidades, en el de Justicia e Instrucción Pública un jurisconsulto y político cuyo nombre me era familiar desde la apertura de la filial establecida en Rosario por el Colegio Libre conminaba a estas últimas, que habían decidido suspender sus actividades docentes en solidaridad con sus dirigentes reducidos a prisión, a reanudarlas so pena de ser clausuradas. Esas reacciones, que venían a recordarnos del modo más desagradable que la que a falta de un adjetivo más adecuado suele ser recordada como nuestra tradición liberal no había necesitado nunca recurrir a los argumentos teológicos favorecidos por los regeneradores que habíamos sufrido el año anterior para justificar su convicción de que la autoridad está para ser obedecida, tuvieron la virtud de comenzar a despertarme de mi sueño dogmático.

Hasta entonces había seguido bastante distraídamente el avance de
un proceso cuyo desenlace feliz estaba seguro de conocer por anticipado, hasta tal punto que muy poco que se vincule con él ha sobrevivido en mis recuerdos de los meses transcurridos entre el incidente que
puso fin al rectorado de Genta y el 19 de septiembre, cuando tuvo lugar
la Marcha de la Constitución; para ellos sólo logro extraer de la memoria algunas reuniones bastante aburridas en el piso de Reissig en Callao,
en las que el dueño de casa nos leía en voz alta comentarios acerca de
la situación argentina que sobre todo *La Prensa* reproducía abundantemente de fuentes norteamericanas y que casi siempre habíamos leído
ya en casa; recuerdo en especial su lectura de un artículo de Walter
Lippman en el que el veterano intelectual público concluía que los Estados Unidos tenían derecho a exigir de la Argentina reparaciones de
guerra, porque la neutralidad a la que ésta se había aferrado casi hasta
el fin había acrecido el costo de su defensa de las rutas atlánticas, y estoy seguro de que ese artículo me quedó grabado menos a causa de la
radical insensatez de la propuesta implícita en él que debido a la per-

Marcha de la Constitución, 19 de septiembre de 1945. Fuente: Archivo
General de la Nación.

plejidad que me inspiró la decisión de publicarlo en las columnas del diario cuando me parecía evidente que el argumento de Lippman no iba a ser bien recibido por sus lectores.

Pero no quiero seguir inventariando las ocasionales y parciales reticencias con que seguía el avance de la marea opositora, porque advierto que con ello corro el riesgo de organizar mis recuerdos de esa etapa como los de una de delirio colectivo del que sólo lograba emerger en algunos intervalos lúcidos siempre demasiado fugaces para alcanzar en ellos a madurar una visión del proceso que estábamos viviendo que me hubiera permitido quizá percibir que nos llevaba al desenlace que efectivamente iba a alcanzar. No voy a pretender entonces que, cuando al participar el 19 de septiembre en la ceremonia en la que por centenares de miles juramos ante Reissig (quien como secretario del Colegio Libre presidía el comité organizador de la Marcha) derramar hasta la última gota de nuestra sangre en defensa de la Constitución y la libertad me pareció percibir que había algo de irreal en ella, estaba desplegando una clarividencia que me había faltado sólo un rato antes, cuando había celebrado junto con los demás participantes en el evento que la huelga decretada por la Unión Tranviaria no hubiera alcanzado a empañar su brillo, sin advertir lo que tenía de ominoso que esta vez el obstáculo superado no proviniera de la policía, sino de una medida sindical que nada invitaba a concluir que hubiera sido impuesta desde fuera.

Si me resisto a la tentación de reivindicar para mí una lucidez demasiado intermitente para permitirme advertir hacia dónde nos empujaba el proceso que estábamos viviendo no es solamente porque las sugestiones que puedo haber recibido de ella fueron demasiado tenues para justificarlo, sino más aún porque estoy convencido de que su sorpresivo desenlace estuvo menos rígidamente predeterminado de lo que estamos inclinados a creer después de seis décadas de vivir con sus irremovibles consecuencias. No creo por otra parte que esta convicción deba mucho a que a ese proceso lo viví desde una posición totalmente subalterna y marginal, que sin duda contribuye a que en mi recuerdo la etapa decisiva abierta cuando el régimen militar comenzó a reaccionar frente a la ofensiva opositora se presente como una sucesión caótica de incidentes imprevistos en los que el azar no pudo sino tener un papel importante, y no lo creo porque precisamente esa imagen de un proceso que había perdido misteriosamente su rumbo cuando todo auguraba ya para él un inminente desenlace triunfal hizo que, cuando finalmente alcanzó el del 17 de octubre, inmediatamente creyera reconocer en él la clave que no había sido hasta entonces capaz de adivinar para ese cambio de curso.

Pero aquí quisiera retroceder más atrás de las imágenes del proceso clausurado en esa fecha decisiva que comencé a elaborar a partir de ella, para rescatar de modo más directo algo de la experiencia que significó vivir la etapa abierta por el descubrimiento de que la nave que debía conducirnos a una meta triunfal había comenzado a navegar a la deriva. Luego del clima fatalista que había predominado hasta casi cerrarse el año 1944 y el cada vez más eufórico que había venido a reemplazarlo, las iniciativas tomadas por el régimen militar desde que descubrió que no podía eludir un combate en el que iba a jugarse su supervivencia misma nos revelaron con brutal claridad todo lo que estaba en juego para nosotros en un proceso que, cuando lo habíamos creído ya encaminado a un inminente desenlace feliz, estaba volviendo a ubicarse inequívocamente en el terreno de lo contingente. Se encargaron de hacerlo de modo muy convincente los incesantes comunicados radiales en que el gobierno conminaba a los docentes del Instituto del Profesorado que habían firmado un manifiesto fieramente opositor (entre los cuales desde luego se contaba mi madre) a retractarse en un plazo perentorio so pena de cesantía. Aunque ella nunca consideró hacerlo, esa peripecia la llevó a echar una mirada más sobria sobre una iniciativa que no había vacilado en apoyar, en una decisión que ahora le trajo a la memoria cómo, invitada a fines de 1930 a integrar mesas examinadoras para los cursos ofrecidos por el Consejo de Mujeres, se había visto sorprendida por la ferocidad de los comentarios con que las damas que regenteaban esa institución celebraban el cautiverio que el presidente derrocado en septiembre sufría en ese momento en Martín García, que le hicieron lamentar que antes de celebrar ella misma su derrocamiento no se hubiera preguntado si éste no estaba acaso destinado a "sacar las castañas del fuego para la oligarquía" (creo que fue ésa la primera vez que le oí usar este último término). Lo que le traía a la memoria ese episodio era que sus reflexiones en torno a su reciente decisión comenzaban a girar alrededor de esa misma pregunta, en la que se podían descubrir ya anticipadas todas las ambigüedades que en los siguientes diez años se iban a ocultar bajo la superficie de la más intransigente de las oposiciones.

Lo que ya en ese momento la llevaba a negarse a deducir ninguna conclusión precisa a partir de esas dudas y perplejidades era lo que iba a llevarla a seguir haciéndolo durante esa década ante un horizonte cada vez más cerrado, y no era otra cosa que lo que una expresión ya anticuada designa como sentido del honor. Ella misma lo iba a descubrir así cuando se sorprendió contestando textualmente a un colega que la instaba a retractarse para evitar la sanción con que había sido amenazada "prefiero irme con los decentes antes que quedarme con los chupamedias", en una respuesta que la dejó tan desconcertada como a su interlocutor, menos porque en ella todos los temas que habían movilizado a la resistencia habían sido reemplazados por la invocación de esa suerte de imperativo categórico que acababa de imponerse a sí misma, que porque al articularla había llevado la contaminación entre distintos niveles de lenguaje a extremos que por entonces una señora sólo solía permitirse en la más estricta intimidad. Por mi parte creo que fue una motivación parecida la que me llevó a participar en el acto de resistencia que iba a dar motivo a mi única visita a la cárcel. Ocurrió luego de que el ministro Benítez accediera a prolongar hasta el 4 de octubre el plazo concedido a las universidades para retomar sus actividades, tal como lo había solicitado el rector de la de Buenos Aires. En uno de los primeros días de ese mes acudí a una asamblea celebrada en Exactas, y apenas comenzada ésta quienes habían tomado la iniciativa de convocarla propusieron que los presentes cerráramos las puertas de la Facultad y quedáramos custodiando el edificio hasta que venciera el plazo de gracia, para responder entonces al asalto policial con un simbólico gesto de resistencia que consistiría en no franquearle la entrada cuando fuéramos conminados a hacerlo. Apenas se abrió el tema a discusión, no faltaron concurrentes que se apresuraron a abandonar el edificio, de modo que cuando, aprobada la propuesta, la opción de retirarse de él antes de que clausuraran las puertas fue ofrecida a quienes no quisieran participar en la empresa nadie se acogió a ella. Cuando me pregunto por qué ni siquiera se me ocurrió hacerlo cuando otros lo hicieron, concluyo que sin duda influyó decididamente en ello que, tal como lo explica Alicia Jurado, quien –según descubro en sus memorias– estuvo también presente en la ocasión, "jamás habría tenido el valor de pasar por cobarde delante de la facultad entera en caso de haber elegido salir",* pero creo también que esa decisión me exigió

---

* Alicia Jurado, *Descubrimiento del mundo*, Buenos Aires, Emecé, 1989, p. 222.

aún menos reflexiones porque en ese momento me preocupaba más la suerte de limbo en que había quedado mi madre, luego de que, vencido ya el plazo acordado a los firmantes para retractarse, comenzaron a sucederse los días sin que cayera sobre ellos la sanción abundantemente anunciada desde la red nacional de radiodifusión, sugiriendo que el régimen estaba volviendo también él a navegar a la deriva, que la eventualidad de pasar algunos días en la cárcel, que precisamente por esa razón estaba lejos en ese momento de suscitar demasiada alarma.

Más que cualquier presagio sombrío acerca de nuestro futuro cautiverio nos preocupó una vez atrancadas las puertas enterarnos de que los organizadores de la encerrona no tenían nada preparado para los días que íbamos a pasar en la Facultad a la espera de nuestro arresto. A la mañana siguiente descubrimos que el cerco policial era menos estricto de lo que habíamos imaginado, y que se había abierto una vía nominalmente clandestina de aprovisionamiento que partía de la pequeña puerta lateral que el Colegio tiene sobre Moreno; en el curso de ese mismo día ese cerco fue levantado por un par de horas y ya para entonces había alrededor del edificio un hervidero de gente amiga, entre ellos muchos parientes que acudían a traernos vituallas. Por la tarde el clima cambió radicalmente, cuando los participantes en una manifestación de apoyo al gobierno reunida frente a la Secretaría de Trabajo, tras dispersar a tiros a nuestros simpatizantes y asesinar a uno de ellos, comenzaron a dirigirnos insultos y amenazas que iban a continuar por horas, mientras desde adentro se preparaba la resistencia al eventual ataque. Finalmente en la madrugada del tercer día se hicieron presentes las fuerzas del orden; como recuerda rencorosamente Alicia Jurado, los invasores partieron de "las azoteas contiguas de la iglesia de San Ignacio, que les habían sido franqueadas por los sacerdotes". Su conducta no pudo ser más circunspecta; al parecer habían temido afrontar en la Facultad tácticas de resistencia inspiradas en las legendarias hazañas de los mineros asturianos durante la guerra civil española, y solicitaron que uno de nuestros dirigentes acompañara a su jefe en una recorrida general del edificio para cerciorarse de que no ocultaba ninguna celada mortal. Supongo que quienes vinieron a arrestarnos no habían comunicado a sus superiores cómo habían decidido encarar la toma de Exactas, porque cuando los camiones celulares nos depositaron en el Departamento de Policía los pesquisas entre los cuales tuvimos que avanzar a paso vivo, creyendo sin duda que habíamos sido ya tan duramente castigados como quienes se habían encerrado en las demás facultades, sólo nos hicieron blanco de algunos desganados golpes de circunstancias.

En el cuadro quinto de Devoto, vaciado de los integrantes de las fuerzas vivas ingresados en él la semana anterior, los presos de Química, que habíamos logrado reunirnos en grupo y apoderarnos de un ángulo del recinto, tuvimos por vecinos a nuestra izquierda a algunos de Filosofía que habían conquistado una franja cercana a una de sus paredes, y sobre la que hacía ángulo con ésta a un más nutrido grupo de Ingeniería, mientras hacia el interior uno de comunistas de distintas facultades convivía no sin tensiones con otro de pitucos de Derecho (uno de este último grupo ya en las primeras horas recibió de su casa un deslumbrador pijama de seda de color celeste, que iba a usar durante los cinco días que duró nuestro cautiverio).

Ahora los envíos de casa, que en la Facultad habían ido a un fondo común, nos eran entregados individualmente y con celeridad ejemplar por el personal de la cárcel, y comenzamos a recibir visitas de la familia; no eran ésos los únicos signos de que la situación era de nuevo fluida; ya en el primero o segundo día recibimos la de los magistrados de la Cámara Federal, quienes –supongo que por primera vez desde la jura de la Constitución– decidieron verificar si se cumplía lo preceptuado en ella acerca de la limpieza y salubridad de las cárceles; al día siguiente un oficial de policía subido en una de las mesas nos indicó que bastaría que enviáramos un mensaje colectivo al subjefe de la institución en el que nos declarábamos arrepentidos de haber participado en la toma de las facultades para que recuperáramos inmediatamente nuestra libertad, pero apenas descendió de la improvisada tribuna en medio de un universal silencio fue reemplazado en ella por el ingeniero Durelli, quien había decidido como egresado de la casa sumarse a la ocupación, y –totalmente desnudo porque había debido interrumpir su baño para arengarnos– nos conminó del todo innecesariamente a responder con el desprecio a esa vergonzosa propuesta. Desde entonces iban a sucederse en esa palestra los oradores que nos incitaban no menos innecesariamente a perseverar en la resistencia, mientras los comunistas tomaban la iniciativa en la introducción del canto coral, con un repertorio dominado por las canciones de la guerra española, en que como era esperable ocupaba el lugar de honor *El Quinto Regimiento*.

Pero el tono épico de discursos y canciones no reflejaba con exactitud el temple de una experiencia bastante más parecida a la que conocíamos de los laboratorios de trabajos prácticos, aunque aquí lo que nos tenía permanentemente movilizados era la defensa de la cuota de espacio que nos permitía a todos dormir acostados o por lo menos arrimados a la pared, para envidia de algunos de nuestros vecinos; pronto íbamos a encontrar otro elemento común a ambas experiencias en la sensación de tiempo vacío, que en el laboratorio provenía de la falta de toda sorpresa en unos trabajos prácticos que como ya indiqué eran poco más que ejercicios de aprendizaje en el manejo del material, pero ahora reflejaba simplemente el hecho de que en la cárcel el tiempo estaba en efecto vacío. Nuestras conversaciones iban un poco a la deriva; recuerdo que dedicamos horas a discutir si un compañero oriundo de la que había sido ciudad libre de Danzig podría aún hacer uso de la cuota fijada para sus nativos por la ley de inmigración entonces vigente en los Estados Unidos –que, según le habían informado, era la única que nunca era cubierta con creces por los postulantes– para emigrar a ese país. El hecho de que ninguno de nosotros tuviese la más mínima idea ni acerca del marco legal del problema, ni de las consecuencias que podía tener que la ciudad alemana de Danzig se estuviera metamorfoseando en ese mismo momento en la polaca de Gdansk, lejos de hacer imposible la discusión, amenazó con hacerla infinita, hasta que abandonamos por cansancio ese tema para encarar otros que resultaron menos memorables.

Cuando finalmente nos dejaron en libertad descubrimos que la situación se había hecho en efecto fluida, y que, tal como lo había anticipado la noche anterior un rumor carcelario, Perón acababa de renunciar a todos sus cargos en el gobierno. Pero esas renuncias, que venían a ser el primer efecto importante de la entrada del conflicto entre gobierno y oposición en su etapa crítica, no habían alcanzado a determinar cuál sería su desenlace, y el temple reinante en las filas de esta última, por lo que pude percibir en ese momento, parecía estar caracterizado por el desconcierto, en lo que probablemente no se diferenciaba demasiado del que debía de dominar en las opuestas.

El 12, alertado por las radios, que aprovechando el momentáneo colapso del control al que vivían sometidas invitaban insistentemente a sus oyentes a congregarse en muchedumbre en la Plaza San Martín para demandar de los oficiales reunidos en informal asamblea en el Círculo Militar que se pronunciaran a favor del inmediato traspaso de todos los poderes del Estado al presidente de la Corte Suprema de Jus-

Tulio Halperin, de retorno de unos días en la cárcel de Devoto.

ticia, me acerqué a la plaza, donde me sorprendió encontrar una concurrencia bastante más escasa de lo que había esperado, y que no había conservado nada de la casi coreográfica disciplina que había caracterizado a la Marcha de la Constitución, que con sus comisarios ritmando la velocidad de avance de las columnas encabezadas por gigantescos cartelones en que los incansables aprendices del taller de Antonio Berni habían reproducido las efigies de los númenes de la nacionalidad se había ajustado ya a los rigurosos cánones de las que en décadas siguientes iban a multiplicarse desde Leipzig hasta Praga o Bucarest y aún hoy se celebran en Beijing y Pyongyang. Aquí no había nada de eso, y aunque los coros del Partido se atenían estrictamente al libreto que demandaba el traspaso del poder a la Corte, no faltaban los espontáneos que agregaban a esa demanda la de un tribunal de Nurenberg que enviara al patíbulo a los culpables de haber incurrido en colaboracionismo con la dictadura. No estoy seguro con todo de que esas intervenciones, o la aún menos oportuna de la dama que golpeó con su paraguas a uno de los oficiales que habían salido un instante a tomar aire, contribuyeran tanto como algunos iban a sugerir luego a preparar el desenlace alcanzado cinco días más tarde. Me parece probable en efecto que, como aseguraba después Juan D'Alessio, el marido de Ana Sofía Weber, quien tuvo siempre inquietudes políticas y, contando con algunos militares en su familia, se había unido a los debates del Círculo Militar con el propósito de asesorar a quienes quisieran consultarlo, en ellos el desconcierto había sido tal que estuvieron de antemano condenados a no llegar a ninguna parte.

El tiroteo que, varias horas más tarde de que abandonara el decepcionante espectáculo ofrecido por la plaza, puso fin a la manifestación, durante el cual la policía volvió a cobrar una víctima fatal, reveló hasta qué punto la crisis seguía teniendo un final abierto; y al día siguiente el pesimismo sobre su curso futuro era ya tan intenso que la versión según la

Acto en Plaza San Martín, 12 de octubre de 1945. Fuente: Archivo General de la Nación.

Acto en Plaza San Martín. Reclamo ante el Círculo Militar. Fuente: Archivo General de la Nación.

cual los estudiantes recientemente liberados seríamos nuevamente arrestados encontró crédito suficiente para que muchos decidiéramos ir a pasar unos días en casa de parientes, una precaución que en esos tiempos era aún considerada totalmente adecuada, pero ya antes del 17 estaba de vuelta en casa, y desde ella vi marchar por Santa Fe el 18 a algunos rezagados celebrantes de su victoria del día anterior, que lo hacían con la lentitud esperable de quienes habían dejado atrás una agotadora jornada de largas caminatas y fuertes emociones. Unos días más tarde el recrudecimiento del mismo rumor me hizo volver a mi refugio, esta vez sólo por una noche porque en el clima menos alborotado pero no por eso menos optimista que luego del 17 se instaló en la que aún gustaba de celebrarse a sí misma como la resistencia los rumores de esa índole encontraban un eco cada vez más efímero.

Es hoy muy fácil ver en ese optimismo de la oposición el signo de una ya irremediable pérdida de contacto con la realidad, una de cuyas consecuencias fue que nadie advirtiera a tiempo que una campaña electoral requiere tácticas distintas de la que había buscado persuadir al cuerpo de oficiales de que seguir sosteniendo al régimen por ellos instalado en el poder en 1943 les significaría un costo destinado a hacerse pronto insoportable. Pero el optimismo que llevó a la oposición a concluir que no necesitaba afinar la puntería para emerger triunfante de la inminente prueba electoral, aunque se iba a revelar errado, era menos evidentemente infundado de lo que hoy nos parece, ya que se apoyaba en el dato irrecusable de que menos de tres años antes los partidos que se ahora se ubicaban en la oposición habían contado con el apoyo del 100% del electorado, para concluir de ello que partiendo de esa base podían enjugar fuertes pérdidas sin arriesgar por eso su supremacía. Así, en el banquete que el Colegio Libre ofreció a sus socios incluidos en las listas de candidatos de los partidos democráticos, Arturo Frondizi le aseguró a papá que, contra lo que anticipaban otros pronósticos infundadamente optimistas, en la capital la del peronismo iba a hacer una excelente elección en la que podía aspirar a reunir hasta 60.000 votos. Alcanzaría una cifra más de cuatro veces más alta, pero toda la historia electoral argentina sugería que hazañas como ésa eran en extremo improbables; salvo precisamente en la capital y en medida menor en la primera provincia, la introducción de la Ley Sáenz Peña había dado lugar a una rápida consolidación de bloques electorales que desde entonces lograron resistir con notable éxito la corrosión habitualmente causada por el paso del tiempo y por los cambios en la coyuntura política; así, luego de una década de fraudes electorales cada vez más escandalosos, en las elecciones bonaerenses de 1940, en las que los votos habían sido por una vez honradamente contados, el porcentaje de los obtenidos por el radicalismo sólo se había apartado en un 0,04% del alcanzado por ese partido en la última elección previa cuando también lo habían sido, celebrada en 1931.

Se comprende entonces que las oposiciones, contando con una segura victoria, se prepararan ya a retomar sus anteriores rivalidades; en esa misma conversación Frondizi había anunciado que la corriente intransigente se disponía a abrir comités en todo el país a fin de organizar desde ellos la oposición al gobierno de Tamborini, y en la capital el socialismo, que invocando su triunfo electoral de 1942 se proclamaba de antemano vencedor en las elecciones parlamentarias, en las que debía enfrentar al radicalismo, su rival casi siempre exitoso desde la implantación de la Ley Sáenz Peña, había encontrado uno nuevo en el comunismo, que por su parte prefería invocar en su favor el papel protagónico que la Unión Soviética tenía asegurado en el mundo de posguerra gracias a su reciente y abrumadora victoria. Esta última rivalidad iba a tener para mí inesperadas consecuencias. Ocurre que cuando los comunistas decidieron adoptar la táctica que estaba probando ser tan eficaz en Francia e Italia, y presentarse también en la Argentina como los principales paladines de la Resistencia, organizaron para ello una lista a la que bautizaron precisamente como de Unidad y de la Resistencia, donde a más de la adhesión del Partido Demócrata Progresista reclutaron la de figuras independientes, y Roberto Giusti aceptó integrarla en ese carácter como candidato a diputado. De inmediato se consagraron a reunir firmas de adhesión a cada uno de sus candidatos por separado, y eso puso a mis padres en situación delicada, porque ambos acababan de afiliarse al socialismo, al que papá había estado siempre muy cercano, y no podían entonces otorgar las suyas. Me pidieron que firmara yo en su lugar, para que la familia no estuviese del todo ausente, a lo que asentí con mucho gusto. Vino a casa Enrique Pezzoni, portador de toda clase de papeles de los que lo había provisto la siempre admirable organización del Partido, para recoger mi firma, incluida luego en un elegante desplegable ilustrado en la portada con una muy lograda foto de don Roberto tomada por Anatole Saderman, a quien el Partido había encomendado las de todos sus candidatos. La consecuencia fue que desde entonces hasta que el padre de una ex alumna de papá en el Profesorado fue nombrado Jefe de Investigaciones de la Policía cada certificado de buena conducta iba a requerir una visita mía a la Sección Especial, a la que no me iba a resultar grato ser citado luego de años de leer en *Crítica* tantas morosas descripciones de las horrendas torturas de las que era teatro habitual. Pero eso estaba en el futuro, en ese momento esperábamos confiados otro futuro muy distinto mientras seguíamos la campaña de los partidos de la Unión Democrática abundantemente fotografiada por los diarios (recuerdo una toma muy linda que sacó *El Mundo* de la proclamación de la lista de Unidad y de la Resistencia en Plaza Once con Beatriz en el palco cantando *La Internacional* junto con la plana mayor del Partido).

Giusti no sólo compartía ampliamente esa confianza, sino que prestando plena fe a los pronósticos de los organizadores de la lista (el deslumbramiento que causaba en ese momento la superior organización y la incansable militancia de los comunistas hacía que no sólo él les atribu-

Acto de lanzamiento de la fórmula de la Unión Democrática. Fuente: Archivo General de la Nación.

yese mayor sagacidad política que la que iban a revelar apenas tuvieron oportunidad de hacerlo) vaticinaba también que ésta iba a ser la vencedora entre las de oposición. Se complacía a la vez en ofrecer un pronóstico particularmente pesimista sobre las perspectivas del socialismo, basándose en las confidencias de un sindicalista militante del que había sido su partido, al que había visitado en su casa de La Boca en el curso de la campaña, quien le aseguró que mientras él desde luego iba a votar por el socialismo, su yerno lo iba a hacer por Perón, y que esta división generacional estaba bastante generalizada en las familias de vieja lealtad partidaria. Pero en ese despliegue de pesimismo estrictamente limitado a las perspectivas electorales del que desde hacía casi dos décadas había dejado de ser su partido preferimos ver sobre todo un intento de reprimir cualquier duda que pudiera inspirarle el camino que había tomado para reintegrarse a la vida política, lo que hacía innecesario preguntarnos si podía acaso tener alguna base en la realidad.

Al evadir esa pregunta, cuando no faltaban motivos para formularla, no hacíamos sino conformarnos a una pauta absolutamente dominante en el entero arco opositor. Recuerdo de diciembre de 1945 la reacción de una asamblea de estudiantes que desbordaba el Aula Magna de Exactas cuando un orador, de retorno de la provincia de Santa Fe, nos hizo saber que lo que allí había visto y oído había sido suficiente para convencerlo de que vivíamos en un paraíso de tontos, de que las elecciones iban a perderse y al año siguiente sólo sesionarían en esa misma Aula Magna las asambleas de la única organización estudiantil que estaría autorizada a funcionar en la facultad, porque habría sido creada para servir a la línea política del triunfador. Luego de unos instantes de silencio pudo oírse una repulsa cada vez más indignada, que sin duda reflejaba menos la seguridad de que ese pronóstico estaba errado que la airada negativa a considerar siquiera la posibilidad de que no lo estuviese, y esa reacción anticipaba ya qué difícil nos hubiera resultado aclimatarnos en el territorio de la derrota, si así lo hubiéramos intentado. No lo hicimos, salvo en algún fugacísimo titubeo inicial; íbamos en cambio a abroquelarnos en la negativa a dar por válido su veredicto y por permanentes a sus consecuencias, y nos iba a ayudar a perseverar en esa actitud la insistencia del vencedor en recordarnos que después de haberlo desafiado sin éxito no podíamos aspirar a ocupar lugar alguno legítimo en la que comenzaba a conocerse como la Nueva Argentina.

En este punto creo que ofrecieron una valiosa lección los resultados que obtuvo el Partido Comunista cuando luego de la victoria de Perón se declaró dispuesto a seguir participando en la arena política en el nuevo marco instaurado por ésta. La primera consecuencia fue la pérdida en un solo instante de la respetabilidad que les había llevado largos años ganar a los ojos del entero arco de las fuerzas políticas tradicionales; la segunda fue una acentuación de la hostilidad del vencedor, quien recomendó de inmediato a sus seguidores que ante cualquier tentativa de acercamiento de esos lobos disfrazados con piel de cordero se limitaran a responderles, como en los Carnavales, "te conozco, mascarita". Esa recepción no la tenía preparada sólo para los comunistas; así lo reflejaba el tenor de la entrevista que iba a mantener con la comisión directiva del Centro Argentino de Ingenieros, que al ser anunciado el primer plan quinquenal la había solicitado a propuesta de su secretario Ricardo Ortiz con el propósito de ofrecerle su colaboración en esa ambiciosa empresa. Por razones fácilmente comprensibles, esa propuesta –del todo análoga a las que en ese momento en las organizaciones "cercanas al Partido" no suscitaron por lo general reacciones favorables– fue inmediatamente aceptada, y concertada con éxito la entrevista, pero –por lo que después contaba el mismo ingeniero Ortiz– los directivos del Centro iban a comprobar demasiado pronto que Perón sólo la había concedido para tener el placer de comunicarles personalmente que debían renunciar a cualquier esperanza de sacar algún provecho de las grandiosas obras públicas incluidas en el plan. Su mensaje fue en efecto tan conciso como contundente: ellos habían jugado y habían perdido, y como por otra parte él podía prescindir de sus servicios sin daño, ya que había en Europa una multitud de ingenieros mucho mejores que ellos y dispuestos a dar lo mejor de sí mismos trabajando por trescientos pesos al mes, sólo le quedaba desearles muy buenas tardes.

La Universidad también había jugado y perdido, y las consecuencias se hicieron sentir muy pronto, con una intensidad que dependía bastante del celo de los agentes de la intervención en las distintas facultades; así mientras en Económicas la lenidad de quien allí actuaba motivó una infructuosa gestión del entonces joven militante Antonio Cafiero ante la esposa del Presidente en procura de una depuración más rigurosa, en Filosofía cualquier gestión análoga hubiera sido superflua frente a la que estaba llevando adelante Enrique François, quien –si en el pasado no había manifestado ninguna inclinación por el movimiento triunfante– había en cambio madurado rencores cuya insospechada intensidad iba a reflejarse en el ánimo feroz con que encaró la depuración del cuerpo docente en la facultad puesta bajo su tutela.

Pero, así fuese con intensidad variable, la oleada depuradora estaba alcanzando a todas las universidades argentinas, y avanzaba también más allá de ellas, en una sucesión de episodios que encontrábamos cada vez más escandalosos, al compás de los cuales se estrechaba cada vez más la solidaridad de quienes habían comenzado por no tener en común otra cosa que su compartida marginación. Así, cuando la Comisión Nacional de Cultura decidió no seguir la recomendación del jurado que proponía otorgar el primer Premio Nacional de Historia y Ensayo a *El profeta de la pampa* de Ricardo Rojas, el hecho de que a esa altura de los tiempos Rojas estuviera lejos de suscitar una admiración unánime y sin mezcla no impidió que la decisión fuera recibida con un coro de protestas sinceramente indignadas, a las que se sumó Borges con una elegantísima página en la que, recurriendo a la problemática que ya había brillantemente ilustrado en "La lotería en Babilonia", concluía que la negativa a refrendar el fallo del jurado no había sido fruto del azar, sino que a través de ella la Comisión había decidido rendir tributo al nazismo ambiente, con lo que lograba eludir la obvia cuestión de si en efecto Rojas merecía el premio que le había sido negado, a la que le hubiera resultado quizá difícil dar una respuesta inequívocamente afirmativa.

Por esos meses también Borges necesitó su desagravio, cuando –en un episodio que tiene ya su lugar asegurado en los anales de la historia nacional– el intendente de la Capital decidió que luego de haber por años prestado servicios en una biblioteca municipal debía comenzar a hacerlo como inspector en los mercados del municipio. Mis padres fueron al banquete que se le ofreció en esa ocasión, que según mamá estuvo mucho más concurrido que el que en 1942 lo había desagraviado cuando *Ficciones* fue derrotada en la competencia por el Premio Municipal por *Un lancero de Facundo*, de Fausto Burgos, en parte porque, reflejando esas nacientes nuevas solidaridades, estuvieron presentes algunos de los que en esa otra ocasión habían estado representados por el muñeco vestido de académico que la había presidido colgado del cielorraso. Del de 1946, en el que en un vasto local donde reinaba un frío glacial Borges iba a leer uno de sus más eficaces textos políticos, papá volvió con un catarro que tras deslizarse a pulmonía desembocó en una endocarditis a la que sólo iba a sobrevivir gracias a la reciente introducción de la penicilina, pero que iba a agravar su ya seria deficiencia cardíaca exponiéndolo a crisis recurrentes que terminarían por hacer de él un semiinválido. Luego de la primera de ellas, que lo sorprendió en Punta del Este, debimos renunciar a nuestras largas vacaciones en la costa uruguaya ante esa prueba de que ya no podía soportar el aire marino.

Mamá seguía enseñando en el Profesorado, donde a sus cursos en la sección de Italiano agregó el de Literaturas Meridionales en la de Castellano; gracias a que las autoridades de la casa nada deseaban menos que agudizar tensiones en su cuerpo docente, la adecuación al clima de la Nueva Argentina no tenía allí por el momento consecuencias demasiado penosas, y aunque la preocupación de que pudiera alcanzarlas en un futuro quizá no demasiado lejano ponía una nota de precariedad en una experiencia que seguía encontrando por otra parte muy satisfactoria, una vez que por sugerencia suya Arturo Frondizi logró introducir en el Estatuto del Docente un artículo que autorizaba la jubilación parcial, se apresuró a acogerse a ella en el Sarmiento para concentrar todas sus actividades en el Instituto.

Que pudiera hacerlo así ofrece un útil recordatorio de que en ese momento la situación presentaba rasgos menos extremos que los que a menudo se asignan desde su origen mismo a la experiencia política abierta en 1946; faltaban en efecto aún algunos años para que la función legislativa del Congreso se redujera a sancionar proyectos originados en las distintas secretarías de la Presidencia de la Nación, y las adiciones propuestas en comisión por un diputado opositor podían a veces ser incluidas en el texto finalmente aprobado para una nueva ley. Pero si el régimen estaba aún lejos de alcanzar los objetivos que pronto iba a hacer suyos bajo el signo de la comunidad organizada, lo que no había perdido ni iba a perder tampoco en el futuro nada de su firmeza originaria era la negativa –unánime en las filas opositoras– a reconocerlo como legítimo, que llegó a inspirar en ellas una preocupación casi obsesiva por la posibilidad de que una circunstancia imprevisible hiciera necesario estrechar la mano de Perón. Es fama que ése era entonces el tema de una recurrente pesadilla de Borges; transcurría ésta en un vagón del subte a Chacarita, donde un Perón sonriente avanzaba hacia él con la mano tendida y, cuando el durmiente advertía que no tenía ni la voluntad ni las fuerzas necesarias para rehusarse a estrechársela, el horror que le inspiraba la inminencia de ese gesto deshonroso le permitía evadirse de ella en un brusco despertar.

El eco alcanzado por esa historia tan quintaesencialmente borgeana ofrecía un testimonio totalmente fidedigno de la gravedad que se reconocía al dilema que se plantearía apenas ella lograra evadirse de ese mundo paralelo que es el de los sueños para invadir el de la vigilia. Se recuerda aún cómo el arquitecto Fermín Bereterbide, pionero de la vivienda popular a quien Buenos Aires debe tanto el barrio Los Andes aledaño al cementerio de Chacarita cuanto el admirable edificio de viviendas de la cooperativa El Hogar Obrero en Caballito, optó por dejar al Presidente de la República con la mano tendida y pagó por ello el precio que todos habían anticipado. Por mi parte puedo recordar algunas de las reacciones provocadas por la decisión de Bernardo Canal Feijoó, cuando éste hizo suya la alternativa opuesta. Es verdad que difícilmente hubiera podido esperarse otra actitud de un integrante de comisión directiva de la Sociedad Argentina de Escritores, que había previamente aceptado la invitación formulada por el Presidente de la República a reunirse en su despacho con los dirigentes de la rival Asociación de Escritores Argentinos (fundada por iniciativa de Manuel Gálvez cuando los ecos de la guerra civil española llevaron las tensiones dentro de la SADE a niveles insoportables), en la que el invitante tranquilizó a los concurrentes al asegurarles que no era su propósito –como en efecto habían temido– prohijar la fusión de ambas asociaciones, sino tan sólo invitarlas a que desistieran de sus ataques recíprocos, para conducirse en adelante –tal como sugirió recurriendo a una comparación quizá no del todo feliz– como dos caballos que habrían entendido por fin que su deber era tirar del mismo carro. Pero cuando, el día en el que para desgracia de Canal Feijoó la fotografía del momento en que estrechaba la mano presidencial ilustraba en más de un diario la crónica de la reunión enviada desde la Secretaría de Prensa de la Presidencia, se reunió en casa la comisión organizadora de una Asociación de Cultura Argentino-Italiana entonces en gestación, el tema ofrecido por su público desliz desplazó por completo el del problemático futuro de la institución que se estaba fundando. Mientras todos convinieron en que Canal Feijoó había incurrido en una innegable claudicación (un término que había adquirido por entonces un significado tan preciso como el de los delitos tipificados y sancionados en el Código Penal), alguien alegó en su defensa que no teniendo fortuna personal y no habiendo por años ejercido en forma independiente la abogacía, hubiera sido demasiado pedirle que pusiera en riesgo su cargo en la oficina legal del Banco Hipotecario, que era lo único que protegía a su familia de la indigencia, y luego de algunas intervenciones tremendistas que exigían de él un heroísmo dispuesto a ignorar todos los riesgos, se convino en que contactos como ése del que acababa de ser parte, aunque en principio siempre reprobables, podían en algunos casos extremos ser considerados disculpables.

Y por fortuna esos casos eran menos frecuentes de lo que hubiera podido temerse. Ahora el destino que yo había aprendido a temer desde que en mi más temprana infancia había sido testigo del enigmático diálogo entre mis padres acerca de las consecuencias de la publicación del propio nombre en *Crisol* era el de muchos amigos separados de sus cargos, y casi todos ellos estaban encontrando la intemperie de la calle más acogedora de lo que siempre habían supuesto. En medio de la alocada prosperidad de esos breves años en que la Argentina fue en efecto una fiesta, las oportunidades de reemplazar con ventaja lo perdido como consecuencia de la derrota no iban a faltar; así, sólo como cesante iba

José Luis Romero a estar en condiciones de abordar la compra de casa y automóvil, y luego la construcción de una de verano en Pinamar, y tanto él como Jorge Romero Brest pudieron contar casi de inmediato con la alternativa ofrecida por la editorial Argos, que ingresaba en el mercado con recursos más abundantes de lo habitual entre las muchas que en ese momento lo hacían, y con ese sello lanzaron y dirigieron excelentes colecciones que alcanzaron discreto éxito, pero pronto a esa oportuna alternativa se iban a agregar otras. Y –aunque innegablemente esas actividades les requerían más tiempo de lo que hubieran querido– ni siquiera en este aspecto su situación había empeorado respecto de la afrontada por ellos cuando les había tocado sobrevivir acumulando múltiples cargos en el aparato educativo del Estado.

Se comprende entonces que, aunque yo no olvidara ni por un momento la derrota sufrida y sintiera como una humillación incesante vivir sometido al régimen nacido de ella, la sorda amargura que esa situación me inspiraba conviviera con una actitud general que –aunque no lo advertía del todo– seguía siendo tan firmemente optimista que me lleva hoy a preguntarme, ante el desolador testimonio que acerca de esos años nos dejó Victoria Ocampo en sus cartas a Roger Caillois, cómo es posible que ambos los hayamos vivido en el mismo país. Sin duda yo no dejaba de percibir las innovaciones no siempre gratas introducidas en nuestra vida cotidiana como consecuencia de las transformaciones en curso en la economía y la sociedad argentinas más bien que de las específicas iniciativas del nuevo régimen (así, si ya nunca íbamos a contar en nuestro personal doméstico con nadie digno de reemplazar a las admirables hermanas Fontana, veníamos a compartir con ello –y aun eso en forma atenuada– el que comenzaba a ser el destino de las clases medias a ambos lados del Atlántico). Prefería en cambio no percibir que algunas de esas iniciativas nos beneficiaban cada vez más; éramos particularmente ciegos a lo que significaba para nosotros la vigencia constantemente renovada de la ley de alquileres, que erosionó progresivamente la renta que debíamos transferir al propietario, e iba a culminar cuando ya nos gobernaba el general Aramburu en el despojo final de ese mismo propietario, forzado a vendernos el departamento de Santa Fe por un precio proporcional a la totalmente irrisoria que en ese momento percibía.

Si había muchas razones para que la directora de *Sur* y yo viviéramos esa experiencia con temples de ánimo tan distintos, la aquí más relevante era que, mientras Victoria Ocampo sufría porque, a la vez que el mero paso de los años la estaba despojando inexorablemente de su futuro personal, ese futuro se estaba desvaneciendo también para el específico entorno argentino que había sido el suyo, al que veía disiparse irreversiblemente ante sus ojos, no había nada en mi experiencia que me llevara a compartir la desesperada pero a la vez resignada melancolía que caracterizó su mirada al porvenir durante los años peronistas. Precisamente porque, cuando yo lo imaginaba, sumaba, a mi incapacidad (o escasa voluntad) de advertir todo lo que en mi visión proyectaba hacia él rasgos positivos del presente que eran fruto de políticas del gobierno cuya existencia deploraba, la más auténtica de percibir que esas políticas difícilmente podrían ser sostenidas por largo tiempo, y el optimismo que era consecuencia de esa doble ceguera intensificaba mi aversión a un régimen que no ocultaba su intención de excluirme de un porvenir que se me antojaba promisorio.

Mi experiencia en Exactas contribuyó muy poco a mantener viva en mí la conciencia de una marginación a la vez impuesta por quienes podían hacerlo y orgullosamente asumida por quienes eran sus víctimas. De las profecías que tanto nos habían escandalizado en diciembre de 1945, la única que no iba a resultar certera era la que había vaticinado que al finalizar el año siguiente los centros de estudiantes habrían dejado paso a un sindicato único al estilo del entonces impuesto en España; en diciembre de 1946 la tienda del Centro de Estudiantes de Ingeniería continuaba tan activa y próspera como siempre, y la situación no había cambiado al mediar 1947, cuando abandoné la Facultad junto con los estudios de química. En esa etapa ejercía en la casa un muy fuerte influjo un sector católico basado predominantemente en la escuela de Arquitectura, decididamente más sensato que el que en 1944 lo había fugazmente ejercido en el entero campo educativo, y bajo su égida Exactas sufrió sólo muy atenuadamente las consecuencias de la purificación política desencadenada por el doctor Oscar Ivanissevich como interventor en la Universidad. Sin duda, era razonable temer que la decisión de rehacer desde la cumbre del poder a la entera sociedad argentina sobre las pautas de la que iba a llamarse comunidad organizada, que todo anunciaba destinada a hacerse sentir hasta en sus más remotos rincones, no iba a detener indefinidamente sus efectos en el umbral de Exactas, pero como no había esperado nunca encontrar en la Universidad el marco para mi futura vida profesional, de la que en verdad me hacía una idea bastante nebulosa, no creía que esa consideración debiera preocuparme demasiado en el plano personal.

Y el ambiente de la Facultad tenía otros atractivos, a más del de estar tan poco afectado por la crispación creciente que partiendo de la esfera política avanzaba sobre todas las restantes de la vida nacional. En ella la noción de que todos los integrantes del cuerpo de profesores tenían la competencia necesaria para integrarlo, que en el Colegio –tan orgulloso del nivel excepcionalmente elevado de su personal docente– debía admitir la presencia de algunas excepciones, y –como pronto iba a descubrir– tanto en Filosofía como en Derecho convivía dificultosamente con la noción opuesta, estaba tan arraigada que al juzgar a nuestros profesores ni siquiera computábamos esa competencia que dábamos por descontada como un punto en su favor. Y por otra parte apreciaba mucho el estilo de intercambio personal e intelectual que aspira a predominar en las llamadas ciencias duras, tan distinto del que conocía como curioso espectador del campo de las humanidades, donde la noción de que existen criterios objetivos y por lo tanto compartibles para arbitrar conflictos y rivalidades era ya ignorada en los hechos a la espera de ser recusada también en el plano teórico. El clima reinante entre el estudiantado de química, en el que estaba cada vez más integrado no sólo a través de mis compañeros de promoción sino también de los de la siguiente, a la que se había incorporado mi hermana, lo encontraba excitante sin llegar a ser perturbador. El reformismo conquistó finalmente el Centro de Estudiantes, y en él los comunistas, confiados en conquistar la hegemonía, encontraron un obstáculo inesperado cuando dentro de la mayoría que hasta entonces les había opuesto sólo una blanda y amorfa resistencia se perfiló un combativo núcleo anarquista. Su caudillo era César Milstein, luego célebre por otras razones, que se reveló dotado de un espíritu organizador y sistemático poco acorde con la ideología que lo inspiraba, tanto en la creación y administración de una tienda con la que el centro de Química seguía (aunque innegablemente a distancia) el ejemplo del de Ingeniería, como en la de los campamentos de verano en los lagos del Sur, y tenía algo de tranquilizador que, mientras desde la calle llegaban los ecos de los ruidos de construcción de la sociedad organizada, en ese pequeño mundo el dilema más urgente volviese a ser el que hacía casi un siglo había enfrentado a Marx y Bakunin.

En ese marco inesperadamente plácido no podía dejar de percibir de modo cada vez más claro que desde que había ingresado en la carrera de Química no había hecho más que deslizarme hacia adelante en un avance libre de peripecias enojosas pero que no me había deparado ninguna exaltante sorpresa, y eso me llevaba a preguntarme con creciente frecuencia si el camino que había tomado era en efecto para mí, como no lo había hecho al ingresar en esa carrera, pese a que ya entonces no habían faltado indicios que hubieran podido sugerirme la duda. No me la inspiró por cierto mi incapacidad –por otra parte muy ampliamente compartida– de desarrollar un interés suficientemente intenso por los cursos y trabajos prácticos de química analítica u orgánica, sino el descubrimiento que hice cuando luego de tomar el admirable curso de física que dictaba Teófilo Isnardi busqué temas que esperaba más capaces de interesarme en física y físico-química y advertí que para moverme con soltura en ellos necesitaba adquirir un dominio sólido de otros más básicos, sobre todo pero no exclusivamente en matemáticas.

Descubrí entonces que no estaba dispuesto a hacer el esfuerzo que me hubiera permitido establecer con esas disciplinas una relación menos remota que cuando leía en la *Revista de Occidente* artículos sobre la teoría de la relatividad que estaba resignado de antemano a entender menos que a medias, y, aunque me era muy difícil no concluir que si ése era mi estado de ánimo perseverar en el camino que había elegido sólo me hubiera permitido llegar a ser un profesional mediocre y un hombre profundamente desdichado, era ésa una conclusión que iba a tratar desesperadamente de eludir. Y ello no sólo por las razones que, como había aprendido desde chico, hacían poco aconsejable buscar un modo de vivir en el campo de las humanidades, al que era claro que me llevaba una espontánea inclinación. Tenía ahora otra razón aún más convincente, y era ésta que había pasado ya más de dos años en la carrera de química, y me resultaba muy duro anunciar a mis padres, que no eran ricos y cuya situación económica podía en cualquier momento hacerse aún más precaria, que a los veinte años había decidido abandonarla para abordar otra distinta. Por dos meses traté de ignorar mi ya absoluta seguridad de que en química no tenía nada que hacer, hasta que finalmente me resigné a enfrentarlos con esa dura nueva. Debo decir que la recibieron con menos sorpresa de lo que yo había esperado; al parecer hacía años que sabían que la química no era para mí, y meses que sospechaban que yo también comenzaba a advertirlo, de modo que cuando les dije que quería estudiar historia, después de replicarme que en ese caso tenía que estudiar también derecho, porque las probabilidades de que pudiera ganarme la vida como historiador eran harto remotas, papá tomó el teléfono para pedirle a José Luis Romero que comenzara a orientarme en el territorio en el que había decidido internarme.

¿Por qué historia?

Si mi decisión de abandonar en 1947 la carrera de Química no necesita más explicaciones que las ya ofrecidas, sí las requiere que se acompañara de una opción por la historia que, por lo que recuerdo, fue más bien la aceptación de un destino que se había revelado finalmente ineludible que una conclusión alcanzada luego de un debate interno acerca del rumbo que debía dar a mi vida. Sin duda, mi experiencia en la carrera de Química había bastado para confirmar que mi lugar no estaba en las que todavía no solían ser conocidas como ciencias duras, pero dos años antes, cuando al considerar qué carrera seguir me decidí por la de Química porque me pareció demasiado insensato orientarme a alguna de las de humanidades, que era muy poco probable que me diera un modo de ganarme la vida, no es que considere dedicarme específicamente a la historia y lo descarté por ese motivo; simplemente no tomé en cuenta esa posibilidad, aunque la historia había estado presente en mi horizonte casi desde que tengo memoria.

Ya en mis años del Manuel Solá, donde seguían practicándose los rituales patrióticos introducidos por Ramos Mejía en los años del Centenario, conocí una historia que era poco más que un incesante ejercicio en el culto de los héroes, de cuya validez creo que no llegué nunca a dudar, pero que consiguió interesarme bastante menos que la historia sagrada que nos enseñaba la hermana Rosalía en las clases de preparación para la primera comunión que seguí en Jesús Sacramentado. Si es comprensible que un chico en los primeros grados encontrara más interesantes que las monolíticas virtudes del general San Martín las vicisitudes narradas en las etapas más tempranas del relato bíblico, en el que la historia del género humano se resume en la de una familia que atraviesa peripecias comparables a las que son tema de más de un cuento infantil, lo que seguía haciéndome interesante ese relato una vez dejado atrás el cautiverio en Egipto era la manera para mí totalmente novedosa en que daba cuenta de lo que era esencialmente un proceso político. Aunque –como frente a las heroicas narrativas del Manuel Solá– nunca llegué a dudar de la legitimidad de la que proponía como hilo conductor de ese relato el que vinculaba al pecado de nuestros primeros padres con la redención escondida ya como segura promesa en esa *felix culpa*, eso no me impedía dejarlo de lado cada vez que intentaba darme razón de alguno de los siempre bastante enigmáticos episodios que se sucedieron desde que Israel se instaló en la Tierra Prometida, buscando para ello claves explicativas menos obvias y por eso mismo más interesantes que las invocadas en la leyenda patria celebrada en el Manuel Solá. Es ésta desde luego una explicación retrospectiva para una atracción que en ese momento me limitaba a sentir y que nacía de la presencia de enigmas que intentaba a tientas descifrar, guiado casi exclusivamente por mi limitada comprensión del mundo en el que me tocaba vivir. Fue sobre todo, creo, el instintivo e irrazonado recurso a mi experiencia más inmediata el que hizo que me acercara a esa historia sagrada desde una perspectiva totalmente secularizada, que hacía por ejemplo que cuando trataba de imaginar a partir de las descripciones entusiastas de la hermana Rosalía la magnificencia del primer templo, erigido en tiempos de Salomón, encontrara adecuado término de comparación en una agencia de venta de automóviles a punto de abrirse sobre Corrientes, cuyo vasto piso ajedrezado y todavía desierto me recordaba el del templo que ella evocaba con tanto brío.

Sólo unos años después, ya en el sexto grado de la Modelo, iba a descubrir que la historia que había aprendido en el Manuel Solá podía encerrar tantas complejidades –y ambigüedades– como las que me habían fascinado en la que descubrí en Jesús Sacramentado. Fue cuando se me ocurrió echar un vistazo a los dos primeros tomos de la *Historia de la República Argentina* de Vicente Fidel López, únicos que teníamos en casa, donde encontré pasajes tan divertidos como los más logrados capítulos cómicos del *Nicolás Nickleby*. En vista de mi entusiasmo, papá me regaló cuando terminé la primaria los diez tomos de la edición de *La Facultad*, que todavía conservo, pero que entonces leí considerablemente salteados. De esa lectura conservo sólo un recuerdo muy vivo del capítulo titulado "La aventura presidencial del señor Rivadavia", quizá porque lo que allí se contaba no se parecía en absoluto a lo que acerca de ese tema me habían enseñado en el Manuel Solá. Ya en los primeros años del secundario leí algunas cosas de historia argentina que encontré también en casa; recuerdo entre ellas *La ciudad indiana,* de Juan Agustín García, y *Las guerras civiles argentinas,* de Juan Álvarez, pero al comenzar el tercer año en el Colegio me había cansado un poco de esas exploraciones lanzadas en todas direcciones al azar de mis lecturas y que estaba ya decididamente en otra cosa.

En qué estaba no se presta a una definición precisa, pues a esa edad las ambiciones suelen ser tan amplias como indefinidas, pero para decirlo de alguna manera aspiraba a la vez a hacerme de una cultura general y a alcanzar una satisfactoria visión del mundo. Los materiales para ello los encontré una vez más en casa; por una parte una colección casi completa de la *Revista de Occidente,* y por otra las obras de Benedetto Croce y algunos números sueltos de su revista *La crítica.* No podían imaginarse dos maneras más distintas de presentar el clima intelectual del momento: mientras el lector de la revista de Ortega tenía la impresión de que siempre, entre un número y otro, había estallado una indefectible revolución copernicana, para Croce el siglo XX sobrevivía reacomodando las sobras de los dos anteriores, y sus supuestas novedades eran, o bien fragmentos de ese legado camuflados bajo una nueva terminología, o bien unos estrafalarios mamarrachos que –precisamente porque habían repudiado más auténticamente ese legado– permitían medir mejor hasta dónde había llegado la decadencia en que se había hundido el pensamiento europeo en el nuevo siglo. Mientras absorbía desordenadamente las abigarradas novedades de las que desbordaba la *Revista de Occidente,* fue en Croce donde encontré algo más parecido a lo que estaba buscando. Lo que yo aspiraba a encontrar era una clave escondida tras el abigarrado espectáculo del mundo, que me permitiera concluir que lo que en él se desplegaba era algo más que un amontonamiento arbitrario de hechos contingentes, y al proclamar la identidad de historia y filosofía Croce venía a asegurarme que la clave estaba ya presente, y no demasiado oculta, en cada uno de esos hechos. Lo que hacía atractivo para mí su planteo no era solamente que diera expresión a un modo de ver las cosas que instintivamente encontraba válido, sino que me autorizara a concentrarme en ese variado espectáculo –que era lo que en el fondo más me interesaba– ahorrándome la necesidad de invertir mi tiempo en cavilaciones sobre temas más abstractos que me atraían bastante poco.

Pero haber aceptado como válida una propuesta que definía la tarea del historiador del modo más exaltante no me llevó entonces a considerar siquiera la posibilidad de buscar en ella una carrera. Y creo que aquí influyó, junto con las consideraciones prácticas que llevo ya mencionadas quizá demasiadas veces, la índole de la relación que desde que tengo memoria había establecido con esa disciplina, en la huella de papá, que tenía en su biblioteca muchos libros de historia romana a más de buena parte de los clásicos de la nacional, y hablaba bastante conmigo de temas de esta última, pero no era ni quería ser un historiador profesional. Esa relación, que era en suma la de un consumidor de lo que los historiadores producían, había llegado hasta tal punto ser parte de mi segunda naturaleza que no se me ocurrió siquiera leer en la lección de Croce una invitación a reemplazarla por otra más ambiciosa; y cuando miraba al futuro me imaginaba perseverando yo también en ella sin dejar por eso de cultivar una carrera profesional en otro campo.

Fue sólo en el par de años de mi paso por la escuela de química cuando esa manera de entender mi relación con la historia dejó paso a otra muy distinta, en un proceso que no advertía siquiera que estaba atravesando, y que hizo que cuando abandoné el campo de la química

Gregorio Halperin y Tulio Halperin.

supiera ya con absoluta certeza que mi destino era ser historiador. Puesto que no tuve entonces conciencia del proceso que estaba viviendo, sólo puedo ofrecer conjeturas sobre lo que en la experiencia de esos años me llevó a concluir no sólo que mi lugar estaba en la historia sino también que mi papel en ella no podía ser sino el del productor.

Creo que contó en ello por una parte el impacto que el triunfo de la revolución peronista había alcanzado en el rincón del mundo en el que me movía, donde hasta 1946 había ocupado un lugar central el aparato educativo del Estado, que no sólo daba modo de vivir a la mayor parte de quienes lo poblaban, sino que contribuía decisivamente a estructurarlo (desde mi infancia el lugar que cada uno de los personajes que iba incorporando a mi mundo ocupaba en ese aparato –que albergaba a casi todos ellos– era el dato que antes que ningún otro venía a definir su perfil). Sin duda, ya antes de 1946 había comenzado a percibir signos de que ese aparato estaba perdiendo la centralidad de la que había disfrutado en la vida de un país que se enorgullecía cada vez menos de contar con dos maestros por cada soldado, pero fue el cambio radical introducido por la revolución peronista, que para tantos de los que poblaban mi mundo vino a cortar con tajo brutal un lazo que había comenzado por ser casi un cordón umbilical, el que –al revelarme que estaban disponibles para él alternativas que antes no había sospechado– hizo cada vez menos convincente el argumento que más que ningún otro me había llevado a resistir cualquier veleidad de buscar mi camino en el campo de las humanidades. Sin duda esas alternativas no eran casi nunca brillantes; aun así, mientras más de una vez oí deplorar una situación que obligaba a alguien del calibre de Francisco Ayala a buscar refugio en tareas editoriales no siempre excitantes, no podía dejar de advertir que esa circunstancia no impedía que su etapa porteña fuese la más productiva en su trayectoria de sociólogo y escritor político.

La atención que prestaba a este dato sugería que cuando me preparaba a buscar un nuevo rumbo ya la docencia, que para mis padres había tenido un lugar central en su proyecto de futuro, no lo tenía igualmente para mí, y que veía en ella poco más que un medio entre otros de ganarme la vida. Y la experiencia de lo que sucedía en torno me sugería que la más obvia alternativa al que había perdido su pasada primacía era la ofrecida por la industria editorial, entonces en pleno auge. Pero fue algo más que el descubrimiento de esa posibilidad alternativa (que había encontrado modesta confirmación cuando aún cursaba química y gané mi primer dinero traduciendo para la Colección Austral de Espasa-Calpe un libro de meteorología de Robert Watson-Watt, el inventor del radar) lo que hizo que cuando me decidí a trocar la química por la historia tuviera ya muy claro que aspiraba a escribirla antes aún que a enseñarla. Y tengo más claro ahora que entonces en qué consistió ese algo más; fue el ejemplo de José Luis Romero, quien en esa coyuntura me proporcionó el *role model* que en el país donde vivo es considerado indispensable para definir con éxito una vocación y luego perseverar en ella. Ya señalé que ese ejemplo me había revelado que era posible sobrevivir fuera del aparato educativo del Estado; era ahora más importante que pudiera revelarme también una manera de definir la relación con la disciplina que me preparaba a abordar que estaba dispuesto de antemano a reconocer como válida; en efecto, de cada una de las etapas de su trayectoria, en la que cuando ésta había avanzado en el cauce de las instituciones de enseñanza pública había debido ya afrontar obstáculos tan serios como luego de que se vio apartado de ellas, quedaba ya para entonces en sus escritos el testimonio de que no la había recorrido en vano.

Pero si su ejemplo me revelaba cuál es la tarea precisa del historiador, mi decisión de seguirlo nacía, antes que de la admiración muy real que me inspiraba la eficacia con que la había afrontado, de la irrazonada y súbita convicción de que yo había nacido para hacer precisamente eso. Puesto que esa convicción era entonces irrazonada, la justificación que aquí propongo para ella no puede sino ser de nuevo retrospectiva: por lo que vale, ella es que mi manera espontánea de ver el mundo e interesarme en él era ya la de la historia. Había sido ella la que en Punta del Este me había llevado a leer religiosamente la columna de efemérides de *El País* y cavilar luego sobre lo que allí creía descubrir acerca del nexo entre el pasado que evocaban y el que era entonces mi presente, y me parece también sintomático del mismo rasgo que entre las novelas francesas y rusas, traducidas unas y otras al italiano, que por años iba a leer durante las largas vacaciones que pasé allí mismo a partir de 1940, de las de Balzac encontrara prácticamente intragable *El lirio en el valle* y apenas soportables *El primo Pons* y *César Birotteau*, mientras releía cada verano *La muse du Département* y *La rabouilleuse*, o que de Stendhal reservara para esas relecturas a *La cartuja de Parma* antes que a *Rojo y negro*, y todavía que de Dostoievski me atrajeran *Los demonios* más que *Los hermanos Karamazov*, y desde luego muchísimo más que *Crimen y castigo*. Creo ahora evidente que lo que me dictaba esas preferencias era que más que seguir el drama estrictamente personal de un protagonista novelesco me atraía ver funcionar a un elenco de personajes en el marco de una sociedad a la que la narrativa mostraba también en funcionamiento, en suma, que una intriga novelesca me interesaba tanto más cuando me era posible encuadrarla en un marco que, aunque yo no lo advertía, era ya el de la historia.

No hace mucho advertí también lo que podía tener de empobrecedor ese modo de leer ficciones literarias. Fue cuando me descubrí muchos años después repitiendo ese mismo modo de aproximación, esta vez frente a las artes plásticas, al visitar en Madrid el Casón del Prado cuando habían instalado allí el *Guernica* de Picasso a la espera de que alcanzara su destino final en el Centro de Arte Reina Sofía; me sorprendió entonces que me interesara más la colección de pintura española del siglo XIX instalada en el mismo Casón, y estaba demasiado claro que no eran sus valores plásticos los que me hicieron tan atractivo ese desfile de retratos de agiotistas ennoblecidos y señoras entradas en carnes que es también el de la España de Isabel II.

Todo esto sugiere también que ya entonces mi opción por la historia era menos la de un área acotada dentro de la multiforme experiencia humana que la de una manera de aproximarme a esta última, y estoy seguro de que también en esto tuvo un papel decisivo el ejemplo de Romero, que cuando reivindicaba bajo el signo de la historia de la cultura un proyecto historiográfico que no excluía de su territorio nada de lo que abarca esa experiencia, venía a legitimar el modo de entender la opción por la historia que había ya hecho espontáneamente mío. Con esa opción por la que entonces no solía aún conocerse como historia total se cerraba la búsqueda a tientas de un nuevo rumbo durante la cual, mientras proseguía rutinariamente mis estudios de química, dedicaba cada vez más tiempo a lecturas que avanzaban en orden disperso sobre un área que tardé en descubrir que se centraba en la historia considerada como disciplina. En ese punto estaba mi relación con la historia cuando se abrió para mí una nueva etapa que imaginaba destinada a prolongarse por no pocos años durante los cuales, mientras adquiría en la Facultad de Derecho las destrezas necesarias para sobrevivir en un país muy poco hospitalario para los historiadores, dedicaría lo mejor de mis esfuerzos a avanzar en la exploración de esa disciplina cuyas perspectivas parecían adecuarse mejor que las de ninguna otra a mi manera instintiva de ver el mundo hasta alcanzar sobre ella el seguro dominio que me permitiría por fin afrontar con éxito la reconstrucción de algún proceso del pasado que hubiera encontrado intrínsecamente interesante. No ocurriría así, y el proceso que hizo de mí un historiador se iba a parecer más al que Francisco Romero recomendaba a los aprendices de filósofos; como él a la filosofía, yo iba a llegar al territorio de la historia cuando, luego de haberlo rondado por años, descubriera que ya estaba adentro.

Años de aprendizaje I

En 1947, cuando abandoné la carrera de Química tras descubrir que mi destino era ser historiador, no había necesitado reflexionar demasiado para concluir que debía prepararme para cursar en la Universidad de Buenos Aires la de Historia (y desde luego allí mismo la de Derecho), y no lo había necesitado porque era valor entendido que era eso lo que se hacía cuando uno quería llegar a historiador. Por otra parte, aunque había oído por años deplorar las insuficiencias de la formación que la universidad argentina podía ofrecer en el campo de las humanidades, el hecho de que entre los quejosos se contaran muchos de los que en ese momento comenzaban a sobresalir en ese campo me sugería que –por graves que fueran las carencias de la institución en la que me preparaba a entrar– no era imposible superar las consecuencias negativas de haber abordado en ella el aprendizaje de la disciplina que había decidido cultivar.

Estaba por lo tanto preparado de antemano a no encontrar en los profesores de las dos facultades entre las que iba a dividir mi tiempo el nivel de competencia que dábamos por descontado entre los de la que acababa de abandonar, pero preveía también que no sólo esa circunstancia, sino también el clima político que era en ambas notoriamente más inhóspito que el reinante en Exactas, me haría más difícil no sentir a cada instante, como nunca lo había sentido en la escuela de Química, que la Universidad nunca dejaría de ser para mí un territorio extraño.

Mi primera experiencia en Filosofía vino a confirmar ese pronóstico, aunque por razones algo distintas de lo que había imaginado. Era difícil medir cuánto debían al influjo de quienes habían pasado a gobernar la Facultad bajo el signo del nuevo orden tanto la calma algo monacal que reinaba en sus aulas cuanto el tono rutinario de la enseñanza que en ellas se impartía, y hasta qué punto debía atribuírselos más bien a la herencia de un pasado durante el cual todo lo que había luego sido eliminado por las recientes depuraciones ocupaba ya un lugar decididamente marginal. En este punto mi experiencia en los tres cursos introductorios incluidos en el plan del primer año común me iba a sugerir que el segundo factor influía aún más que el primero para generar un clima incapaz de suscitar cualquier excitación intelectual. En la cátedra de Introducción a la Literatura los depuradores habían reemplazado a quienes la habían dictado hasta 1946 con otro profesor de la casa, tan veterano como los que había venido a sustituir, que tenía una muy alta y no del todo justificada opinión de sí mismo y un gusto literario deplorablemente cursi (me quedó fijado en el recuerdo su recitado en clase, y en tono embelesado, de un largo poema cuyo autor comparaba a su adorada con una "inocente pastorcita de los cuadros de Watteau"). De muy otro calibre era el profesor de Introducción a la Filosofía, Ángel Vassallo, pero por desgracia respondía a la opinión pesimista –en este caso totalmente prejuiciosa– que de él como de casi todos sus colegas tenía el estudiantado con una opinión aún más pesimista acerca de ese mismo estudiantado, que lo llevaba a repetir mecánicamente año tras año el mismo curso, en tono tan desganado que requería cierto esfuerzo advertir que estaba diciendo cosas interesantes, y no esperaba de sus alumnos nada mejor que oírlas repetir no menos mecánicamente en el examen. Por su parte el profesor Güemes, que acababa de incorporarse al cuerpo docente bajo el signo de la revolución peronista, e iba a ganar cierta notoriedad como editorialista de *La Prensa* luego de la transformación del diario de los Paz en órgano de la Confederación General del Trabajo, ofrecía un curso de Introducción a la Historia que no podía ser más convencional, y sólo se hacía menos previsible al llegar a ciertos puntos en los que el revisionismo histórico tenía posición tomada, en los cuales asumía briosamente su defensa sobre líneas no menos previsibles.

Esas experiencias me llevaron a la conclusión un poco resignada de que, aunque seguía necesitando completar la carrera emprendida en la Facultad de Filosofía a fin de obtener la credencial que me habilitaría como practicante de pleno derecho de la actividad a la que ansiaba dedicarme, difícilmente sería allí donde podría aprender lo que necesitaba para hacerme historiador. (Tres años antes Andrés Raggio, mi antiguo compañero del Buenos Aires con quien me seguía viendo a menudo, había llegado a esa misma conclusión a poco de ingresar en la carrera de Filosofía, lo que lo había decidido a recomenzarla en el politécnico de Zurich, y aunque una alternativa como ésa no estaba al alcance de los recursos de mi familia, su experiencia –que yo había seguido de cerca– me había quizá preparado para descubrir que en la de Historia iba a afrontar un problema parecido.)

Puesto que –mientras veía cada vez menos claramente qué camino me convenía tomar para formarme como historiador– en cuanto a la carrera de Derecho no se me planteaba ningún problema de ese tipo, ya que en ella sólo estaba haciendo lo necesario para poder desempeñarme en una actividad que no me interesaba sino como un posible medio de vida, se me hizo cada vez más evidente que mi mejor opción era la de completar lo más rápidamente posible mis estudios de leyes, para buscar luego con menos urgencia la ruta más adecuada para llevar a término esos otros que me interesaban más vitalmente.

Me resolví a hacerlo así cuando había completado en Filosofía tan sólo el curriculum del primer año común, y desde ese momento me concentré de modo exclusivo en la carrera de Derecho, que ofrecía por entonces facilidades excepcionales para abordarla de la manera expeditiva con que me proponía hacerlo. Entre las que prodigaban las autoridades que gobernaban la facultad por decisión del nuevo régimen político, buscando por ese medio apaciguar los ánimos de un cuerpo estudiantil al que sabían muy mayoritariamente hostil a éste, me resultaron particularmente útiles las derivadas del régimen de exámenes mensuales sin ninguna clase de correlaciones entre las distintas asignaturas, que en teoría hacía posible a cualquier estudiante rendir cualquier materia en cualquier momento; una consecuencia de ese régimen excepcionalmente generoso era que para las asignaturas troncales del plan de estudios las sesiones de las mesas examinadoras solían prolongarse por varias semanas de cada mes.

Pronto descubrí que no era el único en utilizar de modo sistemático las oportunidades abiertas por ese régimen; eran en efecto muchos los que –como yo– dedicaban menos tiempo a asistir a las clases que a los exámenes en los cuales se descubría mejor qué era necesario tener aprendido para ganar un aprobado después de una etapa preparatoria que no debía prolongarse más allá de unas pocas semanas. Un compañero tuve que se jactaba de haber limitado su preparación a esa doble asistencia, y aseguraba que sin leer jamás un libro de cada cinco exámenes aprobaba dos. Por mi parte nunca llegué a esa ascética renuncia a toda lectura, y ello me dio ocasión de descubrir qué peligroso podía ser dejarme seducir por el interés intrínseco de las que hubiera debido abordar exclusivamente en busca de un modesto complemento para lo que iba aprendiendo a través de mi asistencia a exámenes más bien que a clases. Fue cuando cayó en mis manos el admirable tratado de derecho penal de Sebastián Soler, y me dejé atrapar por su lúcida presentación de una problemática mucho más rica de lo que había imaginado posible, lo que me apartó por más tiempo de lo que había previsto de la eterna preparación para superar la próxima valla en esa carrera de obstáculos que era para mí la de leyes. Pero tan confiado estaba en que, gracias a esa lectura por primera vez sostenida por un auténtico interés en lo que ella me revelaba, había adquirido un seguro dominio de la asignatura que ni aun cuando estaba –como se decía entonces– en capilla y conocía ya el tema que debía desarrollar me preocupé por organizar mi exposición, y sólo advertí que mi examen había tomado un rumbo peligroso cuando era ya demasiado tarde para corregirlo. Desde luego ese episodio me persuadió de que en el futuro debía atenerme rigurosamente a la disciplina de estudios que me había fijado a poco de comenzar los de Derecho, y gracias a ello sólo unos meses más tarde pude borrar sin esfuerzo las huellas de ese inesperado revés.

La fidelidad a ese método de estudio me resultó particularmente indispensable para afrontar con éxito los cuatro cursos sucesivos de derecho civil, que formaban casi la columna vertebral del curriculum de la facultad, en los cuales la afluencia de alumnos era tal que las comisiones examinadoras parecían funcionar en forma permanente, como la guillotina durante el Terror, lo que multiplicaba las oportunidades de averiguar qué opinión el profesor esperaba escuchar en aquellos puntos en los que había hecho suyas posiciones distintas de las defendidas en el tratado que había recomendado al comenzar el curso. Esa frecuentación (y la asistencia a clases que tenía como principal propósito grabar en la memoria del profesor múltiples imágenes que lo persuadieran de que en efecto habíamos concurrido asiduamente a ellas) me resultaba apenas menos tediosa que la lectura en ese tratado de las exégesis, a menudo pedestremente literales e innecesariamente prolijas, de artículo tras artículo del Código que, admirablemente redactado como estaba por Vélez Sarsfield y su amanuense Victorino de la Plaza, muy a menudo hubiera podido pasarse sin ellas. Advierto ahora más claramente que entonces que a ese tedio me había condenado de antemano yo mismo; aun si los fatigados veteranos que me tocaron en suerte como profesores hubieran poseído las dotes necesarias para despertar el interés de sus estudiantes por los temas que desarrollaban, difícilmente hubieran podido lograrlo con los que nos agolpábamos en los corredores a la espera del momento más favorable para descargar en el examen lo poco que habíamos aprendido y despejar así el terreno sobre el cual comenzaríamos de inmediato a organizar el ataque contra el siguiente obstáculo que nos tocaría afrontar en nuestro avance sobre un campo de estudios en el que habíamos renunciado a descubrir cualquier interés intrínseco.

Se comprende entonces que celebrara a las materias no codificadas que encontraba en ese avance como otros tantos oasis en el desierto; aunque no fue ése el caso cuando apenas ingresado cursé Introducción al Derecho, en parte sin duda porque todavía no me había internado en el páramo de las codificadas, pero en parte también porque venía ya prevenido contra Ricardo Levene, que dictaba la materia (en casa Levene era mencionado sólo marginalmente, aunque siempre en tono poco cordial, pero José Luis Romero gustaba de rememorar a menudo episodios que no dejaban duda acerca de la presencia de sorprendentes lagunas en la cultura histórica del primer presidente que tuvo nuestra Academia Nacional de la Historia). Sin embargo, ya cuando me tocó preparar Derecho Político o Constitucional me los hizo atractivos el hecho de que me devolvieran, así fuese de modo alusivo, a temáticas por las que me sentía espontáneamente atraído, pese a que dictaba el primero Faustino Legón, que como asesor legal de la Municipalidad había recientemente tenido un papel poco feliz en el episodio que culminó en la clausura de *La Vanguardia,* el semanario socialista que era en ese momento el más difundido de los de oposición, por decisión del intendente de la capital, y el segundo Marcelo Sánchez Sorondo, que no se había reconciliado aún (y la lectura de sus recientes *Memorias* sugiere que no se ha reconciliado tampoco luego) con el que en 1945 había calificado como "desastroso fin de la guerra" que acababa de cerrarse en el mismo año. Debo agregar que ese recalcitrante filonazismo retrospectivo no le impidió a Sánchez Sorondo reducir considerablemente el lugar que en su programa había antes ocupado Karl Schmitt, en beneficio de Heller, que en 1933 había debido buscar refugio en España como judío y socialdemócrata, y que su recomendación del libro de historia constitucional argentina a cuyo autor presentaba como "mi pariente el doctor Sánchez Viamonte" reflejaba bastante bien el estilo de fronda elegante que gustaba de desplegar frente al nuevo régimen.

Debo agregar también que haberme preparado para el examen de su materia con algún esmero no me resultó en este caso perjudicial. Me había tocado la bolilla referida al Renacimiento, que el programa, siguiendo un criterio muy tradicional (en verdad ya para entonces anticuado en por lo menos cinco décadas) presentaba como abierto por las tres figuras monumentales de Dante, Petrarca y Boccaccio, y con espíritu algo malicioso se me ocurrió invocar como un signo de lo vertiginosa que había sido la eclosión del movimiento renacentista, tal como la presentaba el programa, el hecho de que la Fiammetta amada por este último fuese una hija natural del rey de Nápoles, Renato de Anjou, y una hermana de Santo Tomás de Aquino. Sánchez Sorondo pareció encontrar más divertida que chocante la revelación de ese vínculo cuasi familiar entre el autor de la *Suma teológica* y el del *Decamerón,* y luego de una muy grata conversación el examen se cerró con uno de los pocos distinguidos que coseché en la Facultad de Derecho, en la que de buen grado solía contentarme con bastante menos. Cuando recibí por correo una invitación a incorporarme al instituto correspondiente, que según me enteré luego era enviada a cuantos obtenían esa nota o la de sobresaliente, desde luego no la recogí, y no sólo porque hacerlo hubiera servido muy mal a mi propósito de completar lo más rápidamente posible mis estudios en esa facultad, sino más aún porque establecer ese vínculo formal con el aparato docente de la facultad corría riesgo de ser visto como una claudicación.

El cuidado por esquivar ese riesgo seguía siendo necesario porque las tensiones introducidas en la Universidad desde que el nuevo régimen había decidido tratarla como a territorio conquistado no habían perdido nada de su intensidad originaria. En particular en esa mi primera etapa en la Facultad de Derecho nunca dejé de sentir que en ella era un intruso en territorio ajeno, en buena medida porque el temple reinante entre los que compartíamos en el corredor la espera del momento oportuno para afrontar un examen no se prestaba para crear los lazos de sociabilidad que me hubieran permitido sentir que mi integración en una comunidad arraigada en ese territorio compensaba de algún modo la puntillosa distancia que era preciso mantener con quienes lo gobernaban, y tampoco podía contar demasiado para ello con mis antiguos compañeros del Buenos Aires que habían entrado en la Facultad, demasiado adelantados en sus carreras cuando yo decidí seguir sus pasos para que se me dieran muchas ocasiones de coincidir en ella.

Mi experiencia en esa facultad fue entonces la de un marginal decidido a no dejar de serlo, que contemplaba con ánimo sarcástico los extraños rituales practicados en ella por el nuevo régimen, que luego de su traslado al edificio de la avenida Figueroa Alcorta había comenzado a usarla como uno de los escaparates desde los que se exhibía ante la sociedad. Aunque el edificio iba a ofrecer el modelo más favorecido por ese régimen para su arquitectura monumental (lo iba a reproducir fielmente el edificado para sede de la Fundación Eva Perón, que aloja hoy a la Facultad de Ingeniería), había sido planeado y casi concluido bajo el de la restauración conservadora; y a esa primera inspiración debía el amplio espacio ocupado por los numerosos institutos de investigación amueblados algo incongruentemente por la casa Maple con vastos sofás flanqueados por abundantes lámparas de pie, y también el aún más amplio dedicado a la cultura física, que incluía desde salas de esgrima hasta una inmensa piscina de natación. Bajo la égida de la revolución peronista este último espacio iba a conocer, junto con los usos para los cuales había sido planeado hacia 1941, otros que entonces hubieran sido inimaginables; así, mientras no faltaban en el cuerpo de profesores quienes cultivaran el patricio ejercicio del florete (era particularmente popular entre los estudiantes el espectáculo ofrecido por el nieto de un presidente de la etapa oligárquica, y muy exigente examinador, cuyas frecuentes caídas eran contempladas con silenciosa satisfacción por las víctimas de su severidad), cuando el presidente Perón se declaró reacio a postularse nuevamente para ese cargo, tal como lo autorizaba la reciente reforma constitucional, fueron varios los militantes que buscaron persuadirlo de que accediera a hacerlo recurriendo para ello a proezas natatorias que tuvieron por teatro la piscina de la Facultad, a la que lograron atraer un nutrido público de curiosos.

Aunque al concentrarme en la carrera de Derecho había dejado para el futuro encarar de frente los problemas (más complejos de lo que había anticipado) que debía afrontar si quería adquirir una sólida formación como historiador, avancé en mis preparativos para abordarlos bajo la guía de José Luis Romero. Por indicación suya leí muy detenidamente la *Historia de la cultura* de Alfredo Weber, que era entonces uno de los *best sellers* del Fondo de Cultura Económica, y recorrí un poco a vuelo de pájaro un volumen tras otro de la traducción española de la *Propyläen Weltgteschichte* publicada bajo la dirección de Walter Goetz en los años finales de Weimar, que me permitió descubrir al llegar a los últimos que, de lo que había estudiado en el Colegio bajo la guía de los manuales de Malet-Isaac y Seignobos, había logrado retener un esquema bastante más sólido de lo que había imaginado de la historia europea moderna.

Mientras avanzaba en esas lecturas continuaba por otra parte merodeando con rumbo menos preciso por los bordes del territorio de la historia, tal como había venido haciéndolo en los años de mi paso por Exactas, y al azar de esas otras lecturas comencé a individualizar ciertos problemas que me interesaba cada vez más explorar. Pero iba a ser un camino bastante tortuoso el que, partiendo de las cavilaciones que en orden disperso me inspiraban esas lecturas, me llevaría a encarar –mucho antes de que, de acuerdo con el programa que me había fijado para llegar a ser historiador, hubiera estado preparado para hacerlo– el primer proyecto que iba a abordar como tal, y que iba a dar fruto en el breve volumen sobre Echeverría publicado por Sudamericana en 1951. En efecto, no fueron esas cavilaciones las que primero me llevaron a fijar la atención en la generación de 1837; el estímulo originario lo recibí, en cambio, como oyente del curso de Introducción al Derecho, en el que Ricardo Levene no se fatigaba de celebrar el papel que ésta había tenido en la historia del derecho argentino. Pero no fue su presentación genéricamente celebratoria de ese papel la que me hizo atractivo el tema, sino la visión entonces bastante popular en las filas opositoras, que comparaba la situación creada por el triunfo de la revolución peronista con la que había ofrecido inspiración al *Credo de la Joven Generación Argentina* para concluir que éste podía ofrecer la inspiración que habría de permitir dejar atrás la era de discordia política abierta en 1945 sobre pautas análogas a las propuestas por la generación de 1837.

Así lo había propuesto implícitamente José Luis Romero en 1946, cuando en *Las ideas políticas en Argentina* había celebrado como lo más valioso del aporte de esa generación la certera visión del futuro que le había permitido anticipar el rumbo que permitiría a las desunidas Provincias Unidas cerrar décadas más tarde medio siglo de discordias. Pero apenas comencé a leer con algún mayor detenimiento lo producido por esa generación descubrí que había allí otras cosas que me interesaban más que su tan celebrada clarividencia; creo que el primer signo de ello fue que mi interés se dirigiera a Echeverría, más bien que Alberdi, cuya trayectoria se presta mucho mejor para explorar a través de ella el nexo entre el presente de 1837 y el de 1880. Echeverría se prestaba en cambio admirablemente para explorar los problemas que me habían venido intrigando a partir de un par de lecturas sobre temas muy distantes del que iba a encarar en el librito; primera entre ellas la de *Poesía ingenua y poesía sentimental*, de Schiller, de la que acababa de publicarse una traducción al español debida a Juan Probst y Raimundo Lida, y luego la del extenso ensayo sobre "Lo hispánico y el erasmismo", incluido en 1942 en dos números sucesivos de la *Revista de Filología Hispánica*, publicada por el Instituto de Filología que dirigía Amado Alonso.

Sólo a través de una lectura muy sesgada de ambos textos pude recoger una inspiración común de dos fuentes que no tenían en verdad nada en común, pero el hecho es que mientras la alternativa propuesta por Schiller me ayudó a concluir que Echeverría no habría podido decir, junto con Goethe, que cantaba como cantan los pájaros, ya que su decisión de poetizar se apoyaba en la que necesariamente le era previa de realizarse como poeta, las motivaciones que Américo Castro descubría tras la decisión de prohijar la edición de la Biblia Políglota Complutense por parte del cardenal Cisneros (inspirada a su juicio menos por los efectos benéficos que de ella podían esperarse que por el atractivo de un proyecto a la vez piadoso y erudito que prometía agregar el último toque a la figura monumental de quien era ya príncipe de la Iglesia y eminente hombre de Estado) me dieron pie para alcanzar una conclusión análoga en cuanto a la empresa ideológico-política capitaneada por Echeverría, cuando descubrí también en ella la presencia de una distancia nunca eliminada con el proyecto con el que sin embargo él y su grupo se identificaban apasionadamente, derivada de que, mientras se entregaban a él sin reservas, ni por un instante dejaban de contemplarse desempeñando el papel que así habían venido a asumir.

Es claro que si pude descubrir la misma clave interpretativa a partir de dos fuentes tan dispares en tema y en inspiración fue porque había sometido a ambas por igual a una lectura fuera de contexto, particularmente evidente en la del ensayo en que Castro anticipaba ya algunos elementos esenciales del proyecto de reinterpretación de la entera experiencia histórica de España al que iba a consagrarse a partir de ese momento, cuando buscaba la clave del modo específicamente español de ver el mundo (y vivir en él) en el impacto de la conquista árabe, a partir de la cual la historia de España había tomado un rumbo a su juicio radicalmente distinto de la de las otras naciones neolatinas. Sólo al precio de dejar de lado esa problemática había podido yo encontrar en el ensayo de Castro sugestiones pertinentes para el examen del tema que me interesaba, que a mi juicio requería ser proyectado sobre el muy distinto contexto histórico que tenía como dato central la transformación en las sensibilidades colectivas que acompañó en el Viejo Mundo el ciclo de tormentas desencadenado sobre él a partir de la Revolución Francesa, que habían dejado una marca profunda en la empresa capitaneada por Echeverría.

Ese contexto lo había venido explorando a través de nuevas lecturas inspiradas en criterios algo menos eclécticos que los que me habían guiado cuando las había llevado adelante al margen de mis estudios de Química; ahora encontré sobre todo mis materiales en el catálogo del Fondo de Cultura Económica, que por esos años publicaba tomo tras tomo de las obras de Dilthey, de las que leí buena parte de las históricas, pero también a Cassirer sobre la filosofía de la Ilustración, *La conciencia burguesa* de Groethuysen, *El historicismo y su génesis* de Meinecke y los estudios de historia de las ideas en Hispanoamérica en la etapa ilustrada. Pero si todo eso me había permitido alcanzar una visión más precisa de ese contexto, que consideraba esencial para entender mejor a nuestra generación de 1837, y el papel de Echeverría dentro de ella, esas lecturas no hacían referencia directa al tema que estaba comenzando a dilucidar cuando apenas empezaba a prepararme de modo sistemático para encarar con solvencia tareas como la que en los hechos había comenzado a abordar.

Sin duda al hacerlo era plenamente consciente de la seriedad del compromiso que asumía, y estaba decidido a no ahorrar los esfuerzos que sabía necesarios para poder opinar con conocimiento de causa acerca de los temas que me había propuesto indagar. No los ahorré, en efecto, y no sólo en cuanto a esos temas, sino a otros de historia rioplatense cuyas incógnitas necesitaba despejar para entender cabalmente a aquél, por ejemplo, el proceso que iba a llevar en 1835 al triunfo total del rosismo en el ámbito porteño, en el que ya entonces creí descubrir las claves que propondría dos décadas más tarde en la narrativa de ese proceso desplegada en *De la revolución de independencia a la Confederación rosista.* Eso no impidió que mi condición de historiador bisoño me llevara a celebrar descubrimientos que a veces sólo eran tales para mí, y no puedo lamentarlo demasiado, porque esa excesiva inocencia contribuyó a hacer más exaltante la experiencia de entrar en un territorio nuevo y afrontar a cada paso enigmas que me resultaba difícil –pero por eso mismo inmensamente satisfactorio– descifrar. Si recuerdo la etapa en que llevé adelante ese primer ensayo como aprendiz de historiador como una de intensa felicidad fue porque en ella descubrí que, bien o mal, estaba haciendo ya exactamente lo que quería hacer en el mundo, y ese descubrimiento me permitió aceptar con mejor humor que el precio que debía pagar por ello podría incluir el de dedicar mucho de mi tiempo a tareas que tenían muy poco que ver con la que había encontrado tan gratificante.

Me pregunto ahora cómo, pese a haber descubierto en esa mi primera exploración del territorio de la historia que era ya capaz de despejar algunas de las preguntas que me habían llevado a internarme en él, seguía apegado al itinerario que me había trazado para llegar a ser historiador, en el que había separado nítidamente una primera etapa dedicada al aprendizaje del arte de historiar de la que sólo se abriría cuando –concluido ese aprendizaje– estaría finalmente capacitado para practicar ese difícil arte. Pero, aunque sólo retrospectivamente descubriría que mi método de aprendizaje era el que en el país donde vivo se conoce como *learning by doing* (aprender a hacer algo haciéndolo), no sólo había comenzado ya a practicarlo sino que no me había ni siquiera preguntado si era prudente de mi parte presentarme al público que debía juzgarme como tal ofreciéndole frutos que, si se me hubiera ocurrido plantearme el problema, habría debido reconocer como prematuros. Creo que contribuyó mucho a ello que hubiera comenzado ya a publicar algo de lo que iba escribiendo; fueron primero unas breves reseñas de libros que vieron la luz en *Ínsula,* una revista que había sacado mamá a puro pulmón entre 1943 y 1946, pero en 1949 publiqué en *Realidad,* la "revista de ideas" surgida por iniciativa de la señora Carmen Gándara y dirigida por Francisco Romero con Francisco Ayala en la secretaría de redacción, una muy extensa del primer tomo de las obras completas de Sarmiento, que acababa de ser reeditado, y cuando al año siguiente se me abrió la oportunidad de hacerlo en el suplemento literario de *La Nación,* sin pensarlo demasiado llevé allí algunos de los ensayos que iba componiendo sobre Echeverría.

Me había abierto el acceso a ese suplemento el secretario de redacción del diario, Juan Valmaggia, que era amigo de papá desde que habían actuado juntos, y ambos muy intensamente, en la Liga del Profesorado Diplomado, y luego había sido mi profesor de francés en el
Colegio. Él estableció el contacto con Mallea, a quien creo que le caí
bien, porque publicaba lo que yo le llevaba con toda la celeridad que
permitía el reducido espacio asignado a las páginas culturales en esos
años en que el diario debía manejarse con cuotas de papel estrictamente limitadas, mientras por su parte Raimundo Lida, quien había
aceptado la invitación a incorporarse al Colegio de México y hacerse
cargo en los hechos de la *Nueva Revista de Filología Hispánica,* que bajo la
dirección de Amado Alonso, para entonces ya instalado definitivamente
en Harvard, continuaba la que el mismo Alonso había dirigido en Buenos Aires, tomó a su cargo ubicar en los *Cuadernos Americanos* que también publicaba el Colegio otro de los ensayos que iban a confluir en el
Echeverría.

Al evocar ahora todo esto me nacen dos reflexiones de muy distinto
orden. La primera se maravilla una vez más ante el éxito con que en algunos aspectos los constructores de la Argentina moderna habían logrado improvisar un país. En efecto, la red de afinidades y contactos
que ya en mis más tempranos comienzos me estaba abriendo tan variados caminos suele estar sólo al alcance de los herederos de varias generaciones de integrantes de las clases ilustradas, y no sólo ninguno de
mis cuatro abuelos había conocido más escuela que la primaria, sino
que lo mismo había ocurrido con los padres de la mayor parte de quienes me los abrían. La otra era mucho menos halagüeña, y era que mis
comienzos empezaban a parecerse de modo inquietante a los de una
suerte de niño sabio que fuese a la vez un hijo de papá (y eso sin olvidar
a mamá). Debo decir que era sólo en mis visitas a *La Nación* cuando
afloraba esa inquietud, en parte porque no faltaban en las columnas de
su sección literaria las colaboraciones de algunos que parecían también
ser todo eso, y no me atraía en absoluto la idea de tener algo en común
con ellos, pero todavía más porque, aunque Mallea me caía de veras
simpático, lo afectaba una suerte de timidez contagiosa que hacía imposible tener con él una conversación espontánea, y la que venía a hacer
sus veces me parecía un ejercicio de hipocresía en el que me daba siempre un poco de vergüenza reincidir en cada uno de nuestros encuentros, hasta tal punto que al subir la estrecha escalera encerrada entre

dos paredes que me llevaba a las oficinas de la sección literaria me venía indefectiblemente a la mente ese verso y medio en el que Dante,
que ha recordado ya cuánto sabe a sal el pan del exilio, completa su
queja ponderando *quant'e duro calle/ lo scendere e il salir per le altrui scale.*
No sentí en cambio ninguna vergüenza y sí mucha alegría cuando
una iniciativa de Roberto Giusti abrió el camino para el episodio en el
que esos rasgos que encontraba discutibles adquirieron su máximo relieve. Se le ocurrió en efecto a don Roberto utilizar, para lograr la publicación en volumen de los trabajos que estaba preparando sobre Echeverría, la norma recientemente introducida que imponía a las casas
editoriales incluir en su lista de publicaciones una cuota mínima de
obras de autor argentino; a su juicio era sobre todo su brevedad la que
podía hacer atractiva a la mía para un editor que, desesperando de antemano de sacar provecho con su publicación, aspirara a gastar lo menos posible para dar cumplimiento a esa nueva norma. Tal como Giusti
había previsto, cuando propuso la de mi obra –que en rigor aún no
existía como tal– a don Julián Urgoiti, de Editorial Sudamericana, éste
se declaró dispuesto a publicarla si quien así se lo proponía tomaba a su
cargo presentarla en un breve prólogo.

De modo que cuando al promediar el año 1950, habiendo ya cubierto todas las asignaturas de la carrera de Derecho, y cuando sólo me
faltaba cursar el seminario obligatorio y el semestre de práctica profesional para poder inscribirme en el registro de abogados, se decidió en
casa que era ése el momento adecuado para que yo pasara más de medio año en Italia, como oyente y acaso estudiante libre de algunos de
los cursos de historia que se dictaban en la Universidad de Turín, sabía
ya que debería utilizar las tres semanas de navegación para escribir una
introducción al breve volumen que había aceptado publicar Sudamericana e introducir en sus distintas secciones las modificaciones necesarias para hacer más fluida su lectura continuada. Así lo fui haciendo a
lo largo del viaje en un camarote cada día más tórrido, y enviando a
papá desde las sucesivas escalas lo que escribía entre una y otra. Él tomó
a su cargo pasar a máquina todos esos agregados a mi manuscrito, que
gracias a ello al final de mi viaje estaba ya listo para ir a imprenta.

¿Por qué ese viaje y por qué en ese momento? Sin duda, la alternativa
ofrecida por los estudios en el extranjero comenzaba a hacerse menos
insólita al abrirse esa segunda posguerra, pero lo cierto es que partía sin
haber madurado un programa concreto para los que me proponía se-

Portada del libro sobre Esteban Echeverría.

guir en Turín, y otros factores influyeron quizá más que ése en una decisión que, por lo que recuerdo, fue tomada con muy poca deliberación previa. Desde el fin de la guerra mis padres habían estado girando dinero a Italia a nombre de algunos de los parientes de mamá y en concepto de ayuda familiar, para la cual el gobierno proporcionaba divisas al tipo de cambio oficial, con la intención de utilizarlo en un nuevo viaje europeo, pero hacia 1950 era ya indudable que la salud de papá nunca le permitiría hacerlo, y pareció entonces razonable que mamá empleara esos recursos en un viaje más breve que el que originariamente habían planeado, y puramente turístico, destinando el resto a mi estadía por esos meses. Había varias razones para que ésta fuera en Turín; al margen de que la ciudad fuese –como en efecto lo era– sede de una universidad de primera fila entre las italianas, en ella vivían los parientes con quienes mamá conservaba más estrecho contacto, y por su parte el profesor Terracini, que había sido reincorporado como docente en su facultad de Letras, se había manifestado dispuesto a facilitar mis contactos con ésta.

A Italia partí a comienzos de la primavera de 1950, en uno de los Liberty Ships que Estados Unidos había botado por miles durante la guerra, reacondicionado por la empresa Costa para servir en su línea del Atlántico Sur. En la segunda clase del *Andrea C* iba a tener por compañero de viaje a Turin, quien aunque luego de haber sido cesanteado en Córdoba en la depuración que había seguido al triunfo del peronismo encontró refugio relativamente cómodo en la Facultad de Humanidades de la Universidad de Tucumán, decidió luego de largas vacilaciones retornar a Italia, donde tanto él como su esposa habían sido repuestos en sus cargos, convencido de que en su país nativo sus hijos afrontarían un futuro menos incierto que en la Argentina. Nos acompañaba también en ese viaje una joven cuñada de Roger Labrousse, un historiador de las ideas políticas que había sido colega y amigo cercano de Turin en Tucumán. Anne-Marie Goguel, integrante como el propio Labrousse de esa elite protestante que tiene tan fuerte presencia en la vida académica francesa, acababa de pasar brillantemente su examen de *agrégation* en filosofía, y se preparaba a comenzar su carrera docente en un muy prestigioso liceo, creo recordar que en Dijon. El tema dominante de la conversación entre ella y Turin, quien por su parte se preparaba a retomarla en un también muy prestigioso liceo turinés, era cómo les convendría encarar su enseñanza (que tanto en Francia como en Italia se organizaba en torno a la lectura y comentario de un número reducido de textos clásicos) si, como suponían probable, en la estela de la crisis abierta por la guerra de Corea les tocaba hacerlo en una Europa sovietizada por el avance triunfal del Ejército Rojo.

Turin, quizá porque tenía ya alguna experiencia en situaciones análogas a la que ambos temían verse obligados a afrontar en un futuro cercano, preconizaba una estrategia más adecuada a esa eventualidad que la ya escogida por Anne-Marie. En efecto, mientras ésta confesó que había empleado los meses en que había sido huésped de su hermana y cuñado en Tucumán en la lectura de los escritos juveniles de Marx, y había descubierto en ellos una abundancia de intuiciones y perspectivas originales que podía ofrecerle temas para varios cursos (sin sospechar siquiera que en una Francia sovietizada la reacción ante esa elección de temas difícilmente se hubiera limitado a poner prematuro fin a su carrera académica), su colega italiano se preparaba a concentrarse en textos clásicos de los que los padres fundadores del marxismo se habían proclamado admiradores, lo que los haría inobjetables para las nuevas autoridades, evitando en cambio cuidadosamente los producidos en el campo filosófico bajo inspiración marxista, ya que sobre todo en relación con éstos gravitaba con todo su peso la exigencia de intachable ortodoxia ideológica que estaba ya siendo enérgicamente impuesta por los regímenes de democracia popular que la Unión Soviética estaba consolidando en los países incorporados a su órbita.

Me pregunto ahora cómo podía oír sin alarma esas discusiones acerca de un futuro que se anunciaba como inminente, y que a más de ser muy poco atractivo sólo podía alcanzarse como desenlace de un nuevo conflicto de dimensiones apocalípticas, mientras el *Andrea C* continuaba su lento pero inexorable avance hacia el continente para el que anticipaban esa inminente catástrofe, pero lo cierto es que era exactamente eso lo que ocurría, quizá porque mi impresión era que quienes discutían incansablemente el tema no estaban en el fondo más alarmados que yo. Así, los textos que Turin proponía como adecuados para usar en los liceos de una Italia sovietizada eran los mismos que había ya elegido para comentar en los cursos que, como sabía perfectamente, iba pronto a dictar en un país sometido al influjo creciente de la democracia cristiana, bajo cuya égida pensaba usarlos como instrumentos de una sutil fronda dirigida contra el integralismo católico en avance en la enseñanza pública, en previsión de que otros desafíos más directos no serían tolerados (pronto iba a descubrir con sorpresa que un colega recientemente convertido al comunismo no había encontrado ningún obstáculo cuando decidió en cambio comentar para sus alumnos del Liceo *El materialismo histórico y la filosofía de Benedetto Croce* de Gramsci).

Las conversaciones de ese tenor, que no lograban alarmarme, comenzaban en cambio a hacerme sospechar que iba a encontrar una realidad más complicada y ambigua de lo que había supuesto desde el otro extremo del mundo; y a mi llegada pude de inmediato confirmar esa sospecha. En el puerto de Génova esperaban a Turin su hermano y hermana, y después de una comida en un cercano restaurante de pescado tomamos el tren a Turín cuando era ya de noche. En menos de dos horas de conversación, que como suele ocurrir con los valdenses mantenía un equilibrio inestable entre el francés y el italiano, saltando de una a otra lengua en los momentos más inesperados y siempre sin razón aparente, ambos hermanos ofrecieron un relato abreviado de lo que habían vivido durante la guerra en que lo jocoso alternaba con lo horrible. Así oí del grupo de resistencia liberal-monárquico integrado por oficiales del ejército regio que el hermano de Turin –un hombre de negocios evidentemente próspero– había financiado y de cómo fue invitado a visitarlos en una zona momentáneamente liberada, y pasarles allí revista izado en un caballo en el que le resultó difícil mantener una actitud gallarda, pero también los comentarios de su hermana acerca de la tensión que había surgido en sus relaciones con una vecina y amiga de Torre Pellice (la diminuta capital de los valdenses situada en el fondo de un valle alpino) que no estaba claro si era víctima de horribles calumnias o si durante la ocupación se había en efecto dedicado –como muchos afirmaban– a torturar guerrilleros capturados. La conversación se hizo más plácidamente melancólica cuando ambos pasaron a evocar cariñosamente al *caro Walter,* que acababa de morir prematuramente; pronto pude enterarme de que se trataba del hijo de un hombre de negocios alemán, de que durante la ocupación había aceptado ser *gauleiter* (jefe de la organización partidaria nazi) para todo el Piamonte, y poco después de que era también hijo de una Malan, de ilustre estirpe valdense, y que cuando, en los últimos días de la guerra, los jefes de la ocupación alemana en Turín emprendieron su precipitada fuga y lo invitaron a seguirlos, tras revelarles que hacía ya meses que integraba el comité director de la resistencia en la ciudad de Turín, los invitó en cambio a firmar un acta en la que constaría que en ese momento él tomaba posesión en nombre de ese comité de la sede que se disponían a abandonar, a lo que accedieron de inmediato. Esa anécdota, que me pareció menos inequívocamente encantadora que a los hermanos Turin, me hizo ya sospechar que me esperaban todavía otros muchos descubrimientos no menos desconcertantes que el de ese *bellissimo inganno,* digno sin duda de ser comentado por Maquiavelo con el mismo entusiasmo que había puesto al evocar los de César Borgia.

Esa conversación no me había preparado en cambio para encontrar una ciudad donde las ruinas de la guerra estaban en todas partes; en efecto, según aseguraban los hermanos Turin, las huellas de las recientes catástrofes habían sido ya casi totalmente borradas. Por el contrario, iba a encontrar a cada paso huecos dejados por los bombardeos; y aun viniendo de una Buenos Aires cuyo brillo nocturno había comenzado a opacarse debido a las crecientes restricciones en la provisión de electricidad, la noche turinesa me iba a resultar inesperadamente sombría. Pero no todo en esa impresión mortecina reflejaba los destrozos dejados por la guerra; mucho de ella no era sino la primera reacción frente a un espectáculo totalmente nuevo para mí: el de una ciudad que había sido por siglos sede de una corte europea de segundo orden y conservaba el sello de ese pasado en la fría elegancia de sus edificios monumentales, entre los cuales los inspirados por un gusto tardío-barroco que había ya eliminado cualquier exceso de fantasía compartían con otros severamente neoclásicos su vasto casco histórico, mientras que en los barrios más recientes, a los que la imposición de una altura uniforme para las casas de pisos confería también un perfil monumental, dominaban sin rivales las convencionales imitaciones del Renacimiento, sin que ni en aquél ni en éstos pudiera descubrirse huella alguna significativa de la metamorfosis que en el pasado medio siglo había hecho de Turín casi una *company-town* de la industria del automóvil.

Pero iba a tardar meses en descubrir el recatado encanto de la que había sido capital del reino de Cerdeña, y mientras tanto lo que advertía en cambio plenamente era el asordinado diapasón de su vida urbana, con sus arcaicos pequeños comercios en que aun en su calle principal (cuya arquitectura, después de su remodelación durante el ventenio fascista, aun en las horas en que desbordaba de peatones, evocaba las desiertas perspectivas urbanas de un cuadro de De Chirico) quien entraba era ceremoniosamente saludado en piamontés, o sus minúsculas y casi siempre sórdidas salas de cine en las que para alcanzar la pantalla la mirada debía atravesar el humo de una muchedumbre de cigarrillos y las películas venían dobladas (por cierto que de modo excelente), porque se podía confiar menos que en la Argentina en que el público fuera capaz de leer las traducciones del diálogo original con rapidez suficiente para seguir la acción.

Durante mis primeras semanas en Turín fui huésped del profesor Terracini, en la casa del corso Francia de la que él y su hermano ocupaban dos pisos, y al despertar al día siguiente de mi llegada pude ver por primera vez desde su balcón el arco de los Alpes nevados que ofrece el telón de fondo para cualquier imagen de Turín, y más cerca la monótona arquitectura de las casas de renta que bordeaban la avenida en ese barrio de clase media acomodada al que el azar había protegido mejor que a otros de las devastaciones provocadas por los bombardeos. Esa misma mañana hice mi primera visita, meramente exploratoria, a la Facultad de Letras, que había perdido su antigua sede cuando el edificio de la Universidad fue destruido desde el cielo, y concluida la guerra había encontrado refugio, junto con la mayor parte de las escuelas universitarias que no requerían uso de laboratorio, en el barroco Palazzo Campana, que había alojado hasta la víspera a la organización central del fascismo turinés. Encontré a la facultad instalada en un espacio más reducido de lo que había imaginado (la mitad de uno de los pisos del palacio); ya sabía por otra parte que el curriculum de la carrera de Historia estaba organizado en torno a los cuatro cursos de Historia Antigua, Medieval, Moderna y del *Risorgimento* (y esta última denominación, vigente en todas las universidades italianas, reflejaba la orientación decididamente nacional que ese plan de estudios consideraba adecuada para unos cursos que eran, a la vez que de historia italiana, de historia europea y aun universal); a ellos se agregaban desde luego otros que iban desde arqueología e historia de Oriente hasta la historia del arte y la de las ideas políticas.

Ya en ese primer día descubrí que en la relación entre profesores y alumnos podía reinar un tono más autoritario de lo que había esperado. Se me ocurrió en esa oportunidad asistir a la clase de historia antigua que se daba ese día (aunque ya Terracini me había informado que el profesor que la dictaba no era tenido en muy alta estima por sus colegas), y me senté en la punta de banco más cercana a la puerta, para poder hacer una salida discreta si descubría que no me interesaba quedarme hasta el final. Salí antes de lo que pensaba cuando el profesor, señalándome inequívocamente con el dedo, e indicándome la abierta puerta del aula, me ordenó concisamente *tu, chiudi la porta* ("tú, cierra la puerta"). Lo obedecí de inmediato, pero tan desconcertado quedé ante ese inesperado tuteo que sólo después de cerrarla descubrí que había quedado fuera del aula, y también que no tenía intención alguna de volver sobre la decisión que acababa de tomar sin proponérmelo.

Con Giorgio Falco, a cuyos cursos de historia medieval y de historia de la literatura latina medieval iba a asistir regularmente, y que era sin duda el más distinguido de los historiadores que enseñaban en ese momento en la universidad turinesa, esa relación tomaba un cariz más amable. Algunos de los alumnos se quejaban de que nos trataba como a estudiantes de liceo, y en efecto recaía él también más de una vez en un tuteo en su caso más paternal que descarnadamente autoritario, aunque su actitud esencial, marcada por la fatigada indulgencia propia de un hombre que apenas pasados los sesenta años parecía echar sobre la vida y el mundo una mirada casi retrospectiva, me recordaba más la de un abuelo que la de un padre. El temple no sé si resignado o serenamente desesperado que se adivinaba tras esa actitud debía sin duda algo a una durísima experiencia cuyas secuelas no se habían borrado del todo para él. Reconocido como una fuerte presencia en su campo de estudios desde que publicó en 1932 *La polemica sul Medioevo,* una exploración tan sutil como erudita de la metamorfosis sufrida por la imagen de la Edad Media en la Italia y la Europa ilustradas, la legislación racial introducida en 1938 no sólo lo apartó de la Universidad sino le vedó tanto la publicación de cualquier futuro trabajo cuanto la frecuentación de bibliotecas y archivos.

Para entonces este fiel seguidor del idealismo crociano había madurado una visión de la entera historia medieval centrada en el conflicto entre la Iglesia y el imperio que ésta había contribuido a restaurar en Occidente, reflejada en el vasto manuscrito de *La Sacra Repubblica Romana,* que había completado en 1937 y que no dejaba dudas de hacia dónde se orientaban sus simpatías: en su ambiciosa narrativa había sido la victoriosa lucha de la Iglesia por su libertad la que había abierto a Europa el camino del futuro. En 1942 el libro sólo pudo publicarse –en una elegante edición en la que no se reflejaba en absoluto la creciente penuria de ese tercer año de guerra– bajo el transparente velo proporcionado por un discípulo que autorizó el uso de su nombre, y, cuando al año siguiente la ocupación alemana puso fin a las ambigüedades de ese ejercicio de antisemitismo a la italiana, Falco pudo encontrar refugio en el monasterio benedictino en cuyos archivos había estado trabajando en Roma.

En 1945 todo lo invitaba a esperar que había dejado definitivamente atrás esa experiencia dolorosa, después de haber sufrido un daño infinitamente menor que la mayor parte de los afectados por ella, pero al ser repuesto en su cargo en Turín descubrió que debería ejercerlo en paralelo con el colega que en 1938 no había vacilado en tomar su lugar, y gracias a ello había adquirido un derecho no menos válido que el suyo propio a ocuparlo, y sin duda esa situación absurda contribuyó a que buscara refugio en esa suerte de benevolencia impersonal y un poco distraída que se reflejaba en todas sus actitudes, y que era quizá la propia de un hombre resuelto a no dejarse invadir por una amargura que sabía justificada.

Aunque seguí con verdadero interés sus cursos (el de literatura dedicado a textos provenientes de la etapa final del Imperio romano y de la Edad Media bárbara, con en su centro el *De consolatione philosophiae* de Boecio, y el de historia enfocado en esas mismas épocas), y me alentó descubrir que, contra lo que había temido, no tenía más dificultades para participar activamente en ellos que el resto de la audiencia, no encontré en todo eso estímulo suficiente para seguir extendiendo mis exploraciones de esa etapa del pasado. No hubiera podido encontrarlo porque no lo busqué, y la razón era muy obvia: puesto que desde el momento en que decidí hacerme historiador había decidido también que iba a buscar en la historia argentina los temas centrales de mis futuros trabajos (fue en la primera ocasión en que José Luis Romero habló conmigo de mi proyecto de hacerme historiador, y me dijo que esperaba que mirase más allá del campo de la historia argentina, ya que encerrarme en él hubiera reflejado de mi parte una ambición intelectual demasiado modesta, cuando descubrí que era exactamente eso lo que había decidido hacer, aunque me guardé muy bien de decírselo) sabía de antemano que avanzar mucho más en ese campo tan alejado del que había decidido cultivar podía significar un peligroso desvío respecto del rumbo que me había fijado.

Esa consideración me llevó a seguir también los cursos de Walter Maturi, designado en la cátedra de Historia del *Risorgimento* y a cargo también en ese momento del curso de Historia de las Ideas Políticas. Era Maturi un hombre de inmensa cultura no sólo histórica, y de agudísima y rápida inteligencia, cuyo escepticismo muy napolitano, que quizá lo había ayudado a mantener intacta su fe antifascista aun en la etapa de éxitos espectaculares del régimen de Mussolini, lo hacía sentirse cómodo en una visión de ese período del pasado italiano que no encontraba mucho que objetar al rumbo tomado por el proceso de unificación de la Península desde que lo tomó en sus manos el conde Cavour, y tras haber defendido esa visión contra los esfuerzos de los voceros de la derecha fascista por rehabilitar la memoria del conde Solaro della Margarita, el predecesor absolutista de Cavour en el gobierno del reino de Cerdeña, seguía ahora defendiéndola contra quienes en la estela de Gramsci no se fatigaban de lamentar las limitaciones de la "revolución pasiva" que Cavour había llevado al triunfo.

Fue Maturi quien me indicó la presencia en el archivo histórico de Turín de un material referente al Río de la Plata; era éste la serie de informes diplomáticos y consulares de los agentes del reino de Cerdeña en Buenos Aires. Fue ese archivo el primero que frecuenté, y allí comencé a entender de modo más concreto cómo trabaja el historiador para construir una imagen coherente a partir de materiales en los que no siempre encontrará respuestas para todas las preguntas que quisiera despejar, confundidos por añadidura con otros destinados a permanecer mudos hasta que alguien se interese en las preguntas cuyas respuestas encierran. Se me hizo claro ya entonces que lo primero debía ser encontrar una pregunta interesante sobre la cual esos materiales podían arrojar alguna luz; y ya en el primer informe que el barón saboyardo Henri Picolet d'Hermillon envió al ministro de Relaciones Exteriores del reino sardo encontré la pista que me permitiría agregar lo que suele describirse benévolamente en estos casos como una útil nota al pie al examen de la relación entre la restauración rosista y la del viejo mundo. Como descubrí en ese primer contacto, la idea de que pudieran tener alguna hubiera escandalizado al barón, que describía con horror su llegada a una Buenos Aires donde el acaudalado comerciante británico que era a la vez cónsul honorario de Cerdeña lucía en los actos públicos el *bonnet rouge*, el gorro frigio adoptado en Francia por los revolucionarios durante el Terror (y que –introducido primero en el Río de la Plata por los adictos a la causa revolucionaria– dio luego origen al gorro federal usado en esas ocasiones por los más entusiastas adherentes al régimen gobernante). Más que invocar su testimonio contra la imagen del rosismo propuesta por José Ingenieros, que conservaba entonces mucho de su predicamento, y proponía un Rosas que era una versión cimarrona de Metternich, me interesaba explorar detenidamente las muchas maneras de no entender el rosismo en las que a falta de una clave más adecuada que la evocación del París de 1793 incurría a cada paso el barón, lo que hizo que terminara aportando esa nota al pie en una inesperadamente (y sin duda innecesariamente) extensa monografía que de nuevo Raimundo Lida se encargó de instalar en México, esta vez en la revista del Instituto Panamericano de Geografía e Historia. Si la recuerdo aquí es porque al prepararla descubrí por primera vez cómo el documento en el que se cree haber encontrado respuesta a la pregunta que comenzó por parecer interesante despejar incita a la vez a formular preguntas nuevas, cuya respuesta no se encontrará ya en él.

Porque no advertía aún que descubrimientos como ése marcaban avances importantes en mi aprendizaje de historiador, mientras concurría a la Facultad, al archivo y a la minúscula biblioteca nacional y universitaria de la ciudad, dudaba cada vez más de que pudiera encontrar en Turín todo lo que había esperado. Aunque copiar en el archivo los informes del barón me deparaba a cada paso modestos hallazgos y me planteaba igualmente modestos enigmas que hicieron que esa tarea no me resultase nunca tediosa, y por su parte mis exploraciones de los no menos modestos tesoros de la biblioteca me resultaban también plácidamente gratas, esa duda se me hacía cada vez más aguda porque temía no estar avanzando en mi formación tan velozmente como era necesario cuando –como lo advertía muy bien– estaba ya siendo tiempo de que dejara de pesar sobre mis padres. No advertía entonces todo lo que ésta avanzó en Turín, y no sólo porque para manejarme sin demasiados problemas en los varios archivos que iba a frecuentar en el futuro no necesitaría mucho más que las normas de buen sentido que había improvisado al iniciarme en esas tareas en el turinés; también mis lecturas en la biblioteca, aunque me parecía entonces que seguían avanzando por rumbos tan caprichosos como las que desde hacía años había llevado adelante en Buenos Aires, eran con todo más relevantes a mi objetivo final en cuanto ahora se organizaban espontáneamente en torno a núcleos temáticos que me atraían porque me interesaba la posibilidad de trabajar productivamente en ellos. Pero es cierto que ese cambio en mi manera instintiva de relacionarme con la disciplina, como productor y ya no como consumidor de historia, era quizás inevitable luego de que había producido, por así decirlo fuera de programa, el librito sobre Echeverría, y si mis lecturas me preparaban mejor que en el pasado para desempeñarme de modo solvente en la actividad que, bien o mal, había comenzado ya a ejercer, en muy poco contribuía a ello que las llevara adelante en Turín y no en Buenos Aires.

En cambio nunca hubiera podido en Buenos Aires descubrir y leer a Gramsci como lo hice en Turín. Lo que me llevó a descubrirlo fue que en la biblioteca turinesa, donde la entrega de los libros solicitados para lectura se demoraba tanto como en la Nacional de Buenos Aires, entre las diversas enciclopedias y bibliografías puestas a disposición de quienes esperaban esa entrega figuraban sus *Quaderni dal Carcere,* y lo primero que me atrajo en ellos fue la inquieta y movediza inteligencia y la aguda mirada que permitían a Gramsci decir cosas siempre nuevas e interesantes sobre los temas que se sucedían en sus páginas con un ritmo comparable al de la abigarrada sucesión de imágenes en un caleidoscopio. Pronto descubrí que, más allá de que bastara abrir al azar cualquiera de esos menudos volúmenes para leer algo que era habitualmente más excitante de lo que iba a encontrar en el libro que estaba esperando, en su examen del proceso de unidad de Italia encontraba sugestiones relevantes a los problemas que comenzaban a interesarme. En particular me resultó enormemente sugestiva la objeción de Gramsci a la alternativa opuesta desde la izquierda a la imagen dominante de ese proceso, a la que le reprochaba que opusiera a la que lo celebraba sin restricción alguna, sin ocultar que en él la participación de fuerzas populares había sido limitadísima, una a su juicio casi totalmente imaginaria que atribuía el desenlace sustancialmente conservador de ese proceso a la usurpación por parte de la corriente monárquico-moderada de los frutos de las luchas en que las republicanas y mazzinianas habían capitaneado a esas fuerzas populares. A juicio de Gramsci lo que correspondía era en cambio examinar al margen de cualquier intención celebratoria el proceso tal como efectivamente se había dado para descubrir las razones por las cuales la unidad sólo había podido conquistarse al precio de las gravísimas limitaciones que esa imagen dominante se negaba a reconocer como tales. Fue esa objeción que encontré inmediatamente convincente la que luego me abrió el camino para entender –de un modo que todavía me parece más adecuado que los entonces más usuales– la etapa de organización nacional que siguió al desenlace de Caseros.

Esa manera de leer a Gramsci era ya la que hoy se practica, por ejemplo, cuando se le asigna un lugar entre los padres fundadores de la corriente de *subaltern studies,* en cuanto no tomaba ya en cuenta que las reflexiones de este militante y jefe de un movimiento revolucionario que, luego de las derrotas sufridas por éste en sus intentos de asalto frontal a esa fortaleza central del orden capitalista que era entonces Europa, era ahora rehén de sus victoriosos enemigos, estaban inspiradas por la ambición de revertir las consecuencias de esa derrota, haciendo de ella el punto de partida de una guerra de posiciones destinada a librarse por largo tiempo en el seno de la sociedad europea, pero también por la convicción de que el movimiento comunista sólo podría cerrarla victoriosamente si era capaz de elaborar las estrategias radicalmente nuevas que demandaba una situación que también lo era. Ése era precisamente el objetivo que había llevado a Gramsci a emprender con mente abierta la exploración de las sucesivas experiencias revolucionarias vividas en Europa desde el Medioevo tardío, de la que esperaba deducir conclusiones válidas para ese inesperado presente.

Hoy es perfectamente comprensible que esa dimensión de la reflexión de Gramsci interese menos que sus intuiciones propiamente históricas, en cuanto –luego de que esa sucesión de experiencias revolucionarias parece haberse cerrado con el espontáneo derrumbe de la más osada de todas ellas– ese proceso, que atraviesa el entero arco temporal de la modernidad, parece retener también él un interés casi exclusivamente histórico. Pero cuando yo leía a Gramsci en Turín el movimiento comunista estaba librando en Italia esa guerra de posiciones, en la que en ese momento se le abrían perspectivas más favorables que nunca en el pasado, y eso no me impedía ignorar ya entonces esa dimensión actual y futura de los planteos de Gramsci aún más totalmente de lo que suele hacerse hoy. Sin duda ese no tomarla en cuenta debió mucho a mi modo instintivo de relacionarme con la política, que siempre me ha interesado mucho más como espectáculo que como un posible campo de actividad, pero estoy seguro de que mi experiencia turinesa contribuyó también a que ignorara esa dimensión central en las reflexiones de Gramsci dado que todo lo que vi en ella me pareció muy alejado de lo que se esperaría encontrar en una sociedad que se preparase –así fuese lentamente– para el combate final entre dos clases, dos ideales políticos, dos modos de relación con la esfera religiosa, en suma dos concepciones del mundo enzarzadas en una lucha a muerte.

No percibí rastros de ello en el testimonio de mi familia turinesa, que me recibió con los brazos abiertos y hablaba mucho más de las durísimas experiencias sufridas durante la guerra que de las perspectivas del presente. Ahora vivían en departamentos bastante modestos, mi tío Felice, hermano de mi abuela, con su esposa en el que habían conseguido luego de la Liberación, de vuelta de más de un año en que –luego de que el muy atractivo que habían ocupado por años fue destruido en uno de los infinitos bombardeos que sufrió la ciudad– encontraron refugio en un pueblo desde el que mi tío debía viajar diariamente un par de horas en trenes atestados para atender su empleo en la municipalidad de Turín; mientras la hija, casada con un contador a quien había conocido durante la guerra y que estaba haciendo una carrera muy exitosa en la Fiat, vivía ahora en un barrio ultraproletario y en una especie de falansterio (muy parecido al romano que iba a servir de escenario para *Una giornata particolare*, el film de Ettore Scola), donde reinaba un consenso sólidamente comunista del que tanto ella como su marido estaban desde luego totalmente alejados (en 1947, en el plebiscito sobre la forma de gobierno, habían sido mis únicos parientes turineses que se habían pronunciado por la monarquía), y era fácil percibir que aun aislados en esa fortaleza roja estaban viviendo la dimensión de clase del conflicto que dividía a la sociedad italiana mucho menos intensamente que quienes debían participar desde una comparable frontera de clases en el que en ese momento atravesaba la Argentina.

Era por otra parte indudable que ni ellos ni sus íntimos adversarios, ni nadie probablemente en Turín, creía que el conflicto que dividía a Italia fuera a resolverse en el marco de la guerra de posiciones que en la visión de Gramsci estaba destinada a alcanzar un desenlace convencionalmente revolucionario, y es incluso improbable que fueran muchos los que esperaban que las izquierdas pudieran revertir en un futuro previsible el resultado electoral que en 1948 había consagrado el predominio inesperadamente abrumador de la democracia cristiana. Era en cambio valor entendido que la única eventualidad que podría cambiar radicalmente el equilibrio político sería el retorno de la guerra; la portera comunista que en un programa cómico de la RAI reaccionaba ante cualquier contrariedad musitando *g'a da veni Baffone* ("tendría que venir Bigotazo", es decir Stalin) daba voz fidedigna a una convicción muy compartida, y no sólo en su bando.

También era notable que al introducir la radio oficial esa apelación a un ejército extranjero no se propusiera agregar una nota siniestra al perfil del personaje. Es que con ella la irascible portera continuaba una tradición muy italiana, en la que Stalin heredaba el papel de ese emperador Enrique de Luxemburgo en cuya venida desde allende los Alpes Dante había fundado todas sus esperanzas. Mientras cuando en Francia De Gaulle acusaba a los comunistas de haberse autoexcluido de la comunidad nacional sabía que refrendaba con su autoridad una opinión ampliamente compartida, en Italia ese argumento apenas se escuchaba, y ello no sólo porque en una potencia de segundo orden, que siempre había necesitado apoyarse en otras más poderosas, ya en las elecciones de 1948 el argumento más eficaz usado contra el bloque de izquierdas no había sido la denuncia de sus vínculos con la Unión Soviética, sino el inventario constantemente repetido de las ventajas que hacían preferible que Italia permaneciese integrada en la órbita de los Estados Unidos. Pesaba aún más contra el uso de ese argumento el recuerdo –que permanecía muy vivo– del papel representado en el entero proceso de unidad italiana por una Iglesia Católica que hacía sólo poco más de veinte años se había resignado a tenerlo por irreversible, que permitía a quienes fueran acusados de servir a lealtades divididas llevar la discusión a un terreno muy poco favorable a una coalición de gobierno sobre la que esa institución ejercía abrumadora influencia.

La consecuencia era que también en este aspecto lo que separaba a los movimientos rivales estaba lejos de ser un abismo, y era aún menos percibido como tal porque el público ante el cual esos dos rivales presentaban sus argumentos había aprendido demasiado en la época de catástrofes que acababa de dejar atrás para aceptarlos sin beneficio de inventario. Hablar del pasado y el presente con mis parientes de Turín me dejó la impresión de que en ellos la resistencia a ofrecer adhesión plena a cualquiera de las versiones que se la solicitaban no se acompañaba ni siquiera de un esbozo de versión alternativa, lo que se reflejaba en las desconcertantes variaciones en los juicios que iban emitiendo acerca de los episodios y acontecimientos de las décadas pasadas, a las que era difícil achacar otra causa que algún repentino cambio de humor.

Si en 1937 habían ya considerado que el régimen fascista era una calamidad con la que era necesario –pero por fortuna todavía posible– convivir, y en abril de 1945 habían celebrado su definitiva desaparición del horizonte como el fin de una pesadilla, sin sorprenderse ni escandalizarse porque las ejecuciones sumarias de combatientes del bando derrotado, de cuya participación en el pasado reino del terror tenían un recuerdo demasiado fresco, se prolongaran por varias semanas, eso no impedía que la tía Adele, casada con el tío Felice, que en la primera carta enviada después de la Liberación había incluido una foto de los cadáveres de Mussolini y acompañantes colgados cabeza abajo en la histórica estación de servicio de Milán, en la que había inscripto como piadoso epígrafe, en su bien perfilada caligrafía de educanda, *Il Signore ha esaudito le mie preghiere* ("el Señor ha querido escuchar mis plegarias"), recordara ahora alguna vez con ánimo nostálgico la introducción de las vacaciones pagas y la creación de colonias de vacaciones en mar y montaña por el régimen mussoliniano, para concluir sentenciosamente que no todo había estado podrido en el fascismo. Hay que agregar que lo que hacía menos sorprendentes esos erráticos cambios de opinión era la convicción de que lo que se juzgaba era un pasado sepultado para siempre bajo la montaña de ruinas que había sido su legado final, y que por lo tanto cualquier juicio sobre él no podía ya alcanzar ninguna consecuencia práctica en cuanto al presente. Cuando mis parientes volvían la mirada hacia ese presente desplegaban en cambio una indiferencia un tanto despectiva frente a un proceso político del que creían saber que no necesitaban ya esperar ni temer grandes sorpresas, mientras celebraban (y quizás exageraban) la rapidez con que la reconstrucción avanzaba sobre ese paisaje de ruinas con un entusiasmo que hacía que el consenso que rodeaba al nuevo régimen fuera mucho más sólido de lo que sugería la total falta de entusiasmo con que solían referirse a la clase política que lo administraba.

Estoy seguro de que la actitud de mis parientes reflejaba mejor que la que yo iba a conocer en el pequeño mundo que giraba en torno a la universidad turinesa el consenso dominante en ese momento en Italia, y ello aun sin duda entre no pocos votantes de izquierda (mientras entre los militantes más fervorosos del comunismo no faltaban quienes juzgaran que Palmiro Togliatti, el habilísimo jefe del partido, iba demasiado lejos en sus esfuerzos por presentarse ante la opinión como el vocero de una normal fuerza opositora decidida a no exceder el marco de la Constitución republicana, su programática moderación de lenguaje y estilo nunca alcanzó a abrir una grieta en la monolítica solidez de su electorado), pero inevitablemente la perspectiva con la que aprendí a ver a la Italia, la Europa y aun el mundo que estaban dejando atrás la posguerra estaba más influida por la dominante en ese mundillo que ofrecía el marco para casi todas mis actividades que por las cambiantes reacciones que me llegaban de mi ámbito familiar, y por eso corresponde que diga aquí algo más sobre ella.

Y lo que predominaba en él en ese momento era una alarma creciente ante la también creciente influencia clerical en la esfera de la enseñanza, y aquí clerical es la palabra justa, en cuanto todavía el partido demócrata cristiano no había logrado construir una máquina electoral propia y el voto católico seguía estando organizado por los llamados Comités Cívicos, que habían crecido como hongos después de la tormenta en el inmenso vacío político dejado en las clases burguesas por el derrumbe del fascismo, y que –bajo el comando de militantes de la Acción Católica– servían de fidelísimos agentes electorales para el cada vez más ambicioso cuerpo episcopal. En las universidades y liceos ese influjo se hacía sentir a través de episodios muy poco edificantes (eran éstos particularmente frecuentes en cuanto a la designación de jurados en los concursos de profesores de liceos y universidades con vistas a obtener resultados decididos de antemano, lo que estaba lejos de ser una novedad en los usos italianos, pero nunca antes –ni aun, como solía ahora recordarse, en las horas más sombrías del fascismo– había ocurrido de modo tan sistemático y con tanto desprecio por cualquier criterio académico), y se entiende que frente a esa avasalladora ofensiva cualquier oposición organizada pudiera ser bienvenida.

Había además otra circunstancia que contribuía a hacer que el comunismo no se viera relegado a una suerte de gueto político e ideológico; aunque hoy suele presentarse a la renacida fe en los principios de la democracia liberal como el sólido basamento ideológico del orden institucional que iba a enmarcar la etapa de máxima prosperidad que conocería Europa occidental, es ésta una visión estrictamente retrospectiva, que al abrirse la posguerra no era plenamente compartida por ninguno de los partidos y movimientos que colaboraban en la reconstrucción que comenzaba. En Italia se agregaba a ese dato válido para la entera Europa occidental la existencia de fuertes elementos comunes entre el liberalismo de Croce y el marxismo de Gramsci; entre ellos un radical historicismo que llevaba a ambos a rechazar con idéntica firmeza lo que en la tradición democrática continental sobrevivía del legado ilustrado (y en particular la devoción por los "inmortales principios" de 1789, para la cual Croce había reservado por años sus comentarios más sarcásticos, que sólo iba a abandonar luego de que el triunfo del fascismo tornó inoportuno persistir en el tema), y pesaba todavía más la prolongada convivencia con un orden totalitario que ahora casi todos consideraban irrevocablemente relegado al pasado por su catastrófico fracaso final, pero que durante su vigencia había logrado convencer a vastas mayorías de que era en cambio el retorno a un pasado liberal muerto más allá de cualquier posibilidad de resurrección el que se había hecho ya radicalmente imposible (y el testimonio que ofrecía una restaurada democracia liberal en la que –como ocurría también en el resto de la Europa continental– las visiones de futuro de los mayores partidos de masas, tanto en el gobierno como en la oposición, miraban más allá o más acá de ella era demasiado ambiguo para que hiciera forzoso revisar ese pronóstico negativo).

En el campo de las humanidades pesaba además la situación paradójica en la cual la reconciliación del régimen con la Iglesia Católica colocó a quienes habían sido pioneros en la adhesión a aquél, lo que ofreció ya a Croce un nuevo blanco para sus sarcasmos en la que describía como la disputa entre Arlequín y Brighella, el criado astuto y el criado tonto de la *Commedia dell'Arte;* el criado astuto era desde luego el sector católico que estaba ya conquistando una posición tras otra y se preparaba a heredarlo todo a la muerte del amo; el criado tonto tenía su personificación más acabada en Giovanni Gentile, dispuesto a esperar con infinita paciencia el día en que en el terreno abundantemente abonado por el régimen fascista florecería por fin el cándido lirio del Estado ético. Pero si entre quienes, como Gentile, habían introducido el fascismo en el mundo académico e intelectual la que Croce llamaba tontería podía inspirarse en una muy comprensible resistencia a admitir que la audaz apuesta política e ideológica en la que habían jugado tantas cosas se había revelado ya perdedora, quienes sólo ingresaban en esos mundos bajo el imperio del fascismo encontraban más bien en ella el modo de asegurarse un mínimo margen de libertad intelectual bajo un régimen que tampoco en esos campos renunciaba a fijar orientaciones frente a las cuales no toleraba disidencias, pero que las definía en términos suficientemente vagos para que bajo sus etiquetas pudieran sostenerse las más variadas propuestas alternativas. Se creaban así vastas zonas de coincidencia entre quienes se proclamaban fascistas reservándose el derecho de interpretar a su manera qué significaba para ellos serlo y quienes no se consideraban tales, pero estaban resignados a convivir con el régimen fascista por el resto de su vida. Y por añadidura el régimen mismo no se negaba a convivir discretamente y sin escándalo con unos y otros, si era ése el precio que debía pagar para poder poner su sello a una empresa tan merecidamente prestigiosa como lo había sido por ejemplo la de la Enciclopedia Italiana, que aunque formalmente dirigida por Gentile debió mucho de su éxito a la activísima (y totalmente pública) colaboración de su vicedirector Gaetano de Sanctis, el ilustre historiador de la antigüedad que había quedado fuera de la universidad como consecuencia de su negativa a ofrecer el juramento de fidelidad al nuevo régimen.

Era comprensible entonces que en el mundo universitario (en el que los miembros del partido comunista eran una reducida minoría tanto del cuerpo docente como del estudiantado) mientras en el presente el contrapeso que la izquierda capitaneada por el partido ofrecía al avance clerical era tan apreciado como en efecto merecía serlo, aun la eventualidad de su futuro triunfo era considerada con notable ecuanimidad por quienes ya habían vivido por dentro una experiencia totalitaria, convencidos quizá de que si les tocara vivir una nueva, esta vez con signo comunista, se descubrirían más cómodos en ella que en la que antes habían conocido. Sin duda sólo hacía posible esa confianza la sincera ignorancia de la realidad soviética que predominaba tanto en el partido como en el resto de la izquierda, mientras los pocos que la habían conocido por dentro y estaban todavía sorprendidos de haber salido con vida de esa experiencia se guardaban muy bien de comunicar lo que habían vivido en ella, pero contribuía aún más a ella la convicción de que ese triunfo sólo podría alcanzarse como desenlace de un nuevo y más salvaje conflicto mundial, cuya consecuencia inevitable sería una recaída en la barbarie en la que tocaría desempeñar a los centros que el triunfante poder soviético consagraría a perpetuar la ideología del materialismo dialéctico un papel análogo al de los monasterios benedictinos, que –aunque no habían sido creados con ese propósito– aseguraron en los hechos la supervivencia del legado clásico.

Más que esa dudosa filosofía de la historia, era la experiencia que estaba viviendo en Turín la que me persuadía de la validez de esas perspectivas; así, mientras la editorial Einaudi, por entonces "cercana al Partido", se concentraba en el campo filosófico en la publicación de traducciones de Husserl y Heidegger, el senador Emilio Sereni, que en sus poco felices incursiones en el campo literario ganó el mote de Zhdanov italiano, aunque sus gustos decididamente conservadores lo hubieran hecho igualmente merecedor del de Croce bolchevique, en su propio campo, que era el de la historia, inscribió como lema bajo el título de su excelente *Storia del paesaggio agrario italiano,* en lugar de la canónica cita de Lenin que hubiera sido esperable, una de Lucien Febvre. Me convencí de que todo eso reflejaba algo más que la consigna adoptada por Togliatti para el frente cultural, según la cual el primer deber de un estudioso comunista era demostrar que en su campo era tan competente como uno no comunista, cuando *Rinascita* publicó el luego célebre escrito de Mao sobre la lógica, el comentario que oí del grupito de estudiantes comunistas de la facultad turinesa, según el cual el jefe del partido chino había tomado una decisión muy sabia al dedicarse a la política, ya que como filósofo difícilmente hubiera podido ganar un concurso para un puesto de liceo, terminó de persuadirme –recordando como recordaba la veneración con que sus camaradas argentinos solían acoger las toscas contribuciones que en ese y otros campos brotaban de la pluma de Victorio Codovila– de que en Italia el comunismo era por lo menos en ese aspecto distinto del que siempre había conocido.

Cuando acompañé a mamá en parte de su viaje por Italia pude descubrir rápidamente que lo que había conocido en Turín era aún menos generalizable de lo que había imaginado; en Florencia, pese a que en Toscana el comunismo había conquistado la plena hegemonía electoral de la que nunca iba a gozar en el Piamonte, en el campo cultural no la ejercía como en la capital piamontesa dentro del frente laico y antifascista, mientras en Roma los vínculos con el pasado fascista conservaban una visibilidad que no había esperado encontrar (en las paredes exteriores de la Universidad seguían grabadas frases –por otra parte perfectamente anodinas– de Mussolini, y en el restaurante de barrio donde terminamos comiendo casi todos los días de nuestra visita romana uno de los habituales saludaba al entrar con el brazo en alto, es verdad que con el ánimo más chacotón que belicoso que luego iba a mantener en las discusiones políticas en las que inmediatamente se enzarzaba con sus amigos y comensales de siempre, pero eso mismo hacía aún más impensable que esa escena pudiera reproducirse en Turín, donde permanecía aún plenamente abierto el abismo cavado por la sangrienta última etapa del dominio fascista). Pero el descubrimiento de lo que el que podría llamar modelo turinés tenía de limitado en su vigencia no debilitó la huella que me dejaron los meses en que viví sumergido en él, y supongo que a ella debo el haber vivido las etapas más álgidas de la guerra fría sobre un diapasón menos dramático de lo que la intensidad alcanzada en ellas por ese conflicto hubiera justificado.

Me parece ahora también que la fascinación que me inspiró ese modelo turinés debía mucho a que, dado el momento en que lo conocí, mi término de referencia era inevitablemente una Argentina dividida entonces contra sí misma bajo el impacto de la revolución peronista, y que lo que me lo hizo sobre todo atractivo era su capacidad de volver soportables conflictos que giraban en torno a cosas en el fondo mucho más serias que los que en la Argentina nos mantenían en un estado de agitación permanente por razones que, apenas se comenzaba a ver todo eso desde afuera, no parecían justificar del todo reacciones tan vehementes.

Eso no impidió que, apenas me embarqué de retorno en el *Castelverde* –un barco de clase única y extremadamente económica que nunca pudimos averiguar exactamente a cuál de los grandes armadores griegos pertenecía– y me incorporé allí a una muchedumbre de improvisados turistas que retornaban a sus rincones suburbanos tras un descubrimiento del Viejo Mundo puesto a su alcance gracias a la tasa de cambio excepcionalmente favorable con que el régimen peronista les seguía vendiendo sus cada vez más escasas divisas, pero no dejaban por eso de referirse a la situación que iban a encontrar en la Argentina con un tono que hubiera sido más adecuado en boca de aristócratas despiadadamente proletarizados por un régimen implacable en su hostilidad, me bastara volver a sumergirme en ese modelo argentino tan distinto del que había conocido en Turín para que recuperara a mis ojos su pleno sentido lo que desde lejos parecía no tenerlo.

Ya para entonces los dilemas creados por la convivencia con el nuevo régimen (que años antes habían logrado invadir los sueños de Borges) se habían hecho aún más ineludibles. Poco antes de mi partida a Italia habían empezado a girar en torno a lo que se llamaba algo enigmáticamente "el número", refiriéndose al inscripto en el carnet del Partido Peronista que era ahora requerido a cuantos aspiraran a un nombramiento en la administración pública. Entre quienes conocíamos fue Vicente Fatone el primero en tropezar con ese requisito introducido del modo más sigiloso, pero aun así ineludible; lo vino a descubrir cuando las autoridades de mi antiguo colegio decidieron regularizar su designación en una cátedra que ocupaba interinamente desde que, años antes, había ganado el concurso correspondiente; y encontró una línea en un formulario que debía llenar para iniciar el trámite de su designación que le solicitaba inscribir en ella su número de afiliación, pero callaba pudorosamente el nombre de la entidad con que ella lo vinculaba. Cuando Fatone llenó esa línea con el de su afiliación a la Caja de Jubilaciones Civiles su rasgo de humor fue tan escasamente apreciado que motivó su cesantía en todos los cargos que ya ocupaba.

Me pregunto cómo yo no advertía entonces que la imposibilidad de encarar una carrera normal en el campo para el cual me estaba preparando, en la que la imposición de ese nuevo requisito había venido a colocarme, me planteaba un problema para el que no se adivinaba ninguna solución satisfactoria; la única respuesta que se me ocurre es que, aunque no dejaba de advertirlo en un plano teórico, quizá la resistencia a encarar problemas de largo plazo que reinaba en el grupo al que yo pertenecía, y que debía tanto a la esperanza de que la situación en que nos encontrábamos colocados se revirtiera antes de desplegar todo su potencial negativo cuanto a la dificultad de imaginar estrategias adecuadas si es que continuaba avanzando indefinidamente en el rumbo que ya había tomado, impedía que el interrogante sin respuesta que esa situación hacía pesar sobre mi futuro me hiciera vacilar ni por un instante en mi decisión de llevar adelante hasta el fin el programa que me había trazado, y que me preparaba a retomar con nuevos ánimos luego de que por la carta que encontré de papá en la escala de Río de Janeiro me enteré de que luego de demasiados meses de inexplicadas demoras la publicación del Echeverría era ahora de veras inminente.

Pero en la siguiente escala de Montevideo descubrí entre los que en la dársena esperaban la llegada del *Castelverde* a mamá vestida de luto; había decidido anunciarme allí, más bien que en medio de la baraúnda del retorno a Buenos Aires, que papá había muerto unos pocos días antes, como consecuencia de una crisis cardíaca que esta vez no había tenido ya fuerzas para superar, y me tocó volver a mi casa entristecida abrumado por la pena y la culpa que sentía por mi ausencia en el momento de esa muerte tantas veces anunciada.

Años de aprendizaje II

Sólo sentí plenamente lo que significaba la noticia que me había dado mamá en Montevideo al encontrarme de nuevo en casa, que era desde ese momento el lugar del que papá iba a estar para siempre ausente, y en el que la descubrí a ella por primera vez anonadada frente a un golpe del destino; viuda al entrar en la cincuentena, mientras se hacía cada vez más precaria su posición en la enseñanza, en torno a la cual había terminado por organizar su vida, debía encarar bajo los peores auspicios imaginables una prematura transición hacia una nueva etapa en la que del futuro no podría esperar ya la más plena realización de los proyectos hacia los cuales había venido orientándose, y sí en cambio una erosión progresiva de lo que de ellos había podido realizar hasta el presente. Por su parte mi hermana, que la había sostenido y la seguía sosteniendo con admirable entereza en ese trance tan difícil, veía abrirse ante ella un futuro mucho menos problemático: estaba en efecto avanzando exitosamente en sus estudios de química y tenía planeado casarse una vez que los concluyera. Mi situación era muy distinta, y a mi retorno caí en un abatimiento que me dejaba con escaso ánimo para reanudar mi programa de estudios con el ritmo febril que luego de la muerte de papá me era aún más indispensable recuperar. Mamá me propuso entonces que, sin pensar por el momento en mis problemas de largo plazo, me entretuviera rindiendo un par de materias de la carrera de Historia cuya preparación no me planteara dificultades demasiado serias. Así lo hice, y haber cosechado sin esfuerzo un par de sobresalientes me devolvió el ímpetu que necesitaba para seguir avanzando en esa carrera al ritmo que más que nunca necesitaba mantener.

Mientras en Derecho sólo debía cursar el seminario de fin de carrera, para lo cual había ya decidido inscribirme en el de Filosofía del Derecho que dictaba Carlos Cossio, ahora era en Filosofía y Letras donde de-

bía concentrar mis esfuerzos por completar en un mínimo de tiempo
los cursos que me faltaban del plan de estudios de Historia, que eran
casi todos. La experiencia que así comenzaba iba a ser muy distinta de
la que había transcurrido en Derecho, y aunque algo influyó en eso que
la ausencia de exámenes mensuales sólo permitiera avanzar en el curriculum de historia a un ritmo menos inhumano que el que me había impuesto en la carrera de leyes, lo decisivo fue que ahora me interesaba
de veras lo que estaba haciendo, tanto en los temas que no me resultaban del todo nuevos como en aquellos en los que era totalmente bisoño. Aunque, dados los plazos que me había fijado, también ahora
aprobé casi todos los cursos como estudiante libre, me tomé tiempo
para cursar como regular algunos que me interesaban especialmente;
así el de Historia Antigua, en el que Alberto Freixas se ocupó de los comienzos del Imperio de Oriente, desde Constantino hasta Justiniano, y
desde luego los ofrecidos por don Claudio Sánchez-Albornoz, tal como
ya me había recomendado José Luis Romero cuando por primera vez lo
consulté sobre mi proyecto de hacerme historiador. Con él cursé, a más
del admirable curso de historia institucional del medioevo leonés y castellano que ofrecía canónicamente todos los años, uno de historia moderna, cátedra que no recuerdo por qué circunstancia había quedado
temporalmente a su cargo, en el que se divirtió –y nos divirtió– mucho
encarando de modo bastante más anecdótico la historia del reinado de
Felipe II. A éstos se agregaron sólo dos de Ángel Castellan, uno de Historia de la Historiografía en el que se ocupó de la crónica florentina
desde Compagni hasta Guicciardini y luego otro dedicado a la antropo-
logía filosófica del Renacimiento italiano que ofreció como el curso de
Perfeccionamiento en Historia que acababa de ser incluido en el plan
de estudios junto con otro de Perfeccionamiento en Letras para acompañar al de Perfeccionamiento en Filosofía, creado para el padre Her-
nán Benítez, que al caer de ciertas tardes atraía a la Facultad a un exótico público de damas tan elegantemente ataviadas como las que por
entonces solían aún frecuentar la cercana sede de Amigos del Arte.

No había pensado hacerlo, pero al concurrir a una clase del primero
de esos cursos descubrí que en Castellan había encontrado a alguien
que tenía mucho que ofrecer, lo que no impedía que su figura me recordara con absurda insistencia la de *Jude the Obscure*, el protagonista de
la novela de ese título de Thomas Hardy, que había aspirado en vano a
estudiar en Oxford o Cambridge, y toda su vida se había consumido en

un amor a distancia –y por lo tanto imposible de consumar– por el mundo de la cultura. Lo que Castellan, que vivía desde su más extrema juventud inmerso en ese mundo, tenía a pesar de ello en común con el melancólico Jude inventado por Hardy se reflejaba en su algo indiferenciada curiosidad por los más recónditos recovecos del saber erudito, que sugería que frente a él conservaba intacto el deslumbramiento de quien lo contemplara desde afuera. Él mismo me iba a revelar la clave de su compleja relación con el mundo de la cultura unos años después, durante la turbulenta etapa que en la Universidad siguió a la caída del primer peronismo, en la que pareció por un momento condenado a perder las posiciones que había conquistado en la de Buenos Aires. Como me consultaran entonces desde la de Córdoba si sabía de algún candidato dispuesto a tomar a su cargo las cátedras de Historia Moderna en los términos excepcionalmente atractivos que estaban dispuestos a ofrecerle, le pregunté si eso podía interesarle, y tras agradecerme muy efusivamente que se me hubiera ocurrido hacerlo me informó que por desdicha le era imposible aceptar esa posición porque (fueron textualmente sus palabras) "yo soy por encima de todo un hombre de Bernal".

Como tal era una suerte de anacronismo viviente; en efecto, la trayectoria que se reflejaba en esa doble pertenencia a un mundo suburbano en que era todavía reconocible el de Carriego y a un mundo erudito un poco anémico en su exquisito refinamiento había sido más habitual en la generación de mis padres que en las que vinieron luego. Pero si él no percibía problema alguno en todo eso, cuando tomé contacto con él vivía mucho más problemáticamente su relación con el contexto universitario en que le tocaba ahora actuar gracias a que había iniciado su evolución ideológica bajo el signo del catolicismo antimoderno cuando éste estaba aún viviendo sus últimos esplendores. Fue sin duda ese remoto antecedente el que facilitó su incorporación al profesorado universitario en la etapa en que –como recuerda en sus *Memorias* Marcelo Sánchez Sorondo– Perón, después de cerrar a los nacionalistas el camino de la acción pública, les abrió un campo de acción alternativo en la Universidad y en la política cultural del Estado.* Ocurre que Caste-

---

* Marcelo Sánchez Sorondo, *Memorias. Conversaciones con Carlos Payá*, Buenos Aires, Sudamericana, 2001, p. 89.

llan, que sentía muy escasa estima por casi todos los que se habían incorporado a la docencia universitaria junto con él, sabía que estaba siendo apriorísticamente englobado en ese juicio negativo por los muchos que lo compartían tanto dentro como fuera de la Universidad, y también eso se reflejaba en las reticencias que marcaban la relación que él estableció conmigo y yo con él: mientras yo nunca le dije que encontraba bastante duro que al discutir mis expectativas de futuro él se refiriese a mi exclusión de la universidad como si formara parte del orden natural de cosas (recuerdo la mirada compasiva que me dirigió cuando le dije en 1954 que quizá la situación podría revertirse en cuanto a esto), él por su parte nunca comentó explícitamente que la situación en ese aspecto tan desdichada en la que yo había venido a quedar colocado me había a la vez abierto el acceso a ámbitos que le estaban vedados (aunque se acercó mucho a hacerlo cuando, para esas mismas fechas, tras decirme cuánto le había gustado la tesis que yo acababa de entregar en la Facultad para ser juzgada por un tribunal del que él iba a formar parte, agregó en tono decididamente menos cordial "y desde luego usted no va a tener ninguna dificultad en publicarla") .

Si me he detenido en este episodio de mi paso por la carrera de Historia no es sólo porque fue uno de los muy escasos que me dejaron un saldo positivo, sino más aún porque en él se reflejan de modo bastante claro los cambios que el paso del tiempo estaba introduciendo en la situación de los marginados por el nuevo orden político. Mientras la vigilancia requerida para defender a quienes lo estábamos de cualquier tentación de incurrir en las conductas claudicantes que nos hubieran permitido quizás escapar a esa marginación se tornaba cada vez más necesaria frente a un nuevo orden que no cesaba de expandir las áreas que reorganizaba bajo su sello, la introducción del requisito de afiliación partidaria, al hacer de la adquisición del número correspondiente la prueba por excelencia de que esa claudicación había en efecto tenido lugar, vino a hacer admisibles para quienes se resistían a adquirirlo contactos hasta poco antes tenidos por inaceptables, que contribuían a introducir en el ríspido paisaje político de la Argentina surgida de la revolución peronista zonas de penumbra en las cuales el abismo que separaba a oficialismo de oposición se atenuaba para hacer posibles contactos como el que acabo de evocar, en que las mutuas reticencias no eran incompatibles con la mutua estima. Era ésta una deriva que podía haber quizá llevado a una situación comparable a la que había cono-

cido Italia en los años centrales de la era fascista, pero –aunque no iban
a faltar luego algunos signos de que en efecto se estaba avanzando en
esa dirección– esos avances se verían pronto frustrados por el arremolinarse de obstáculos cada vez más abrumadores en el camino del régimen peronista, pero quizá más aún por los efectos de las imprevisibles
reacciones que frente a ellos fue improvisando la voluble imaginación
política de su fundador y líder, que hicieron cada vez más difícil –y finalmente imposible– a ese régimen consolidarse sobre líneas estables.

Donde deseché de antemano la posibilidad de seguir como alumno
regular fue en los cursos de Historia Americana y Argentina, y eso me
originó problemas que no iban a planteárseme en otros campos.
Cuando al presentarme a rendir Historia de América anuncié al profesor Torre Revello mi propósito de hacerlo como libre y me repuso que
sin duda yo sabía a qué me exponía al hacerlo, lo interpreté como un
signo claro de que había decidido ya aplazarme, y puesto que no tenía
nada que perder se me ocurrió replicarle que no lo sabía, pero él sin
duda me lo iba a explicar. Aunque sólo me contestó con un gruñido,
creo que a esa réplica cuya insolencia le hizo quizá prever que no lograría hacerlo sin escándalo le debo haber pasado ese examen con un
bueno. No tuve tanta fortuna en el de Historia Argentina, en el que el
profesor Gabriel Puentes me aplazó después de interrogarme sobre
Echeverría, lo que me indignó bastante y me decidió a hablar con el decano, que era en ese momento Federico Daus, de cuyos cursos de geografía en el Colegio conservaba un excelente recuerdo. Me recibió muy
amablemente pero al parecer di rienda demasiado suelta a mi indignación porque se limitó a observarme que si gritaba así por lo que me había pasado qué reservaba para cuando me pasara de veras algo serio.
Aunque no me anunció que se propusiese intervenir en el asunto, sólo
a su intervención puedo atribuir que cuando me presenté a repetir el
examen encontrara a un Puentes totalmente transformado, que ya antes de cruzar la puerta me informó en el tono más amable –y como él
sabía perfectamente, de modo del todo innecesario– que lamentable-
mente rindiendo como libre debía someterme a la formalidad de un
examen escrito. Integraba la mesa examinadora Héctor Sáenz y Que-
sada, entonces a cargo del curso de Historia Contemporánea, quien era
a la vez que un nazi impenitente un encantador *clubman,* dueño de un
malicioso sentido del humor que en esa ocasión lo incitó a recordar a
Puentes, apenas pasé a dar el oral, que el reglamento establecía que por

ser yo alumno libre ese examen debía durar un mínimo de 45 minutos (un requisito que se cumplía tan poco que –después de haber rendido no sé cuántos exámenes en ese carácter– yo ignoraba del todo su existencia), y luego de eso se encerró en un sonriente silencio, mientras Puentes buscaba afanosamente durante esos interminables tres cuartos de hora los nuevos temas que debían salvarnos de caer en un prematuro mutismo.

Ese par de experiencias me confirmó que, como había sospechado de antemano, me era imprescindible buscar un padrino de tesis fuera del campo histórico al que pensaba dedicarme, y decidí entonces preguntar a don Claudio Sánchez-Albornoz si estaba dispuesto a desempeñar ese papel. Don Claudio, con gran generosidad, accedió de inmediato, y desde entonces comencé a pasar buena parte de los ratos libres que me dejaban los cursos que seguía en la Facultad en su Instituto de Historia de España, donde fui hospitalariamente acogido por las investigadoras de planta, que a más de sus trabajos específicos habían tomado a su cargo el muy absorbente de cuidar y mimar a don Claudio. Alguna vez me tocó sumarme a ellas en una expedición capitaneada por éste, que tenía por objetivo la compra de un sombrero nuevo para el director del Instituto, y en otra ocasión participé en su fiesta de cumpleaños, en su departamento de la calle Anchorena, en la que recibía a sus invitados envuelto en su capa morada de miembro de la Academia Española de la Historia, en un gesto que ostentosamente ignoraba la expulsión fulminada contra él por las autoridades puestas al frente de la institución luego del triunfo del franquismo.

Don Claudio estaba ya enfrascado en la empresa que sus auxiliares llamaban del Anti-Castro, pero que era menos una tentativa de refutación puntual de la visión de la historia de España que venía elaborando Américo Castro a partir de su *España en su historia*, publicada en 1948, que la elaboración de la visión alternativa desplegada y exhaustivamente fundamentada en 1956 en los dos macizos volúmenes de su *España, un enigma histórico*. Esa polémica me podía haber creado un delicado problema en un instituto apasionadamente identificado con las posiciones de su director, pero por fortuna fue éste quien me eximió de sumarme a las huestes ardientemente movilizadas en su defensa, asegurándome que comprendía perfectamente –y no le molestaba en absoluto– que mis compromisos familiares me vedaran hacerlo.

En el marco de la universidad peronista el Instituto de Historia de España gozaba de una suerte de estatuto de extraterritorialidad, que no se reflejaba tan sólo en que se convirtiera algunas veces en sede de una tertulia republicana que recordaba las de cesantes evocadas por Galdós en más de un volumen de sus *Episodios Nacionales,* sino en el desenfado con que casi todas las tardes el personal visitante desde institutos vecinos comentaba las novedades políticas de la escena nacional y la universitaria. Don Claudio, que no se prohibía participar en esos comentarios, lo hacía en actitud más distante, e invocando siempre su rica experiencia, un poco como supongo que lo hace la soberana inglesa cuando usa de su derecho de *advise, guide and warn* a sus sucesivos primeros ministros. Sobre esos términos había establecido una relación muy cordial con el padre Benítez, a quien durante la delirante última etapa del régimen peronista no se cansaba de advertir, invocando una vez más esa experiencia, que la carne de cura suele resultar indigesta, y a quien siguió abrazando efusivamente cada vez que se encontraban en el vestíbulo de la Facultad durante las breves semanas en que, triunfante ya la revolución de 1955, quien había sido confesor de Eva Perón siguió para sorpresa general dictando sus clases a un séquito femenino apenas raleado por el cambio de circunstancias.

Ya antes de todo eso pudimos medir a través de otro episodio en el que tuvo también parte el padre Benítez hasta dónde llegaba el privilegio de extraterritorialidad del que gozaba don Claudio. Era en los últimos meses de la agonía de Eva Perón, y frente a la Facultad en la calle Viamonte el altoparlante de una unidad básica del Partido femenino hacía oír incansablemente una monótona cantinela en homenaje a la Abanderada de los Humildes. En algún momento ese insistente ritornelo resultó demasiado para don Claudio, quien, desoyendo las protestas de sus aterrorizadas colaboradoras, les ordenó que discaran el número del padre Benítez y, tras declararle que estaba ya harto de oír "es el pueblo que te ama, Eva Perón, Eva Perón, Eva Perón" y "es el pueblo que te aclama, Eva Perón, Eva Perón, Eva Perón", terminó suplicándole que hiciera callar a "esas putas", y para nuestra sorpresa (y alivio) a los dos minutos se hizo un silencio que ya no sería interrumpido.

El privilegio del que gozaba don Claudio sin duda debía bastante a que en casi todos los temas la orientación de quien era en ese momento Presidente en el exilio de la República Española no hubiera podido ser más conservadora (ya durante los breves meses en que había ocupado la embajada en Portugal el doctor Salazar había podido descubrir en sus muy conversados encuentros con el representante del gobierno del Frente Popular cuántos eran los campos en que ambos mantenían puntos de vista coincidentes), y sin duda esa básica incongruencia entre una militancia política juzgada tan radicalmente subversiva que en su país de origen había hecho de él una *non-person,* y un modo instintivo de ver el mundo totalmente opuesto al que sería esperable de quien ejerciera esa militancia contribuyó más que ningún otro factor a que sus opiniones fueran juzgadas demasiado extravagantes para que tuviera sentido esperar que se adecuaran a la disciplina ideológica y política que intentaban imponer –desde luego que con criterios opuestos– tanto el régimen como sus adversarios.

Guiándome por mis recuerdos, concluyo que la situación, tal como la vivíamos en la Facultad quienes no éramos don Claudio, y debíamos guiar nuestra conducta por pautas más estrictas que las válidas para él, se presentaba como sustancialmente estancada. Eso era tanto más notable porque en el año y medio que separó mi retorno de Italia de mi partida a Francia comenzaron a hacerse visibles los primeros signos precursores de la crisis final del primer peronismo; ya antes de la muerte y apoteosis de Eva Perón –que suele ser vista retrospectivamente como el punto de inflexión en la parábola de ascenso y caída del régimen–, al brusco anticlímax que puso fin a la campaña lanzada por la CGT en favor de su candidatura a la vicepresidencia, y a la fracasada revolución que capitaneó el general Menéndez (que revelaron por igual la presencia de hasta entonces insospechadas líneas de falla en el frente militar), había seguido la abrumadora victoria electoral de la resurrecta fórmula Perón-Quijano, que al duplicar los votos de la opositora cuando se habían apagado ya las últimas luces de la fiesta peronista parecía probar acabadamente que no sería nunca el veredicto del sufragio universal el que pondría fin al régimen que había instalado en el poder en 1946, todo lo cual sugería que el país comenzaba a ser apresado entre los dos términos de un dilema comparable al que había intentado quebrar el 6 de septiembre de 1930.

Si todos esos anuncios de tormenta no lograron sacudir la sensación de vivir en un mundo estancado algo influyó sin duda en ello la eficacia con que el régimen logró llenar el centro de la escena pública con una cada vez más tupida red de símbolos y rituales a través de los cuales era la entera nación la que aparecía ofreciéndole el monolítico apoyo que hubiera debido hacerlo invulnerable a cualquier acechanza del destino, relegando así a todo lo que hubiera podido sugerir alguna duda sobre la validez de esa atrevida apuesta sobre el futuro a un trasfondo demasiado remoto para que no permaneciera inadvertido. Pero creo que más aún influía que, cuando el régimen se reveló capaz de atravesar indemne la prueba de fuego que significó el fin de la prosperidad que lo había engendrado y sostenido hasta entonces, quienes habíamos sobrevivido ya por años en sus márgenes comenzamos a desesperar de que la crisis en la que podían o no desembocar las tensiones que comenzaban a aflorar en esa nueva etapa nos alcanzara en tiempo útil para rescatarnos de esa marginalidad a la que por otra parte habíamos comenzado a acostumbrarnos.

Era éste un estado de ánimo demasiado complejo y ambiguo para que pueda confiar en reconstruirlo apoyándome en una memoria que lo alberga a la manera de una capa geológica oculta bajo los sedimentos acumulados en el más de medio siglo que la separa de él. Por tal razón, renunciando a abordar esa tarea quizás imposible, me limitaré a mencionar lo que puede acaso ofrecer una clave para quien quiera emprenderla señalando que cuando leí *El examen,* la largamente inédita novela de Julio Cortázar, me pareció reconocer de inmediato el olvidado sabor de lo que entonces había vivido. Como en el relato cortazariano, nuestra marginalidad era aceptada como un aspecto del orden natural en un país que se nos había hecho irremediablemente ajeno, mientras la conciencia, que seguía siendo muy viva, de todo lo que nos separaba de quienes no lo tenían por tal no nos inspiraba ninguna reacción más militante que la aceptación resignada de su ubicua presencia.

Era esa reacción, en la cual la conciencia de una irreductible ajenidad estaba curiosamente desprovista de cualquier corolario hostil, la que suscitaba en mí la empleada de la biblioteca de la Facultad que nos entregaba y recogía de vuelta los libros bajo un póster de Eva Perón cuyo dibujante había puesto mucho menos esfuerzo en trazar los rasgos de su perfil que en hacer plena justicia a su laborioso peinado, ese *casque d'or* que en la figura por ella asumida en su última etapa evocaba el que corona las imágenes de Palas Atenea. Me fascinaba que esa evidente solterona se presentara cada mañana coronada su cabeza por un peinado que reproducía minuciosamente el de esa última encarnación de la Dama de la Esperanza, y aún más que cada vez que retornaba a la quietud luego de entregar o recibir algún libro volviera a mostrarnos su perfil inclinado en el ángulo exacto del retrato bajo cuya égida se deslizaban sus días. Me gustaba entonces fantasear acerca de la experiencia de vida de quien buscaba así realizarse fundiéndose con esa personalidad abrumadora, proyectándola sobre un trasfondo parecido al asignado en algunos relatos de Maupassant a la de otros personajes cuyos días estaban también ellos marcados por la sofocante monotonía para la cual, según había yo decidido, ella había encontrado compensación imaginaria en esa identificación exorbitante.

Esa ausencia de hostilidad era sobre todo fruto de la fatiga producida por años de afrontar una situación difícilmente soportable que no cabía ya esperar que fuese a disiparse en un futuro cercano, y que por añadidura se hacía sentir con cada vez más fuerza. Si esa fatiga, que había minado progresivamente lo que del espíritu combativo desplegado en 1945 había sobrevivido al sombrío anticlímax que significó la victoria electoral del peronismo, no inspiraba ningún esfuerzo de nuestra parte por darnos una razón de lo que luego iba a ser explorado por décadas bajo el rubro del "hecho peronista", no dejaba por eso de responder a su modo a la contundencia creciente con que ese hecho marcaba nuestro entorno, reflejada del modo más convincente en la eficacia con que el régimen estaba introduciendo una nueva disciplina para tiempos de escasez, y si podía acudir con éxito para ello a un estilo de gobierno cada vez más dispuesto a aguzar sus aristas represivas, era porque seguía contando con el firme apoyo de quienes se habían identificado con él durante la pasada prosperidad, y misteriosamente se lo seguían otorgando cuando parecían desvanecerse las razones para hacerlo.

Eran ya los tiempos del pan de mijo y de la creciente escasez de carne, y a mi retorno de Italia me tocó empezar mis días en la cola que se organizaba todas las mañanas frente a la todavía cerrada carnicería, cuyo verdadero propósito debía disimularse por indicación policial tomando por punto de partida para ella el poste que marcaba la parada de un colectivo, y de la que con demasiada frecuencia volvía con sólo un pedazo de hígado o algunos de los bifes de corazón que la penuria de los tiempos estaba incorporando a la dieta porteña. Pero si esa penuria pudo todavía ser administrada por más de un año con notable eficacia, mientras se multiplicaban en carnicerías, almacenes y panaderías los inmensos carteles que anunciaban en letra menuda los precios máximos fijados para cada vez más artículos, era porque entre quienes nos esforzábamos por adaptarnos a esas nuevas disciplinas había quienes no lo hacían inspirados tan sólo por el temor reverencial que inspiraba el nombre del ya legendario comisario Gamboa, encargado de sancionar con la máxima severidad cualquier desviación de las nuevas normas, sino más aún por el afán de contribuir bajo la guía de ese esforzado servidor del régimen a que éste superara sin daño una etapa adversa que querían creer pasajera.

Los que, cada vez más eficazmente marginados por un régimen que había desmentido ya demasiados pronósticos de ruina, no osábamos ya esperar que los nuevos obstáculos que encontraba en su camino lo empujaran hacia su tantas veces demorada crisis final, comenzábamos a consagrar al proceso político del que éramos víctimas una atención menos obsesiva que la que hasta entonces habíamos puesto en seguirlo. Si esa fatiga no nos llevaba todavía a admitir que una derrota ya irrevocable había venido a definir de modo igualmente irrevocable el papel que nos había sido asignado en la vida argentina, era porque la extravagancia que a menudo caracterizaba a la acción gubernamental, aún más acentuada desde que el fin de la prosperidad la obligaba a afrontar dilemas que hubiera querido pero no podía ya seguir esquivando, al hacer más fácil estilizarla sobre las líneas de un estrafalario teatro del absurdo, nos hacía innecesario seguir buscando un sentido para ese drama en que nos había tocado la peor parte.

Los curiosos rituales que había visto practicar en la piscina de la Facultad de Derecho habían, en efecto, reflejado tan sólo los primeros avances en un rumbo que no iba ya a ser abandonado; por esa ruta se sucedieron un inolvidable episodio en el cual –cuando la penuria hacía cada vez más difícil mantener las importaciones de combustible– un audaz salto adelante prometía poner a nuestro alcance la energía liberada por la fusión nuclear, convenientemente fraccionada para uso doméstico, y otro menos frecuentemente recordado en el que, con la presencia de un edecán presidencial, una multitud se reunió en el Luna Park para negar la divinidad de Jesucristo, compensado a su vez sólo unos días más tarde por el edificante espectáculo ofrecido por el primer magistrado y su esposa, cuando avanzaron de rodillas para compartir el pan de los ángeles en el solemne marco de un Congreso Eucarístico Nacional.

Pero fue el duelo que siguió a la muerte de Eva Perón el que nos proporcionó las más abundantes ocasiones para confirmar ese interesado diagnóstico, algunas de ellas capaces de sobrevivir largamente en más de una memoria; así, mientras todavía cuatro décadas después, al hablar en el acto conmemorativo del centenario de la fundación de la Facultad, David Viñas no utilizó la ocasión, como a veces lo hace, para denunciar a buena parte de los presentes como lacayos de la burguesía, y prefirió en cambio evocar la colección de corbatas negras colgadas durante ese remoto período de luto en el baño de profesores para uso de quienes no habían tenido la precaución de traer una en el bolsillo, por mi parte lo primero que a más de medio siglo de distancia me trae el recuerdo acerca de ese mismo período es el misterioso silencio en que para nuestro desconcierto se hundió en medio de una clase el profesor Freixas, demasiado avergonzado para anunciar al dar las seis de la tarde que, tal como acababan de disponerlo las autoridades universitarias, debía interrumpirla por cinco interminables minutos en signo de duelo por el ingreso en la inmortalidad de la Jefa Espiritual de la Nación. Pero precisamente fue esa fúnebre etapa la que hubiera debido hacer evidente lo que tenía de inadecuado ese diagnóstico, que Borges iba a canonizar en el título (*L'illusion comique*) que eligió para el texto en el que por primera vez desplegó su visión retrospectiva de la etapa cerrada en 1955: lo que Buenos Aires vivió en esas lúgubres semanas reveló la gravitación abrumadora de una maciza presencia que no tenía desde luego nada de ilusorio, y –aunque conocía ocasionalmente derivaciones que daban pie a la burla de quienes las contemplaban con ánimo hostil– tampoco de cómico. Si bien en este punto la transposición más mítica que paródica que Cortázar ofreció de lo visto y vivido en ellas en *El examen* resulta retrospectivamente mucho más convincente, eso no impide que –también retrospectivamente– nuestra inclinación a transponer a un plano de farsa la experiencia de vivir una situación que nos resultaba cada vez más difícil soportar y que nos era igualmente difícil imaginar que pudiera revertirse parezca también ella del todo comprensible, ya que sólo esa visión fuertemente sesgada hacía posible ocultar, aunque más no fuera a nosotros mismos, bajo un barniz de altivez desdeñosa, la mucho menos confesable tentación escapista de ceder al enemigo el teatro de una batalla en la que temíamos haber sido irrevocablemente derrotados.

Porque todo sugería que no era sólo el temor de provocar las reacciones de un régimen cada vez menos tolerante de cualquier desafío el que se reflejaba en la última encarnación del Colegio Libre, en el que un fiel público de damas del barrio llenaba el salón alquilado en el elegante local que todavía hoy conserva la Sociedad Científica sobre Santa Fe entre Cerrito y Libertad para oír a Jorge Luis Borges hablar sobre antiguas literaturas anglosajonas o a Vicente Fatone sobre la existencia humana y sus filósofos, pero quizá de modo aún más claro en la creciente popularidad de los cursos de apreciación de las bellas artes organizados por Jorge Romero Brest desde la asociación Ver y Estimar, que por un momento parecieron acercarse a desencadenar un fenómeno de masas. Y lo que me dice la memoria sobre mi etapa de estudiante en la Facultad de Filosofía sugiere que en la fracción de mis compañeros y compañeras que sentía estar viviendo un momento crítico en la vida del país (mucho más reducida en ella que en las otras dos que había frecuentado) reinaba un parecido estado de ánimo.

Porque, en efecto, en Filosofía iba a encontrar los compañeros que no había buscado en Derecho. Entre ellos no predominarían los que como yo estudiaban Historia, que eran tenidos entonces por los más beocios entre quienes allí cursaban estudios; aunque es de entonces mi primer encuentro con Nicolás Sánchez-Albornoz, el hijo de don Claudio, nimbado entonces por el prestigio de su reciente fuga del Valle de los Caídos, donde había estado purgando una pesadísima condena luego de haber participado en la tentativa de relanzar desde la clandestinidad a la Federación Universitaria Española, eso no me ayudó tampoco a acercarme al círculo de estudiantes de la carrera que ambos cursábamos, porque Nicolás había armado su propio círculo en el sector anarquista del estudiantado, en el que volví a encontrarme con algunos conocidos de mis tiempos de Química.

Por mi parte yo iba a hacerme de otro más reducido a partir de mi encuentro con Rodolfo Borello, un estudiante de Letras oriundo de Catamarca que vivía en una pensión cercana a mi casa y con quien comenzamos por coincidir en el tranvía antes de mi partida a Italia. Cuando volví y retomé contacto con él, era ya muy activo en el Centro de Estudiantes, que si no recuerdo mal había sido ya por entonces despojado de su local en la Facultad y funcionaba precariamente en uno de la calle Las Heras, y en particular en su revista *Centro,* y me consta que aunque esa actividad, que suponía un abierto desafío a un régimen cada vez menos inclinado a tolerarlos, ocupaba buena parte de su tiempo y sin duda también de sus pensamientos, ella no gravitaba de modo perceptible en su manera más general de ver el mundo y menos aún en la de abordar la problemática de su campo de interés más específico.

Él y su futura esposa Alicia Pintos, también ella estudiante de Letras, formaban parte del grupo con quien a menudo recalaba en el bar Florida, y mientras conservo sólo un recuerdo confuso de los chismes de la facultad que tenían un lugar predominante en nuestras conversaciones, retengo uno mucho más vívido de una discusión inesperadamente seria que tuvimos entre los tres el lunes que siguió a la publicación en el suplemento literario de *La Nación* de los versos de Borges *A un poeta menor de la Antología,* que a Alicia y a mí nos habían deslumbrado. Rodolfo no recurrió a la palabra elitista porque todavía no se la usaba para fundamentar el violento rechazo que le inspiraba el amaneramiento que decía encontrar insoportable en esos versos, y más aún en su rebuscado título (luego de releer el poema en Google lamento decir que entiendo mejor que entonces lo que quería transmitirnos). Si recuerdo ahora esa discusión es porque ni por un momento se nos ocurrió vincular lo que en ella se debatía con los dilemas que en ese momento vivía la Argentina bajo el signo de la revolución peronista, y con los cuales la conexión parece hoy inmediatamente evidente, y no se nos ocurría hacerlo porque esa revolución, que gravitaba con peso cada vez más abrumador en nuestra experiencia cotidiana, era como si se desvaneciera en el aire apenas tomábamos distancia de ella.

Me parece ahora claro que eso reflejaba una incipiente modificación en el modo como los marginados vivíamos la relación con el régimen que nos negaba un lugar en el país que gobernaba, en la que comenzaban a perfilarse rasgos que habían estado también presentes en la antes establecida con el neoconservador heredero de la revolución de 1930. Si ese régimen, por lo menos en la etapa en que lo había administrado con mano maestra el general Justo, había logrado ser aceptado en los hechos como una de esas anecdóticas calamidades argentinas de las que sin duda sería deseable librarse si fuera menos difícil lograrlo, poco merecedora por lo tanto de ser tomada en serio en un mundo que se debatía entre opciones ideológicas que sí requerían ser tomadas de esa manera, el que había venido a reemplazarlo, aunque a diferencia de su predecesor no hacía esfuerzo alguno por hacerse aceptable a aquellos a quienes marginaba con creciente eficacia, no dejaba de aparecer también él como una anécdota excesivamente casera en el marco del redefinido conflicto de ideologías que desgarraba al mundo de la segunda posguerra, y que –puesto que esta vez su eventual estallido amenazaba poner fin a la existencia misma del género humano– requería ser tomado más en serio que nunca.

Sin duda, no faltaban quienes en esas circunstancias cada vez más difíciles no esquivaban seguir librando el buen combate luego de tantas derrotas. En 1951 el centenario de la muerte de Echeverría iba a ofrecerles la oportunidad de oponer su propia réplica al centenario de la de San Martín, que en 1950 había movilizado todos los recursos de propaganda del régimen al servicio de la identificación entre el Libertador y el Líder de la revolución peronista. Si contaban para ello con recursos infinitamente más reducidos que los movilizados por sus adversarios el año anterior, hubo un terreno en el que los superaron de lejos; en efecto, en 1951 vieron la luz siete libros de conmemoración de Echeverría que –avanzando sobre la línea interpretativa propuesta primero por Julio V. González en la década de 1920 y reformulada por José Luis Romero como primera respuesta a la victoria electoral del peronismo en 1946– convocaban a hacer del centenario de su muerte la oportunidad para una regeneradora peregrinación a las fuentes democráticas de la tradición ideológica que lo reconocía por fundador, y que según sugerían estaba ahora pagando el precio por haberse luego apartado demasiado de ellas. En esa empresa la contribución de militantes comunistas recuperó el peso que había alcanzado fugazmente en los años de la guerra (una de las consecuencias menores fue que, en el clima inesperadamente concorde generado por ese reencuentro luego de años de crecientes discrepancias, mi librito publicado en ese mismo año, que se alejaba bastante de esa interpretación del pensamiento echeverriano, encontró una recepción unánimemente fría: mientras *La Nación* no ocultó el desagrado que le inspiraba una obra tras la cual parecía percibir motivaciones poco claras, por lo que me dijo Natacha Henríquez Ureña, a punto entonces de partir definitivamente para México con su madre y su hermana, sus amigos comunistas usaban palabras bastante más severas para dar voz a una sospecha análoga). Pero muy pronto uno de los bruscos cambios de línea del Partido, que en esta oportunidad decidió tomar distancia de sus ocasionales aliados democrático-burgueses y acortarla con el régimen peronista,* mientras

---

* Una presentación breve pero muy aguda y admirablemente informada de todo el episodio la ofrece José M. Aricó en "Sobre la campaña de recordación echeverriana", Apéndice 2 de *La cola del diablo. Itinerario de Gramsci en América Latina*, segunda edición, Buenos Aires, Siglo XXI Editores Argentina, 2005, pp. 180-186.

por su parte éste acentuaba cada vez más enérgicamente sus rasgos represivos, abrió una rápida transición luego de la cual como legado de esa "batalla por una nueva dirección, nacional-popular y democrática, de la cultura argentina" que iba a evocar tan eficazmente Pancho Aricó* sobrevivió tan sólo un apenas perceptible cambio de acento en la visión del pasado nacional en el que se apoyaba la acorralada oposición intelectual cada vez que encontraba oportunidad de hacerse oír.

Para entonces esas oportunidades eran tan escasas y aun en ellas el alcance al que podía aspirar la difusión del mensaje opositor tan limitado que su efecto no podía ir más allá de recordar a todos que –como lo confirmaba cada ocasión electoral– en los pliegues de la edificante imagen de una nación unánimemente encolumnada detrás de su conductor, que incansablemente proyectaban los medios del régimen, permanecía agazapado un irreductible tercio opositor. Si ésta era la significación del mensaje, ella estaba ya entera en el acto de enunciarlo, lo que lo hacía más cercano a una ceremonia ritual que a una ocasión para transmitir contenidos intelectuales, y es comprensible que ni siquiera quienes no dejábamos de agradecer que hubiera todavía celebrantes dispuestos a mantener en vida esos rituales creyéramos necesario prestar atención a esos contenidos, que no podían depararnos ya ninguna sorpresa, con lo cual el escapismo en el que nos inclinábamos cada vez más a refugiarnos no huía de nuestros adversarios, sino un poco también de nuestros paladines.

Que esas oportunidades fueran cada vez más escasas era sólo uno de los signos del avance inexorable hacia esa plena instauración de la "comunidad organizada" que en el gran discurso con que cerró en 1949 las sesiones del Congreso de Filosofía de Mendoza el general Perón había presentado como el objetivo final de su gobierno, y que también en muchos otros aspectos reducía cada vez más el espacio aún accesible a los marginados. En lo que nos tocaba más de cerca nada anticipó mejor hasta qué punto esa deriva podía estrechar nuestro horizonte que las consecuencias del conflicto en el que el gobierno peronista se había enzarzado con el del Uruguay, al que reprochaba entre otras cosas que concediera una hospitalidad demasiado amplia a los exiliados políticos que de nuevo habían buscado refugio en Montevideo. Desde que en re-

* En loc. cit. nota anterior, p. 180.

presalia vedó el acceso a ese país a quienes no hubieran obtenido el pasaporte del que había hecho un requisito para visitarlo, mientras José Luis Romero debió interrumpir los cursos que dictaba en la Universidad de la República, esa medida vino a crearnos un problema más casero cuando la administración de propiedades encargada de alquilar nuestra casita de Punta del Este nos informó telefónicamente que debido a la forzada desaparición de los turistas argentinos se había hecho imposible encontrar inquilinos para ella. Pero ni aun esa peripecia, que anticipaba un futuro de tensiones cada vez más insoportables, me suscitó entonces la reacción angustiada que retrospectivamente se supondría esperable en esas circunstancias.

Tampoco me la inspiraba el paulatino empobrecimiento de ese mundillo cosmopolita que la guerra había improvisado en Buenos Aires, en el que iba a influir menos la acentuación de los aspectos represivos de la experiencia de gobierno peronista que los efectos sumados del fin de la breve prosperidad argentina y los comienzos del cuarto de siglo de impetuosa expansión económica mundial que iba a seguir a la inmediata posguerra. En 1947 Eva Perón había podido ser, en una Europa todavía famélica, la embajadora del país de la abundancia; todavía en 1949 el general Perón pudo contar entre el público de su discurso de Mendoza a la flor y nata de la filosofía del Viejo Continente, atraída por la oportunidad de pasar unas breves pero lucrativas semanas en ese país de cucaña, pero al año siguiente se hizo sentir ya de modo inequívoco el agotamiento de la onda expansiva que había venido acrecentando su velocidad por más de una década, entre cuyos efectos pronto íbamos a sentir los del inexorable opacamiento del papel de Buenos Aires como centro editorial, en un proceso que iba a acelerarse en la nueva década, cuando a los avances de la edición mexicana se sumaron los de la que resurgía vigorosamente en Barcelona.

Pero sobre la corriente de retornos al Viejo Mundo influyó menos esa incipiente decadencia editorial que la progresiva normalización de la situación en Europa continental, que hizo que gradualmente nos fueran dejando casi todos los que habían buscado aquí refugio durante la guerra, y puso fin brusco a la trayectoria por un momento brillante de la editorial Argos (para la cual todavía alcancé a hacer un par de traducciones) cuando una amnistía abrió a sus empresarios, afectados por las depuraciones que siguieron a la Liberación en Francia, la posibilidad de retornar a su país. Y mientras se empobrecía el escenario nacional, comenzaban a sentirse las primeras repercusiones de una internacionalización en el campo de las humanidades y las ciencias sociales que estaba destinada a avanzar cada vez más impetuosamente; en nuestro entorno más directo, Reissig estaba ahora ocupado en Washington en los programas de educación de la Organización de Estados Americanos, Raimundo Lida pasaba del Colegio de México a su destino final en Harvard por vía de la Ohio State University y Enrique Anderson Imbert se reunía con él allí mismo luego de una etapa en la universidad de Michigan en Ann Arbor, mientras Francisco Ayala nos dejaba por la de Río Piedras en Puerto Rico, para pasar luego a la de Chicago, y también por entonces, mientras una beca Guggenheim permitió a José Luis Romero trabajar por un año en los fondos medievales de la biblioteca Widener de Harvard, otra tuvo como consecuencia inesperada el alejamiento definitivo de María Rosa Lida, radicada en Berkeley desde que su casamiento con el eminente lingüista Yakov Malkiel, a quien conoció en el curso de esa beca, hizo que transcurriera la última etapa de su breve vida como una totalmente atípica *faculty wife* de esa comunidad universitaria.

Aunque yo no imaginaba por entonces que esas aperturas externas pudieran alguna vez constituir una alternativa frente a la cerrazón creciente del panorama nacional (cuando Francisco Ayala me propuso que lo acompañara a Puerto Rico para colaborar en sus proyectos editoriales no necesité reflexionar demasiado para declinar su invitación), ellas contribuían a hacer que encontráramos a esa cerrazón menos sofocante, y es aún más comprensible que así fuera cuando, encargado por el mismo Ayala de la edición prologada y anotada de *Facundo* y *Recuerdos de Provincia* destinada a la colección de Cultura Básica cuya dirección le había encomendado la editorial universitaria portorriqueña –que nunca iba a ver la luz, ya que de la proyectada colección sólo llegaron a publicarse los dos primeros títulos– descubrí que era posible ser remunerado por trabajos como ése con una generosidad totalmente desconocida en la Argentina.

Aunque comencé a evocar aquí todas estas circunstancias en un esfuerzo por hacerme comprensible a mí mismo no sólo que siguiera adelante con un proyecto personal que podía parecer a primera vista demasiado quijotesco, sino que lo hiciera con un ánimo más adecuado a quien lo afrontara en otras decididamente más favorables, me parece que no es ése el camino adecuado para entenderlo. Me lo sugiere la actitud de quienes deben crecer en un mundo como el actual, donde la precariedad se ha hecho norma para los más, y –en actitud semejante a la que en ese momento era la mía– no sólo han renunciado de antemano a extender su mirada más allá del futuro más inmediato, sino que no parecen ya advertir que con ello han renunciado a algo importante; quizá la clave se encuentre más bien en el apotegma de Marx, según el cual la humanidad sólo percibe como tales los problemas que se considera capaz de resolver.

Nada refleja mejor hasta qué punto ese problemático proyecto dominaba entonces mi horizonte que el relieve incomparable que conserva en mi memoria el descubrimiento de Braudel, que ya entonces viví como lo más importante que me ocurrió en esa etapa. Fue ese descubrimiento el fruto de una feliz casualidad; yo pasaba entonces algunos fines de semana en casa de mi abuela en Adrogué, y solía visitar en esas ocasiones a José Luis Romero, quien en una de ellas me mostró el ejemplar de la recién publicada tesis sobre el Mediterráneo y el mundo mediterráneo en la época de Felipe II que le había enviado su autor (quien lo había conocido en la visita a Buenos Aires que había hecho desde San Pablo, donde había sido profesor visitante por un par de años a partir de 1947) y que, en vista del interés que me había despertado, se ofreció a prestarme. Recuerdo el deslumbramiento con que empecé a leerla en el tren de retorno, que sólo puedo comparar con el que de chico me causaban unas estampas en semirrelieve importadas de Alemania, que llamábamos entonces "figuritas de verdad". ¿Qué quería decirse con esa expresión? Simplemente que cuando presentaban a un tigre abalanzándose sobre su presa ofrecían una imagen totalmente fidedigna y también totalmente exhaustiva de ese tigre, y cuando descubrí *La Mediterranée* me pareció que lo que esas figuritas habían sido capaces de hacer para tigres y otras fieras Braudel lo acababa de hacer para el mundo.

Escribí sobre eso un artículo que publicó *La Nación,* y que cuando envié a Braudel motivó una respuesta que no había esperado tan entusiasta (todavía bastantes años después, refiriéndose a la publicación de su tesis, iba a recordar que sólo "un joven historiador argentino de origen judío" –que venía a ser yo– había entendido entonces lo que había intentado hacer en ella). Supongo que parte de ese entusiasmo se debía a que la escuela de los *Annales* arrastraba desde su origen la convicción de que estaba siendo implacablemente marginada por los que sus

HISTORIA Y GEOGRAFIA EN UN LIBRO SOBRE EL MEDITERRANEO

Por TULIO HALPERIN DONGHI

Para LA NACION — BUENOS AIRES

¿Qué queda por decir cuando la historia calla? La historia que hemos aprendido en la escuela se desinteresa del Mediterráneo desde el momento en que comienza a ocuparse de los descubrimientos; le basta, a partir de este momento, con una palabra sola: decadencia, y en esto sigue demasiado bien una tendencia de la investigación erudita, que si no olvida el mar interior tiende a subordinarlo a otros escenarios en que el drama histórico parece desarrollarse con mayor rapidez, con mayor hondura. Lo que por ello deja de lado ha querido recogerlo Fernand Braudel en las mil cien páginas de este libro (*), a través de las cuales se extiende una sola intención polémica contra la historiografía tradicional. Pero algo más que esa intención hay en el trabajo que se ha llevado consigo veinte años, más "que toda mi juventud", a saber, el amor por ese mundo meridional de "luz y de alegría", algo de las cuales querría el autor haber encerrado en su obra. Obra llena de luz y de vida, sin duda, pero de manera peculiarísima: no se nos da en ella imagen alguna que no sea a la vez [ilegible] que [...] cuales querría el autor haber encerrado en su obra. Obra llena [ilegible] "libro" el lector cree recordar, como si las hubiera visto, ciertas cosas muy concretas: Granada en su guerra morisca, la grandeza y decadencia de la Costa Brava de Cataluña, Nicosia abandonada por su aristocracia mercantil, luego de la conquista turca, o, por encima de todo eso, Ragusa, la república de San Blas, de cuyo rescate, al menos para nuestra ignorancia, está justamente orgulloso el autor de este libro. Pero no busquemos en el texto estas imágenes; hallaremos en su lugar la actividad de una inteligencia siempre alerta, llena de sentido para lo histórico-concreto, un sentido que no consiste en agregar adornos pintorescos a un esquema previo, sino en insertar el hecho concreto en un proceso que no lo anula, y permite que lo contrario que lo entendamos. Todo ello se logra en brevísimos análisis, siempre claros, siempre penetrantes, que se suceden en avance vertiginoso, con cierta nerviosa impaciencia que recuerda un poco la manera de Lucien Febvre.

A Febvre está dedicado este libro; a él se vincula ante todo, pero también a muy diversas tendencias de la historiografía francesa de hoy, tan inquieta e innovadora, a veces también tan hondamente desorientada en medio de las múltiples exigencias nuevas que se plantean al historiador que -quiera seguir siendo de veras. Todas esas tendencias se unen aquí en un haz, para contraponerse a la historia general, la de Ranke, la que continúa en nuestros días con fatiga[ilegible] un [ilegible] [ilegible] llega aquí en un [ilegible] [ilegible]

tiempos en el tiempo de la historia: un tiempo geográfico, un tiempo social, un tiempo individual." Así se fundamenta el esquema tripartito que ha de recoger la rica materia de este libro.

Hay en primer lugar, ya se ha visto, una historia geográfica. Sólo que cuando a ella se alude no se hablará ya de historia, sino, más ambiguamente, de la part du milieu, lo que toca al ambiente. Ambigüedad que refleja muy bien el carácter complejo de esta primera parte. ¿Historia geográfica, como dice el prólogo, o "ensayo geográfico sobre ese dato geográfico que aparece como esencial.

Y en la segunda parte, la consagrada a "las estructuras", seguiremos hallando una historia vista sobre todo en el espacio. La economía no se vinculará a las vicisitudes de las monedas, o a los problemas que enfrentaron a causa de ellas las finanzas de los distintos estados, o, mejor dicho, lo uno y lo otro será tomado en cuenta como revelador de un modo de circulación espacial de la riqueza, de todo un "ciclo" que implica apertura o continuación de rutas, prosperidad o decaden-

aición. Surgida del primitivo intento de trazar un estudio de la política diplomática de Felipe II, ha concluido por ser lo que tenemos a la vista. Y más de un rastro de ese proceso de treinta años hay aquí. Como obra viva, es la que se refleja todo un proceso espiritual, tiene partes menos vivas que otras, residuos y testimonios de un estadio ya superado. Podría preguntarse si toda la tercera parte, la destinada a los acontecimientos y los hombres no es, tal como se nos la presenta aquí, algo de eso. Y no porque no sea cosa muy buena en su género, mucho mejor desde luego que ese resultado de vaciar el propio fichero con que alguna vez la historia de acontecimientos. Pero ¿por qué ha de haber lugar para ella en un libro en que se lo concede, por ejemplo, a la historia religiosa, en que con una implacable seguridad se ha ido dejando de lado lo que no interesaba de algún modo al dominante punto de vista? No basta para explicar esta inclusión hablar de una historia de breve y agitado ritmo que se contrapone a la majestuosa lentitud de la historia de estructuras. ¿Por qué en todo caso la historia de estructuras se ocupa de aquello que nosotros llamar historia económico-social, mientras la de "acontecimientos" se reduce a ser confesadamente supervivencia de la vieja historia política?

No se trata, entonces, de justificar la presencia de una historia de acontecimientos, es preciso más bien explicar por qué esa historia recoge precisamente estos y no otros acontecimientos. La explicación que parece sugerirse —pero tan poco explícitamente que se teme traicionarla con sólo exponerla— reside en una concepción de la historia de los acontecimientos en la que vemos, por fin, al hombre tomar, por así decirlo, cierta distancia frente a los grupos en que vive sumergido y decidir libremente el fin de dejarse llevar por las mareas olas de la historia es decirlo, cierta distancia frente a los tiempos en que vive su[...] que decide[...] esta [...] han de plantearse ante todo al político (pero no sólo al político; el mismo Braudel da inmediatamente un ejemplo insigne que no puede reducirse a la pura política: el de Lutero). Más grave que esto es que la imagen aquí implícita de la vida política es un poco irreal; estas decisiones del hombre aislado frente a todo su mundo son más dramáticas que históricas, y cuando Braudel ha de ocuparse de concretas decisiones políticas nos dará un cuadro mucho más matizado. Sólo que todo eso quedará en cierta manera al margen de la estructura del libro: así esa reorientación de la política española hacia el Atlántico que, como muy justamente señala Braudel, escapa a los cuadros de una historia de acontecimientos, y en esas dos primeras partes. Aquí no hay tan sólo el libro determinarse frente a unos cambios en la estructura del mundo mediterráneo a los que se precisa adaptarse o bien combatir. Hay también una vieja tradición político-diplomática del tiempo de Carlos V que se creía muerta y resurge para orientar la política española tal como lo exigía la nueva coyuntura. Y esto supone toda una serie de problemas, quizá más directamente importantes que el del determinismo y el libre albedrío: problemas como el de si es posible una historia continua que no sea tan sólo historia de acontecimientos, problemas que no hemos de hallar aquí explícitamente planteados. Esa riqueza en problemas apenas sugeridos no agotados a Braudel. Su libro quiere ser, más que conclusión, comienzo. Frente a

Retrato de Felipe II por el Ticiano

Artículo de Tulio Halperin Donghi publicado en *La Nación* a propósito del libro de Fernand Braudel *La Méditerranée*.

integrantes llamaban simplemente *les autres*, los otros (lo que todavía en ese momento tenía algún asidero, aunque ya muy escaso, en la realidad), y que fue eso lo que le hizo apreciar aún más el inesperado espaldarazo que le llegaba de la remota Buenos Aires.

Naturalmente al recibir esa fervorosa respuesta me sentí mucho más halagado que lo que él lo había sido por la lectura de mi artículo. Desde mi vuelta de Italia había pensado de modo bastante vago en encontrar manera de pasar un año en Francia, pero ahora decidí que debía hacerlo tan pronto como me fuese posible, desde luego que para trabajar con Braudel. Me presenté con ese propósito a las becas que ofrecía el gobierno francés, pero para entonces ya se había agregado al jurado un representante de nuestro Ministerio de Relaciones Exteriores, quien hizo notar que había en la Argentina historiadores perfectamente competentes para ofrecerme la guía que yo iba a buscar a Francia, y la consecuencia fue que esta vez mi estadía ultramarina, para la que sólo contaba una vez más con los muy limitados recursos de mi familia, iba a estar marcada por la más extrema austeridad, ya que sólo para el pasaje pude beneficiarme con la tasa de cambio oficial. Partí a fines de septiembre de 1952, esta vez en la totalmente atestada tercera clase del gigantesco *Giulio Cesare*, que en dos semanas me dejó en la rada de Cannes, donde comencé mi experiencia francesa arrastrando por la desierta estación de ferrocarril bajo la mirada irónica de los changadores el baúl que había traído en taxi desde el puerto, y después de despacharlo anticipadamente en el tren nocturno a París dediqué varias horas a caminar por la costanera bajo el frígido sol de ese tardío otoño. Temprano en la mañana siguiente llegué a la Gare de Lyon, desde donde un taxi (el segundo que tomaba en Francia, cosa que empezaba a preocuparme), luego de atravesar unas cuantas calles en sombras me dejó en un hotel que —como sabía perfectamente— era urgente que encontrara modo de abandonar lo más rápidamente posible. A las once estaba en el seminario de Braudel, que me dijo que fuera por la tarde a su despacho, entre otras cosas para hablar de mi alojamiento. Allí me advirtió que por nada del mundo debía aceptar alojarme en el pabellón argentino de la Ciudad Universitaria, al que describió como un peligroso nido de víboras, y procedió a darme una carta para una vieja amiga suya, funcionaria de la Cité, en la que le pedía que me encontrara lugar en algún pabellón francés, para que pudiera familiarizarme más rápidamente con el idioma. La amiga resultó ser una encantadora señorita ya mayor, quien después de felicitarme por mi excelente francés me instaló en la Maison des Provinces de France, compartiendo cuarto con un muchachito oriundo del Franco Condado, que comenzaba sus estudios de derecho y gozaba de los privilegios de los adoptados por la Nación (que, salvo el de comprar a mitad de precio los ya absurdamente baratos tickets de comida, nunca pude descubrir en qué consistían) porque su padre había sido fusilado por error después de la Liberación, y me iba a tratar muy ceremoniosamente, hasta que dos meses después mi protectora me consiguió lugar en un muy codiciado cuarto doble, esta vez en compañía de un muchacho judío alemán refugiado desde chico en el Uruguay, estudiante avanzado de Biología, y ardiente partidario de la fracción del batllismo que, capitaneada por Luis Batlle, sobrino del fundador epónimo, rivalizaba con éxito con la que tenía por caudillos a los hijos de éste.

En la Cité había frecuentes manifestaciones que rozaban el motín para protestar por la cantidad y calidad de la comida, a las que el veterano diplomático André François-Poncet, presidente del comité que la gobernaba, que tras haber lidiado desde sus embajadas con Hitler y Mussolini se veía reducido a lidiar con nosotros, respondía con comunicados en los que, después de proclamar una vez más que la dieta que nos ofrecían los restaurantes de la Cité era equilibrada y completa, nos aconsejaba que a pesar de ello nos aseguráramos mejor de no caer víctimas de una avitaminosis complementándola con dos vasos diarios de leche y una variedad de frutas frescas. Simone de Beauvoir anota en sus memorias cómo, releyendo su correspondencia del tiempo de la ocupación, descubrió qué lugar central había ocupado en ella el tema de la comida, y lo mismo ocurría ahora en nuestras conversaciones; yo perdí peso hasta tal punto que Daniel Devoto (que estaba trabajando con Marcel Bataillon y una vez doctorado iba a quedarse definitivamente en París), en uno de los retornos a pie que a menudo compartíamos desde la Biblioteca Nacional hasta la Cité me sugirió que siguiendo su ejemplo hiciera el sacrificio de rebajar lo no mucho que todavía me faltaba para poder solicitar el certificado de pretuberculoso que a él le permitía con el mismo ticket comer según su hambre en restaurantes especiales donde los vasos de leche gorda eran de rigor. Descubrí que no estaba lo bastante desesperado para seguir su consejo y pronto, recurriendo en cambio a los deliciosos *chaussons,* una suerte de empanadas de hojaldre rellenas de manzana cocida que se compraban muy baratas en las panaderías de barrio y aunque escasamente nutritivas eran de digestión laboriosa, logré que se atenuara hasta casi desaparecer esa permanente sensación de hambre que en el comienzo me había obsesionado.

Y por otra parte esas modestas adversidades se me hacían más fáciles de soportar no sólo porque las sabía temporarias, sino quizá más aún porque las prestigiaba la memoria de las que habían afrontado las muchas generaciones de famélicos peregrinos que por siglos habían acudido a ese rincón de París en busca de la sabiduría, y por esa razón venían a ofrecer un telón de fondo particularmente adecuado para la experiencia que estaba viviendo en la sexta sección de la École Pratique, que esta vez llenaba con exceso mis expectativas. Cuando me presenté en el seminario de Braudel, que entonces se reunía, como todos los de la sexta sección, en el edificio de la Sorbona, después de darme las indicaciones prácticas que ya mencioné, se lanzó a una descripción entusiasta de las *Relaciones topográficas* que en tiempos de Felipe II habían reunido un riquísimo material descriptivo acerca de las ciudades, villas y lugares del reino de Castilla, que le trajeron de inmediato a la memoria una empresa parecida que hacia esas mismas fechas había sido acometida en la *Chine des Ming*. No advertí entonces qué honor me confería al abordar ese tema, que –juzgando sin duda que reflejaba bajo la mejor luz posible la amplitud de su mirada histórica, que así le permitía desplazarse al capricho de sus libres asociaciones de ideas de un extremo al otro del macizo euroasiático– pronto iba a descubrir que reservaba para las visitas de personajes a los que le interesaba impresionar favorablemente. Luego de esa autopresentación tan breve como deslumbrante volvió a discutir la explicación de textos a cargo de uno de los estudiantes del seminario, que lo había tenido ocupado hasta mi llegada, y el modo como lo hizo me convenció aun más de que en él había encontrado a alguien formidable en todos los sentidos del término, hasta tal punto que cuando me anunció que en la reunión siguiente me iba a traer un texto para que lo explicara dos semanas más tarde logró quitarme el sueño por tres semanas.

Por la tarde me preguntó a qué otros seminarios me proponía asistir, y me advirtió que si participaba en el de Pierre Vilar no podía hacerlo en el suyo; por suerte pude contestarle que no tenía la menor intención de hacerlo, sin decirle que la razón para ello era que hasta ese momento ignoraba hasta la existencia misma de Vilar. Cuando le declaré mi propósito de asistir a los dos cursos que Marcel Bataillon ofrecía en el Collège de France, me manifestó su beneplácito, no sin advertirme que a su juicio Bataillon (quien había estado siempre muy cercano a los *Annales* y era su amigo desde que ambos habían coincidido como profesores en la universidad de Argel) *ne vous developpera dans le sens de votre force, mais de votre finesse,* y me inspiró una gran tranquilidad reconocer tras esa apenas velada advertencia del hombre a quien tanto admiraba su firme decisión de retenerme en su hueste, cuando yo no aspiraba a nada mejor que eso.

Me comunicó a la vez que había decidido poner a Ruggiero Romano, a quien describió como su *quasi-fils,* a cargo de orientarme cotidianamente en mis actividades y lecturas, y ésa iba a revelarse una excelente decisión. Como descubrí de inmediato, ese *quasi-fils* no se parecía en absoluto a su cuasi-padre; era un siciliano de temperamento volcánico, que me invitó de inmediato a cenar a su casa (algo que, como iba pronto a descubrir, no está en las costumbres del país que me hospedaba) donde, mientras la encantadora Mariolina, entonces su mujer, alimentaba mi insaciable apetito (estaba en los primeros días de mi penosa adaptación a la dieta alabada por François-Poncet) con porciones crecientes de *quiche lorraine,* Ruggiero –tras declarar que no entendía cómo un tipo de aspecto inteligente como yo había podido perder tanto tiempo con Maturi– procedió a contarme su carrera italiana, en la que había comenzado por moverse cada vez más a la izquierda dentro del fascismo, hasta que cuando se había producido ya la invasión de África del Norte y comenzaba a apreciar mejor la sabiduría de su padre (un magistrado anacrónicamente apegado a su fe liberal quien, ante la euforia por él desplegada en el momento de mayor triunfo del régimen, le había advertido que lo único seguro en esa materia era que el fascismo, que desde su origen había sido basura, estaba destinado a terminar en la basura, y rogado que se cuidara si no quería terminar allí él también), temió que con su expulsión del partido por extremismo fascista, que –como le explicaron quienes se la infligieron– aspiraba a lograr que los vencedores le impusieran las sanciones que el moribundo régimen no podría ya implementar, comenzara a cumplirse la profecía paterna. No iba a ocurrir así, y en cambio después de una etapa en el Instituto Histórico fundado en Nápoles bajo el patrocinio de Croce, Braudel lo reclutó para la sexta sección.

Cuando yo lo conocí era un comunista fervoroso, aunque conservaba una memoria suficientemente viva de sus pasadas experiencias para no entrar en el partido. Estaba realmente convencido de que en la Unión Soviética se estaba forjando una nueva civilización (una vez, cuando cruzábamos Les Halles, el viejo mercado de abasto hoy demolido, me señaló con indignación un cajoncito de frutillas que se pudrían en el suelo en medio de la indiferencia general, y me aseguró que ese vergonzoso espectáculo hubiera sido impensable en la Unión Soviética, sin imaginar siquiera hasta qué punto y por qué razones tenía razón), pero a la vez mantenía una férrea lealtad a Braudel, ferozmente atacado en ese momento por *La nouvelle critique,* el órgano ideológico del Partido, que no se cansaba de denunciarlo como el paradigma viviente del *historien marshallisé.* (Había sido ésa sin duda una de las razones para el veto que interpuso a mi eventual presencia en el seminario de Pierre Vilar, quien no intervenía en esa campaña, pero cuya obra era exaltada en ella como el antídoto ortodoxamente marxista-leninista contra la orientación antinacional que Braudel era acusado de introducir en la historiografía de la temprana modernidad.) Porque los comunistas, que hacía ya más de una década habían decidido que jamás reincidirían en el error de ceder el monopolio del patriotismo a la derecha, no sólo se envolvían para esa campaña en los colores nacionales, sino que en el curso de ella habían establecido una alianza que –para decirlo en su lenguaje– había dejado ya de ser meramente objetiva con los historiadores tradicionales que continuaban cada vez con menor fortuna su batalla contra los avances de la escuela de los *Annales,* hasta tal punto que ahora *La nouvelle critique* celebraba junto con Vilar a Pierre Renouvin, un historiador diplomático cuyos puntos de vista coincidían tan perfectamente con los sostenidos a lo largo del entero siglo XIX por el Ministerio de Relaciones Exteriores francés que según se aseguraba éste le había abierto los más secretos tesoros de sus archivos, seguro de que habría de hacer buen uso de ellos, lo que –de nuevo a juicio de *La nouvelle critique*– lo mostraba imbuido de ese patriotismo a toda prueba que hubiera sido vano esperar del autor de *La Méditerranée.*

Hay que decir que no sólo en ese episodio el comunismo francés se revelaba aún más alejado del italiano que el que siempre había conocido en la Argentina. Durante mis meses de París el retorno a Francia de su jefe Maurice Thorez, recibido con desbordantes manifestaciones de devoción idolátrica por sus partidarios, fue seguido de la anticlimática revelación de que su segundo, André Marty, no había sido nunca el legendario amotinado del Mar Negro, celebrado hasta la víspera como autor de la hazaña que había contribuido decisivamente a salvar a la naciente Unión Soviética de la amenazada intervención externa, sino un veterano confidente policial que por cuarenta años había logrado ocultar sus vergonzosos manejos no sólo a sus demasiado confiados camaradas, sino incluso a su propia esposa, que agradecía ahora al Partido que le hubiera revelado por fin todo lo que su culpable ceguera le había impedido ver hasta ese momento.

Es cierto que lo que ocurría entonces en la Unión Soviética invitaba a acentuar aún más los motivos melodramáticos siempre presentes en las fantasiosas revelaciones que solían seguir a cualquier cambio en el equilibrio de influencias en la cúpula del partido francés. No podía ser de otro modo cuando de Moscú llegaba primero la noticia de que unos asesinos de guardapolvo blanco que integraban el servicio médico del Kremlin acababan de ser sorprendidos cuando estaban a un paso de exterminar a buena parte de la alta dirigencia soviética, sólo para ser sustituida pocas semanas después (y cuando habían transcurrido aún menos días desde la muerte de Stalin) por la de que los supuestos asesinos habían sido en cambio inocentes víctimas de una atroz calumnia, y esta última era seguida a su vez muy rápidamente por la del descubrimiento de nuevos traidores, ahora entre quienes desde la cima de esa dirigencia se disputaban la herencia vacante.

Pero si en el horizonte en que me movía en Francia el comunismo tenía un lugar muy distinto del que había conocido antes en Italia, ello se debía menos a la aparición de los primeros síntomas del ingreso del movimiento comunista mundial en la etapa que aún no se adivinaba destinada a culminar en su crisis final que a todo lo que hacía al partido francés distinto del italiano. Mientras Gramsci había visto como una asignatura pendiente la maduración en Italia de una promoción de intelectuales orgánicos surgidos del seno mismo de las clases subalternas, Francia había contado con ellos desde 1789, como bien a su pesar había descubierto Marx cuando su despectiva liquidación de las rapsodias económicas y filosóficas de ese mero aficionado que era Proudhon no logró socavar en lo más mínimo el ascendiente que éste había ganado entre sus compatriotas. Aunque ahora el comunismo francés había comenzado a encontrar también catecúmenos en las cumbres del mundo científico o artístico, y gustaba de incluir en sus folletos de propaganda los retratos de esos ilustres adherentes, contando con que la presencia en sus filas de esas figuras rodeadas de universal admiración le ayudaría a extender su influencia más allá de los sectores populares, ello no impedía que al definir sus posiciones en los campos en que éstas habían sobresalido no se esforzara en absoluto por hacerlo en términos con los que podían coincidir sin esfuerzo, y esperaba por el contrario de ellas que se ajustaran con la misma docilidad de sus camaradas más oscuros a las directivas provenientes de quienes tenían autoridad para impartirlas.

A eso se debió que el más sonoro de los ecos que encontró en Francia la muerte de Stalin no fuese el de los hermosos versos que ella inspiró a Paul Éluard sino el estruendoso suscitado por la resistencia de Pablo Picasso a desplegar el arrepentimiento que se esperaba de él luego de que se le señaló hasta qué punto al trazar el retrato póstumo que ofreció en homenaje a la memoria del Padre de los Pueblos se había alejado de los cánones preconizados por el Partido en el campo de las artes plásticas. Pero es quizá más relevante aquí recordar otra de las consecuencias de la distinta inserción de los dos partidos en sus respectivas sociedades nacionales, cuya huella puede descubrirse sin esfuerzo en las memorias de Simone de Beauvoir, que nos recuerdan que mientras Sartre y su compañera encontraron entre los dirigentes del comunismo italiano a más de uno de los ultra-sofisticados amigos con quienes iban a compartir tantas noches romanas, aun en la etapa de su trayectoria en la que se identificaron de modo militante con las posiciones del comunismo francés, fueron mantenidos por los dirigentes del partido a una distancia que por su parte no se esforzaron por acortar, y que no les impidió mientras se mantuvieron en ella apoyar con la máxima vehemencia las posiciones de la Unión Soviética en el marco de la Guerra Fría.

Era ésta una postura en el fondo análoga a la de quienes en el entorno en que me movía en París unían la fe en la causa comunista con la fe en Braudel, entre ellos no sólo Ruggiero y su compatriota Alberto Tenenti, sino el portugués José Gentil da Silva, que iba a ser en Francia mi amigo más cercano, quienes hubieran querido creer que ésa era también la del maestro, invocando para ello argumentos no siempre convincentes (así Ruggiero gustaba de ofrecer, como testimonio que hubiera debido cerrar toda discusión, su recuerdo de una noche de comienzos de la guerra coreana cuando Braudel había escandalizado a los parroquianos de La Colomba, el elegante restaurante veneciano, con su grito de *Vive la Corée du Nord!*). Se notará que todos ellos eran extranjeros que por iniciativa de Braudel habían encontrado hospitalidad en la sexta sección, lo que hacía que en el subtexto de las denuncias de *La nouvelle critique* acerca de su deficiente patriotismo estuviera presente el recuerdo de todas esas posiciones que hubieran podido –y sin duda debido– ocupar buenos franceses. (Mientras Braudel no negaba que su prejuicio favorable a los extranjeros debía mucho al rechazo que le inspiraban el empaque y el vacío formalismo que achacaba a sus compatriotas, quienes no lo querían bien atribuían en cambio esa preferencia a que los extranjeros a quienes favorecía, que sólo contando con su favor podían sobrevivir en medio de la hostilidad de aquellos cuyo territorio habían venido a invadir, le garantizaban una lealtad aún más segura que la de los más fieles discípulos que hubiera podido reclutar entre esos compatriotas.)

Es entonces fácil imaginar qué reacciones podía provocar que Braudel proclamara a cada paso a Ruggiero su *quasi-fils,* lo que sugería el implícito reconocimiento de un derecho de sucesión, y por mi parte debo sacar ventaja de esa facilidad, ya que nunca pude ir más allá de imaginarlo, como integrante fugaz que fui de un círculo que apenas tenía contactos con el resto del personal de la sexta sección, lo que hizo que durante mi estadía no sólo no alcanzara a conocer personalmente, sino que ni siquiera recuerdo haber oído mencionar, a Emmanuel Le Roy-Ladurie o a François Furet, todavía entonces militantes comunistas de la más estricta observancia, y sólo me cruzara muy fugazmente con Jacques LeGoff, cuyo anómalo eclecticismo en materia de amistades llegaba hasta el punto de incluir entre ellas la de Ruggiero.

Aunque apoyado en esa experiencia tan limitada, no tengo duda de que los ataques de *La nouvelle critique* ofrecían en parte un eco de las reacciones que provocaba lo que el avance del prestigio y la influencia de Braudel estaba teniendo de vertiginoso. Durante quince años Lucien Febvre había anunciado a un público cada vez más escéptico que la tesis que a su discípulo tanto le costaba concluir estaba destinada a marcar un hito en la historia de la historiografía; apenas ese discípulo la presentó y para sorpresa general resultó corresponder bastante bien a lo que su maestro había anunciado, pasó a reemplazarlo tanto en la dirección de la sexta sección como en su cátedra del Collège de France, posiciones ambas que habían quedado oportunamente vacantes al llegar Febvre a la edad del retiro, y –lo que era aún más alarmante– el empuje con que seguía adelante sugería que esas dos conquistas que suelen coronar una carrera en su caso sólo habían puesto los cimientos sobre los cuales se preparaba a construir un imperio mucho más vasto.

Eso era en efecto lo que iba a hacer, y su éxito en esa empresa ha dejado como huella monumental el edificio de la École des Hautes Études en Sciences Sociales (tal el nuevo nombre que recibió la sexta sección al ser desgajada de esa creación del Segundo Imperio que es la École Pratique), erigido en el hueco dejado por la demolición de la prisión de Cherche-Midi, sobre el bulevar Raspail, que él iba a gobernar hasta su retiro desde su residencia en el *pent-house* que corona el edificio. Y aquí puedo agregar sin ninguna vacilación, ya que hablo por experiencia directa, que nadie que lo hubiera conocido podría sorprenderse de que lo lograse. Aunque su presencia no tenía nada de imponente (al verlo por primera vez le encontré un inesperado parecido con el actor británico Claude Rains, especializado en personajes siniestramente insinuantes que tenían muy poco en común con el que él encarnaba), ello no impedía que se reconociera de inmediato en él a alguien que como historiador, pero también como empresario de historia, ofrecía los materiales para una de esas figuras monumentales que poblaron la imaginación de Balzac.

Sin duda no hubiera podido desempeñarse con tanta eficacia de no haber contado con el peculiar contexto institucional en el que esas actividades se desenvuelven en Francia. En la Universidad como en el Consejo de Investigaciones la relación entre el *patron* (vocablo que designa al patrono pero también en este caso al patrón en el sentido más duro del término) y sus discípulos-clientes era el vínculo básico que aseguraba la cohesión interna de las mínimas unidades englobadas en una y otra institución. Y al despojar a ese vínculo de la ceremoniosa distancia que solía envolverlo en Francia, Braudel lograba dotarlo a la vez de una más rica dimensión afectiva, que estrechaba aún más el que a él nos ligaba al fundarlo en algo más que en consideraciones de conveniencia recíproca, acercándolo al que en México (donde iba a descubrir luego que la vida académica sigue pautas inesperadamente cercanas a las que había conocido en Francia) rige entre el jefe y los que allí son conocidos como sus cuates, que es decir sus cachorros.

Esa dimensión afectiva establecía entre él y nosotros un vínculo modelado sobre el paterno, que lo llevaba a gastar generosamente tiempo y esfuerzos en seguir y orientar nuestros trabajos, y cuando lo juzgaba necesario en agregarles anónimamente lo que les faltaba para redondearlos a su satisfacción (a eso aludía maliciosamente la reseña dedicada por una revista británica a la recién publicada tesis que Frank Spooner había completado bajo su dirección, cuando felicitaba a ese compatriota por el magistral manejo de la prosa francesa que había desplegado en su deslumbrante introducción, lamentando tan sólo que no hubiera sido capaz de mantenerlo en el cuerpo de la obra), pero que a la vez, del mismo modo que el que los patriarcas imaginados por Hobbes imponían a sus familias, demandaba de nosotros una lealtad sin límites. Hay que agregar en honor de Braudel que la lealtad así exigida era estrictamente personal y no se extendía a las conclusiones incluidas en su vasta obra; así lo prueba el apoyo que en momentos críticos siguió prestando al muy discutido Michel Morineau, cuyos estudios acerca del impacto del tesoro americano en los cambios de coyuntura económica de la temprana modernidad amenazaban socavar las bases mismas de la reconstrucción por él ofrecida en *La Méditerranée,* pero a quien no por eso dejaba de considerar un aliado en el combate contra la insalvable mediocridad de *les autres.*

Esa relativa indiferencia por el futuro de sus muy variadas contribuciones a la reconstrucción del pasado se apoyaba en una imagen muy justa de lo que hacía su fuerza como historiador. Cuando alguna vez dijo celebrar sobre todo en Marx la riqueza de su fantasía creadora, que le hacía imaginar constantemente nuevos modelos, a los que lanzaba a navegar como otros tantos navíos en el río del tiempo, a sabiendas de que muy pocos de ellos iban a superar esa prueba, creo que describía mejor su *modus operandi* que el del autor de *El Capital.* Del mismo modo, cuando entre otras malignidades decía de Pierre Vilar que sólo gracias a su enorme inteligencia había logrado que no se notara que en toda su vida no había tenido ni una sola idea que pudiera de veras llamar suya, creo que contrastaba el más prudente estilo intelectual de Vilar con el suyo propio, que hoy encuentro muy parecido al que luego me pareció descubrir en Sarmiento; en ambos se asiste a un constante chisporroteo de ideas lanzadas, más que como navíos, como luces de bengala que no siempre lograrán arrojar algo más que una luz insegura, pero que cuando lo logren la imagen que habrán revelado alcanzará una incomparable riqueza y un relieve excepcional.

Apenas llegué recurrí a Braudel en relación con la preparación de mi tesis doctoral, en la que había convenido con don Claudio en que tomaría por tema a Pedro Mártir de Anglería, el temprano historiador de la conquista, con cuyas *Decades de Orbe Novo* (Décadas del Nuevo Mundo) me había familiarizado en Buenos Aires y, aunque no había tenido allí acceso a su *Opus epistolarum*, me había interesado enterarme de que en esas cartas latinas acerca de sucesos corrientes Pedro Mártir concediera mucho espacio a los temas ampliamente explorados por Bataillon en su *Érasme et l'Espagne.* Cuando presenté a Braudel esa elección como un hecho consumado, sin ocultar su escaso entusiasmo por el tema me sugirió que podría encontrar modo de hacerlo más interesante si rastreaba en las Décadas la huella de las que llamó *cassures* –quiebras– del humanismo, originadas por la expansión creciente del mundo conocido, que hacía cada vez más difícil acomodar en los cánones heredados de la antigüedad clásica la presentación de realidades descubiertas en tierras que no compartían su legado. Más tarde reconocí tras ese consejo la presencia de una de esas rápidas y seguras intuiciones que pocas veces faltaron a Braudel; pude hacerlo ya unos pocos años después, cuando la perspectiva que entonces me propuso comenzó a ofrecer inspiración a una muy vigorosa corriente de estudios.

Su sugestión me hizo prestar inmediata atención al vínculo cuasi discipular de Pedro Mártir con Pomponio Leto, un humanista que había dejado una descripción de las tierras que había visitado en el sur de Rusia en la que según esperaba me sería posible encontrar un testimonio acerca de las modalidades asumidas por esa *cassure* en otra zona donde ella debió también de haber tenido lugar, y que podía ser útil comparar con el que ofrecían las Décadas en cuanto a las tempranamente exploradas en el Nuevo Mundo. Y mientras por la mañana me internaba en ese tema en la Biblioteca Nacional y la de la Sorbona, por la tarde frecuentaba la sede de la sexta sección, que entonces no tenía nada de grandioso (ocupaba medio piso en un elegante edificio de tres plantas sobre la rue de Varenne, en el Faubourg St. Germain), donde ejecutaba usando sus máquinas de calcular los muy elementales trabajos estadísticos que me había fijado Ruggiero para que me ejercitara en los métodos a los que había recurrido Ernest Labrousse en su libro sobre la crisis de la economía francesa en el tránsito del Antiguo Régimen a la Revolución, del que me había encargado también aprender de memoria las definiciones incluidas en su anexo estadístico, y allí comencé a conocer a otros estudiantes y auxiliares de Braudel, dedicados a reunir datos sobre el volumen de tráficos comerciales y movimientos de precios en esa aurora de la edad moderna.

Y tuve también mi primera prueba de fuego, cuando me tocó explicar el texto que me había proporcionado para ello Braudel, una carta comercial escrita en veneciano, un lenguaje que yo creía dominar pero que me resultó casi indescifrable en un texto que refería constantemente a frutos y mercancías cuyos nombres yo hubiera sido incapaz de reconocer en ningún idioma. Luego de horas de trabajo con un diccionario de esa lengua que había creído sin secretos para mí, me presenté a la reunión, y estaba describiendo en laborioso francés los *zenzeri beledi* que traficaba en enorme volumen el mercader autor de la carta cuando Braudel me interrumpió exclamando con impaciencia *mais voyons, c'est le gingembre baladin,* con lo que me reveló todo lo que me faltaba aprender si creía que tenía que explicar a ese público, sumergido cotidianamente en el mundo del temprano siglo XVI, qué es el jengibre baladí. Eso y que encontrara irresistiblemente cómica mi traducción de *messer* como *monsieur* me convenció de que mi presentación había sido desastrosa. Todos me aseguraron después de lo contrario, y –exitoso o no– ese ejercicio de explicación de texto que no me dejó una memoria demasiado grata me dejó en cambio una enseñanza permanente; Enrique Tandeter le dijo años después a alguien que me lo refirió que yo no uso muchos documentos, pero a los que uso no los suelto hasta haberles arrancado la última gota de sentido; si eso es verdad es una de las cosas que aprendí con Braudel, cuyas magistrales explicaciones de texto me recordaban lo que se dice de los mataderos de Chicago, que según se asegura lo único que no aprovechan del cerdo al que sacrifican es el gemido de su agonía, porque él sí hubiera sabido cómo aprovecharlo.

A esas actividades que considerábamos serias se agregaba la obligación esencialmente ceremonial de acompañar a Braudel en sus clases del Collège, donde nuestra presencia era en verdad indispensable porque no contaba con otro público propio, en un aula ocupada mayormente por las damas que querían conseguir buenos asientos para las que Maurice Merleau-Ponty, que se había hecho popular entre ellas, dictaba en el siguiente horario. Hay que decir que Braudel no ponía demasiado esfuerzo en preparar esas lecciones; una de ellas (pero fue en verdad un caso extremo) la dedicó entera a traducir a la vista del español pasajes de Ranke, el príncipe de los historiadores alemanes del ochocientos (a quien presentó como *ce Michelet un peu triste),* tomados siguiendo la inspiración del momento de la antología que de sus escritos sobre el siglo XVI había publicado el Fondo de Cultura Económica.

La ceremonia tenía su remate en la cervecería Balzar, donde Braudel nos convidaba a todos con una cerveza, y luego invitaba entre otros a Gentil da Silva y a mí a compartir el taxi que lo llevaba a la rue Monticelli, donde tenía su departamento en uno de los edificios construidos en los años de entreguerra en los terrenos liberados por la demolición de las murallas de la ciudad, al lado de los del mismo origen que ocupaba la Cité.

En medio de todo eso yo seguía adelante con mi Pedro Mártir, en el que trabajé lo bastante como para poder publicar, luego de que lo abandoné en el camino, un par de artículos en *La Nación*. A medida que avanzaba en el tema, me preocupaba cada vez más si justificaba el esfuerzo que estaba poniendo en él. Hubiera querido convencerme de que era así porque una de las razones que me lo había hecho atractivo era que versaba sobre un tema americano, lo que yo juzgaba necesario en vista de que tenía planeada una carrera centrada en esa área temática, y al mismo tiempo podía desarrollarlo bajo el patrocinio de don Claudio, lo que por las razones que ya mencioné me era aún más indispensable, y no podía encontrar otro que, cumpliendo también esas dos condiciones, me pareciera más prometedor.

Creo que el contacto con Bataillon, quien en ese momento estaba concentrando su interés en temas vinculados con el americano que yo aspiraba a explorar en mi tesis, contribuyó a que me costara descubrirle a éste mayores atractivos, ya que seguir sus cursos me resultó infinitamente menos estimulante que mi experiencia al lado de Braudel. Indiscutiblemente era Bataillon un admirable estudioso (como lo saben todos los que han leído su no menos admirable *Érasme et l'Espagne)*, que –dominando como dominaba el panorama religioso de la prerreforma y temprana reforma– avanzaba con paso seguro en ese laberinto, guiado por una fina sensibilidad unida a un indefectible buen sentido, pero ello no impedía que su visión fuese esencialmente derivativa, hasta tal punto que aun cuando iluminaba vastas zonas oscuras (como en ese momento lo estaba haciendo en sus estudios acerca de la incorporación del descubrimiento del Nuevo Mundo a una narrativa de la historia universal centrada en la Caída y Redención y abierta hacia perspectivas apocalípticas, en la que tenían papel protagónico algunos cronistas surgidos de las órdenes regulares) la iluminara con luz prestada. En su gran libro erasmiano Bataillon había mencionado más de una vez "*Une question mal posée*", el extenso artículo de Lucien Febvre sobre las razones del fracaso final de la reforma en Francia, en el que había encontrado guía para su exploración de la que no alcanzó siquiera a nacer en España, y eso hacía honor a su buen juicio, pero no impedía que lo que el lector de Febvre había descubierto acompañando una excitante exploración de un tema que, supuestamente casi agotado, se le revelaba como una vasta y fascinante *terra incognita* lo recibiera el de Bataillon transformado en una apacible sucesión de totalmente convincentes pero muy poco fascinantes verdades de buen sentido.

Después de dos meses de trabajar en mi tema con una intensidad que empezaba a tener algo de desesperado, resolví ir a hablar con Braudel para pedirle que me sugiriera otro que lograse excitarme un poco más. Sin sorprenderse demasiado, tras indicarme que el gran estudio que Henri Lapeyre había emprendido sobre los moriscos españoles no había profundizado en el de la Valencia morisca, me recomendó que revisara ese tema para ver si encontraba algo que pudiera interesarme en él, comenzando por releer las páginas que él mismo le había dedicado en *La Méditerranée*. Lo revisé, en efecto, y luego de un mes adicional me presenté en su despacho con un gigantesco mapa del reino de Valencia, que había calcado —en infinitas hojas de papel transparente toscamente reunidas con abundante uso de cinta scotch— de las secciones correspondientes del mapa de la red vial española de la empresa Esso, único disponible en la Biblioteca Nacional parisina, y en el que había registrado en círculos proporcionales a su población los lugares de moriscos (en rojo) y de cristianos viejos (en azul) a partir de los datos de un censo levantado pocos años después de la conversión forzosa de los primeros, que procedí a desplegar hasta cubrir todo su escritorio. Debo decir que su reacción ante ese despliegue de *géohistoire* en acción superó todas mis expectativas; comenzando por proclamar fascinante el cuadro que se desplegaba ante sus ojos (que según aseguraba le recordaba el de la Argelia que tan bien conocía, donde también los musulmanes sólo habían logrado conservar luego de la conquista francesa el control de las tierras pobres de los *hauts plateaux*) me confesó que en cuanto a mi futuro como historiador había llegado a tener dudas muy serias que para su alivio yo acababa de disipar brillantemente, y terminó prometiéndome que él se encargaría de obtener el subsidio que me permitiría reunir durante el verano los materiales de los archivos de la Corona de Aragón, en Barcelona, de varios de Valencia y de los nacionales de Madrid y Simancas que yo necesitaba para llevar a buen puerto mi tesis.

Comenzó así una etapa durante la cual, primero en un París en que estallaba la primavera y luego en España, trabajé con una intensidad de la que antes no me había creído capaz y que nunca logré recuperar luego. Sin duda ese ritmo frenético debía algo a que no olvidaba ni por un instante que en menos de un año, cuando volviera de Europa, tendría que llevar conmigo todos los materiales que necesitaba para completar la tesis, ya que desde ese momento iba a quedar casi totalmente aislado de mis fuentes. Pero la conciencia de que dependía de eso que pudiese realizar mi proyecto de vida no hubiera podido obrar con la eficacia con la que en efecto obró si no hubiera sentido a la vez, apenas me interné en el tema, que la imagen que estaba construyendo en la tesis era también ella comparable a la de una figurita de verdad.

Cuando partí de París tenía ya centenares de fichas tomadas de las fuentes directamente relevantes para mi tema que se encontraban en su Biblioteca Nacional, y que eran en verdad casi todas las que necesitaba, y eso me daba confianza de que los tres meses que planeaba pasar en España me iban a ser suficientes para recoger en sus archivos una cosecha que esperaba bastante más abundante. Así llegué a Barcelona, con un tiempo gris que hacía aún más deprimente el espectáculo de una ciudad en la que se sentía gravitar el legado de la guerra terminada doce años antes mucho más pesadamente que en Turín el de la concluida en 1945. Lo hacían inmediatamente perceptible los múltiples testimonios de una pobreza decorosa y ordenada que era en Barcelona la de una ciudad toda ella venida a menos, muy distinta de la miseria que, desplegada sin recato alguno, iba a descubrir en más de un rincón de Valencia, donde no había cesado de imperar desde que en el reino valenciano habían vivido moriscos; pero no se tardaba en descubrir que detrás de la tristeza que en esos días destemplados que me tocaron en Barcelona me parecía llover de un cielo de plomo gravitaba con aún mayor peso la conciencia de que esa pobreza tan dignamente sobrellevada era parte del lote de una ciudad que, a doce años del fin de la guerra, seguía compartiendo el destino de los vencidos en ella.

Braudel me había recomendado que apenas llegado a Barcelona me esforzara por tomar contacto con Jaime Vicens Vives, quien –recientemente devuelto a la Universidad luego de un ostracismo comenzado junto con la derrota de la República– estaba promoviendo una corriente de estudios de la historia social de la España bajomedieval y moderna, desde luego apenas tolerada por el régimen y contemplada con profunda alarma por aquellos de sus colegas que en ese nuevo marco político ejercían influjo dominante en las universidades y en el Consejo Superior de Investigaciones Científicas creado por el nuevo régimen, y en quien Braudel admiraba al paladín de un heroico combate contra una variedad particularmente siniestra de *les autres*. No encontré en Barcelona a Vicens (que estaba aprendiendo rápidamente a usar en su defensa el prestigio creciente que su grupo estaba conquistando más allá de las fronteras españolas, y para irritación de esos colegas, que no habían esperado verse tan pronto en situación de envidiar a quien habían exitosamente marginado por más de una década, pasaba con creciente frecuencia breves temporadas en ilustres centros transpirenaicos vedados a éstos), pero sí a su colaborador Juan Reglá, que como me enteré entonces se había ocupado ocasionalmente del tema morisco y fue el guía que me permitió cosechar en breve tiempo lo que más urgentemente necesitaba llevar conmigo de las vastas riquezas del Archivo de la Corona de Aragón.

Encontré a él y sus amigos muy excitados porque *Destino*, el semanario de nombre joseantoniano fundado en 1939 por los que acababan entonces de conquistar Barcelona, había publicado en esos días un breve artículo de Dionisio Ridruejo titulado –si la memoria me es fiel– "La culpa, a los intelectuales". No percibí entonces hasta qué punto tenían razón, porque –para decirlo en lenguaje de Churchill– que hubiese sido posible publicar ese breve artículo (en el que el poeta a quien se debían los versos iniciales de la letra de *Cara al sol*, el himno de Falange, subversivamente sugería que si, por ejemplo, los campesinos andaluces se quejaban con cargosa insistencia de la situación en que se encontraban no era porque alguien les hubiera metido en la cabeza que ella era insoportable, sino porque efectivamente lo era) no anunciaba el fin, ni siquiera el principio del fin, pero sí el fin del principio de la calamidad que sufría España.

Es verdad que para percibirlo era necesario haber vivido años en el inmovilismo total de los que el editor Carlos Barral iba a llamar en sus memorias los años de penitencia abiertos en 1939, ya que para quien viniese de afuera el clima penitencial podía parecer tan opresivo como el primer día. En Barcelona se lo leía en los diarios, que anunciaban todos los días nuevas bodas bendecidas en la Barceloneta con el patrocinio de la Sección Femenina de Falange entre parejas de anarquistas hasta entonces recalcitrantes (cuando pregunté a los amigos de Reglá cómo los pobrísimos y oprimidos habitantes de ese rincón de miseria habían podido resistir tantos años, la respuesta fue que habían depuesto ya hacía mucho toda resistencia, pero como la Sección Femenina recompensaba ese gesto piadoso con regalos de enseres domésticos estaban dispuestos a repetirlo cuantas veces se lo solicitasen), pero ello no impedía que el tono de los comentarios que me tocó oír sobre la actualidad española fuese en Barcelona tan desenfadado como el de los que podían oírse en el instituto de don Claudio sobre la argentina.

Me bastó llegar a Valencia (con varias horas de retraso respecto del horario previsto, no debidas a ningún accidente sino a que el tren había decidido avanzar durante ellas a paso de hombre entre los monótonos naranjales de la plana de Castellón) para advertir que había entrado en otro mundo. Braudel ya me había prevenido que lo primero que iba a notar en España era que allí los ricos eran más gordos que los pobres, mientras en Francia había comenzado a ocurrir lo contrario desde que a partir del siglo anterior los pobres habían comenzado a comer según su hambre y ya en el presente los ricos habían adoptado no sin sacrificio un nuevo ideal de esbeltez corporal. Pero en Barcelona, aunque eran pocos los que tenían un aire saludable, esa diferencia resaltaba mucho menos que en Valencia, donde, tal como me había anticipado Braudel, la escuálida muchedumbre que poblaba la calle no hubiera podido ofrecer un contraste más nítido con los caballeros de prósperas curvas que la veían pasar desde los balcones del Casino. Pero aún más saltaba a la vista en la ciudad del Turia la obsesiva presencia en la calle de una muchedumbre de ciegos, lisiados y deformes que sólo décadas más tarde la sociabilidad posmoderna volvería a rescatar como a minusválidos de la penumbra en que los había relegado una modernidad que no sólo en este aspecto en 1953 no había llegado todavía a Valencia.

Sobre ese trasfondo que recordaba los de algunas escenas sevillanas pintadas por Murillo iba pronto a descubrir el peso abrumador de otros rasgos aún más acusadamente premodernos. En la ciudad se publicaban dos diarios, *Las Provincias*, del arzobispado, y *Levante*, de Falange. Casi todos preferían el primero, y cuando yo también empecé por comprarlo pude descubrir en sus columnas que si las democracias occidentales no actuaban con la energía que hubiera requerido la gravedad alcanzada por el peligro comunista era porque no habían advertido aún que el comunismo no era sino el más reciente disfraz bajo el cual la masonería continuaba la obra de destrucción que le había encomendado el Príncipe de este mundo. Pero los dilemas del presente que el diario encaraba con ese sesgo decididamente pasatista debían por añadidura ceder buena parte del espacio de su primera página a la del Año Cristiano donde la vida del santo del día era narrada con lujo de detalles en una versión que ignoraba decididamente los esfuerzos que los bolandistas habían desplegado desde el siglo XVII para despojar a la Leyenda Áurea de elementos legendarios, y bastaba volver la página para descubrir que el estilo de piedad contra el cual un siglo antes había ya roto lanzas Erasmo sobrevivía vigorosamente en la región, reflejado por ejemplo en los anuncios en los cuales no menos de cinco capillas de lugares de la huerta valenciana se proclamaban depositarias del Santo Grial (el único rasgo moderno provenía de la de Almusafes, que usando uno de los recursos preferidos por los *hidden persuaders* de Madison Avenue ofrecía como prueba irrefutable de la autenticidad del suyo que cobrara una entrada varias veces más cara que las de sus rivales). Luego de unos días de lecturas edificantes me pasé al diario de Falange, que según era fama sólo leían los funcionarios del Movimiento, y que dedicaba una generosa proporción de su espacio a una suerte de página social protagonizada por sobrevivientes del nazismo y la colaboración, en la cual la noticia de que la viuda y la hija del mariscal Goering habían sido aclamadas durante una visita a una fábrica de Munich alternaba con una deslumbrada evocación del salón muy parisino de la condesa de Chambrun, hija del ilustre mártir Pierre Laval, pero que por lo menos se ocupaba del siglo XX.

Confirmando la impresión derivada de la lectura de *Las Provincias*, Valencia ofrecía entonces el espectáculo algo anacrónico de una multitudinaria devoción colectiva que no había encontrado en Barcelona, y que los domingos obligaba a las iglesias a dejar sus puertas abiertas para que un público que las desbordaba pudiera seguir la misa desde la calle. Luego de poco tiempo comencé a entender mejor qué mecanismos habían entrado en acción para hacer posible ese milagroso renacer de la fe en una de las ciudades más republicanas de España; me resultó en este punto particularmente esclarecedora la visita al archivo, un lunes por la mañana, de un matrimonio maduro y elegantemente vestido cuya manera de plantarse como dueños del suelo que pisaban me permitió ya reconocer en sus integrantes a un par de herederos de la victoria de 1939. El secretario del archivo, un diminuto y muy simpático jorobadito que en los hechos lo dirigía durante las casi permanentes ausencias del director, y según era fama había logrado a duras penas retener su cargo en ese mismo 1939, tras saludarlos en el tono más deferente, les anunció que el día anterior los había visto en misa, agregando que probablemente ellos no lo habían visto, porque estaban ubicados más cerca del altar, pero él sí los había visto muy bien, lo que me ayudó a entender mejor por qué un historiador amigo de Reglá, que durante la guerra había sido oficial en el ejército republicano y me había prestado libros que −como lo probaba el sello inscripto en su primera página− habían sido robados de un convento valenciano, sin duda en los caóticos primeros días del conflicto, necesitaba ahora persignarse devotamente antes de merendar un huevo frito. Y volví a descubrir esos mismos mecanismos desplegados abiertamente en acción en el balneario popular instalado por la ciudad de Valencia en la playa del Grao, donde una barrera de alambre tejido separaba el sector reservado a los varones, quienes −supongo que en homenaje a la decencia− llevaban el torso cubierto con una curiosa media pechera que se hubiera supuesto más adecuada para las mitológicas amazonas, del abierto exclusivamente a las mujeres, a quienes, como puede fácilmente imaginarse, la decencia imponía normas vestimentarias harto más estrictas.

Décadas después iba a ser tema de discusiones entre politólogos si el régimen vigente en la España que yo conocí era totalitario o meramente autoritario, y en ellas quienes se inclinan por la segunda alternativa suelen alegar que la España franquista sólo conoció un pálido remedo de la movilización permanente de las masas encuadradas por el Estado-partido, cuya presencia es considerada indispensable para que un régimen pueda calificarse de totalitario. Aunque en mi experiencia española percibí inmediatamente la ausencia de ese rasgo, ya que contaba para ello con el término de comparación ofrecido por la Argentina peronista, que estaba adoptando con creciente entusiasmo los usos exteriores del régimen totalitario que por fortuna nunca llegó a madurar del todo en ella, pude advertir también que esa ausencia no impedía al régimen español marcar con su propio sello hasta los rincones más escondidos de la vida pública y privada de sus gobernados con una eficacia que no digamos el de Perón, pero aun el mussoliniano, que había inventado la noción misma de totalitarismo, hubiera tenido motivos para envidiar.

En parte explica esa eficacia que en esa etapa todavía el Estado y la Iglesia vivían en una simbiosis tan estrecha que es apenas exagerado decir que era ella la institución que había tomado a su cargo encuadrar a las masas que debían formar en el séquito del nuevo régimen. Desde luego lo hacía a su manera y en su estilo, decididamente menos marcial que el de los espectáculos montados bajo la inspiración de Mussolini, pero quizá por eso mismo más adecuado a un país que continuaba abrumado bajo el peso de la herencia de miseria y de muerte dejada por la guerra civil. La miseria en primer término, que hacía que sólo los auxilios de la Sección Femenina de Falange, reservados desde luego a quienes se ajustaban a las pautas fijadas por el régimen, hubieran permitido a algunos entre los más desposeídos sobrevivir a los duros inviernos de la posguerra. Pero en cuanto a esto la caridad que en volumen mucho más considerable se derramaba sin ruido sobre las clases menesterosas por los innúmeros canales dominados por la influencia eclesiástica era aún más eficaz que la ruidosamente distribuida por la organización capitaneada por Pilar Primo de Rivera para imponer a sus beneficiarios el ciego acatamiento al nuevo régimen político que ofrecía el complemento natural para la aceptación también a ojos cerrados del orden social, más inhóspito que nunca en el pasado, que se exigía igualmente de ellos. Así practicada luego de un conflicto civil que en una de sus dimensiones había sido una guerra de clases, la caridad venía a recordar a los integrantes de las derrotadas en ella hasta qué punto seguían dependiendo de la siempre provisional indulgencia de las vencedoras.

La muerte era otra herencia de la guerra que el régimen se esforzaba sistemáticamente por evitar que se disipase. Mientras se hubiera buscado en vano en los muros de las ciudades españolas carteles comparables con los que por entonces decoraban los de las argentinas, y cada 18 de julio el aniversario del entonces llamado Glorioso Alzamiento Nacional sólo se conmemoraba en ceremonias cerradas al público en los patios de los cuarteles, a la derecha de la puerta de todas las iglesias españolas estaba inscripta la lista de los que en esa parroquia habían caído por Dios y por España, que a más de traer a los vencidos el recuerdo –que era en sí mismo una advertencia– de otros muertos que no podían aspirar a ser conmemorados de esa manera, los conminaba a reconocer en los nombres allí inscriptos los de otras tantas víctimas de crímenes de los cuales eran también ellos parcialmente responsables, y que sólo la magnanimidad siempre revocable de los vencedores los había salvado hasta entonces de expiar tal como merecían.

En medio de tanta tristeza, en Valencia no iba a percibir como tales los primeros signos anunciadores de que España se disponía a dejar atrás sus años de penitencia. Cuando llegué me instalé en un hotel que resultó bastante elegante, donde esperaba pasar un par de días hasta encontrar alojamiento más económico en una pensión, pero que un rápido cálculo me reveló que me proporcionaba alojamiento con pensión completa por dos dólares diarios, lo que gracias al subsidio que me había gestionado Braudel estaba plenamente dentro de mis posibilidades. La consecuencia fue que durante mis dos meses de Valencia conviví en ese hotel con las primeras avanzadas francesas de la invasión del turismo europeo destinada a cambiar el rostro de la España mediterránea, cuando la irrupción de esa vanguardia estaba ya creando delicados problemas, que el gobernador civil había encarado de frente en un cartel en el que exhortaba a los valencianos a recibir a sus huéspedes con la máxima cordialidad y la más hidalga cortesía, por más chocantes que encontraran algunos de sus usos indumentarios, pero les advertía a la vez que cualquier tentativa de imitarlos sería reprimida por todos los medios que la ley autorizaba.

Disculpa mi incapacidad de ver reflejado en ese contradictorio mensaje una primera falla anunciadora de la brecha por la cual España iba a ser invadida por un futuro muy distinto de su escuálido presente que fuese muy difícil imaginarlo en una Valencia todavía sumergida en la penuria. Por la rectilínea Gran Vía Diagonal flanqueada por edificios viejos de menos de un siglo los vehículos que más se veían eran diminutos carros arrastrados por mulas y cargados con cebollas de la huerta, y en el casco antiguo eran muchas las casas que alguna vez habían sido importantes y habían decaído a tugurios, mientras en la calle Angosta de la Compañía, donde tenía su sede el archivo en la que había sido alguna vez residencia jesuítica, podía verse aún en 1953 a chicos de hasta siete años que jugaban en ella –como cuatro siglos antes los niños moriscos que por esa razón no podían ser circuncidados hasta más tarde– sin más vestimenta que una chaqueta corta de tela ligera. Y no era ése el único rasgo que sobrevivía del pasado en esa ciudad que parecía haber vuelto atrás en el tiempo, y que como había acostumbrado a hacer ya en los veranos del siglo XVI, durante el de 1953 arrendó una vez más el cauce del río, seco por el estiaje pero cubierto de pastos, a trashumantes pastores de ovejas.

En esa ciudad donde el calor se hacía cada vez más tórrido, después de pasar en el archivo las cinco horas en que estaba abierto al público volvía a almorzar a las cuatro de la tarde al hotel, que ofrecía a sus comensales, casi todos ellos huéspedes de un día, un inmutable menú de arroz a la valenciana precedido de fiambres variados, acompañado del grueso vino tinto incluido en el precio de la pensión completa, que exigía una larga siesta, al que seguía una no menos inmutable paella, luego de la cual solía terminar mi jornada en alguno de los cines al aire libre instalados durante el verano en espacios abiertos de la ciudad, en uno de los cuales descubrí por qué el ordenanza del archivo a quien al pedir cada legajo era preciso hacer entrar en acción con un duro de propina, tenía siempre un aire tan soñoliento: hasta las madrugadas había cumplido una segunda jornada como acomodador bajo el cielo valenciano. Así pude seguir en el NODO (el noticioso oficial que precedía a cada película) el verano de doña Carmen Polo, la esposa del Caudillo y primera burgalesa de pro, cuya figura longilínea se proyectaba en esos noticiosos sobre el fondo de los más variados rincones españoles con mucha mayor frecuencia que la de su marido, precediendo a una dieta de vetustas películas de Hollywood cuyos diálogos doblados al castellano habían sido depurados por la censura con un celo que más de una vez los hacía totalmente incomprensibles.

Gracias a que día tras día y semana tras semana me atuve rigurosamente a ese uso del tiempo, cuando partí a Madrid había juntado materiales cuya abundancia todavía me sorprende cada vez que echo una mirada sobre mi tesis. Abandoné la ciudad en una cálida noche de verano, pero sólo unas horas después, mientras el agonizante tren avanzaba pausadamente por la llanura manchega, el frío inesperadamente intenso que invadía los vagones desde las no escasas ventanillas sin vidrios me preparó adecuadamente para la ciudad que iba a encontrar a mi llegada, sólo invadida en ese momento por algunas patrullas avanzadas del alud de turistas transpirenaicos que había ya encontrado en Valencia, y sumida en una miseria menos pintoresca pero apenas menos honda que la valenciana. En Madrid me iba a encontrar con Gentil da Silva y un estudiante francés conocido suyo que estaba trabajando también él en una tesis para la sexta sección, ambos instalados ya en una pensión cercana a la Gran Vía, y mientras en el Archivo Histórico Nacional hacía cosecha de procesos inquisitoriales con ellos iba a recorrer esa ciudad en la que buscábamos en vano algún rastro de los años aún no demasiado remotos en que había sido el rompeolas de todas las Españas celebrado por Antonio Machado. Aunque todavía iba a pasar otro par de semanas en Valladolid, trabajando en el archivo nacional instalado en el cercano castillo de Simancas, es el melancólico recuerdo de las dos que pasé en Madrid el que mejor resume el de mi experiencia en España. Recordaba entonces una fotografía que en tiempos de la guerra había visto en *Crítica;* era la de una angosta callecita del viejo Madrid cruzada a la altura del segundo piso por un transparente que desafiantemente proclamaba: "El fascismo quiso aplastar a Madrid. Madrid será la tumba del fascismo", y me parecía que esa profecía se estaba cumpliendo, y que la entera ciudad era una tumba muy española donde el fascismo seguía condenado a amojamarse para la eternidad bajo el sol y el frío de la meseta.

Me preparé entonces para volver a la Argentina, que no esperaba encontrar muy tranquila luego de una etapa convulsa que había seguido de lejos a través de las noticias en letra chica que publicaba *Le Monde* (en las que por varias semanas fue un tema recurrente la prisión de Victoria Ocampo) y crípticas cartas de mamá alusivas a otras prisiones, en las que la cárcel de Villa Devoto era mencionada como la casa de Daniel y la del Buen Pastor como la pensión de las monjas. Y efectivamente iba a encontrar a mi retorno que el país al que había dejado hundido en una quietud que quizás anticipaba la tormenta se había puesto de nuevo en movimiento, aunque era difícil predecir hacia dónde.

Viraje

Pensaba llegar a un Buenos Aires sumido en el silencio que habitualmente sigue a una convulsión que no ha logrado cambiar nada, y me sorprendió que en el taxi que nos llevaba a casa desde el puerto, mamá –sin importarle que el chofer oyera todo lo que decía– se explayara extensamente sobre lo pesado que se le había hecho verse obligada a dedicar todos sus fines de semana durante dos meses a visitar amigos presos. Si eso me convenció de que pese a la tormenta política desencadenada durante mi ausencia la Argentina seguía siendo la Argentina (en España, aun en ausencia de ese testigo con cuya discreción no podía contarse, un tema como ése se ubicaba en esa mitad soterrada del universo a la que sólo se aludía cuando resultaba imprescindible, y siempre del modo más reticente), muy pronto iba a descubrir que esa tormenta había cambiado más de lo que había imaginado desde lejos. Ahora es más fácil que entonces percibir qué se reflejaba en ese cambio: mientras la inesperada facilidad con que el nuevo régimen había sido capaz de superar la muy honda crisis que acababa de dejar atrás había persuadido a los marginados por éste de que su más probable destino iba ser el de convivir quién sabe todavía por cuánto tiempo con él, en un marco que amenazaba hacer cada vez más difícil seguir respondiendo a la marginación impuesta desde lo alto con una automarginación aún más rigurosa, por otra parte la hondura alcanzada por esa crisis había persuadido a quienes nos gobernaban de que las políticas que les habían permitido conquistar el poder habían agotado totalmente su eficacia y que necesitaban por lo tanto inventar otras nuevas. La consecuencia era que, aunque nada importante había variado en la superficie, sí había cambiado en uno y otro sector la actitud hacia el futuro, que para ambos parecía requerir alguna modificación en el rumbo seguido hasta entonces.

Esto que ahora veo más o menos claro lo empecé a descubrir sólo gradualmente y desde la perspectiva inevitablemente sesgada de quien

estaba reincorporándose como soldado raso a la hueste de los marginados, y lo que primero pude percibir cuando lo contemplaba desde ese
ángulo era que, mientras cualquier claudicación seguía siendo totalmente inaceptable, era la noción misma de claudicación la que admitía
una definición cada vez más restringida. La disminución constante del
área de conductas prohibidas se debía en buena medida a que con el
paso del tiempo se hacían cada vez más frecuentes situaciones cuya
complejidad hacía inaplicables los sencillos criterios que primero habían permitido distinguir lo que constituía claudicación de lo que estaba libre de esa mancha. Así, ante la fotografía difundida por la Secretaría de Prensa y Difusión que mostraba a un renunciante de la
Universidad, que había encontrado muy satisfactorio refugio en la casi
centenaria casa editorial a la que la señora Eva Perón acababa de confiar la publicación de *La razón de mi vida*, compartiendo con altos funcionarios estatales el vino de honor que celebraba la aparición del libro, nadie se planteó siquiera la posibilidad de que ella documentara
una claudicación. Pero no era sólo la abundancia creciente de situaciones como ésa la que hacía difícil arribar a una respuesta sin ambigüedades frente a un dilema que antes había admitido sólo dos diametral-
mente opuestas e igualmente tajantes; a éstas comenzaban a agregarse
las suscitadas por la presencia en número creciente de quienes evitaban
identificarse sin reservas con uno u otro de esos campos, frente a los
cuales hubiera sido un poco injusto aplicar las rigurosas pautas de conducta aún teóricamente vigentes para los que habían inequívocamente
transferido su lealtad al nuevo régimen.

Había un punto sin embargo en el que el antiguo rigor se mantenía
incólume: en las filas de una oposición cada vez más acorralada seguía
siendo considerado inadmisible poner en duda que la división introducida en el país por la revolución peronista sólo habría de cerrarse luego
del triunfo definitivo de uno de los hemisferios en pugna, en una negativa que revelaba qué duro era para quienes aún permanecían en esas
filas renunciar a la cada vez menos justificada esperanza de que la
derrota de 1946 pudiera revertirse. Así lo iba a descubrir Federico Pinedo, cuando desde la cárcel dio a publicidad un mensaje en el que sugería recurrir a otros caminos para superar esa división; en las filas opositoras su propuesta fue hallada tan universalmente chocante que una
versión inmediatamente acogida en ellas, de la que mamá se hizo eco al
referirme ese episodio que encontraba particularmente penoso, bus-

caba disculpar la claudicación en principio indefendible de una figura
por la que ella conservaba simpatía atribuyéndola a que había sufrido
en prisión vejámenes y humillaciones tan extremos que habían logrado
quebrar su voluntad. Sin duda sólo el deseo de justificar lo que seguía
considerándose injustificable había podido sugerir esa clave para un
mensaje que, surgido desde lo más hondo de la adversidad en que su
autor había caído, reflejaba con la misma arrogancia que los originados
durante la breve etapa triunfal de su carrera pública la soberbia intelectual de quien –y hay que admitir que no le faltaban para ello buenas razones– nunca había dudado de su superioridad en ese terreno.

Pero el rechazo a reconocer como inmodificables las consecuencias
de esa derrota no impedía –se ha señalado ya– que los mismos que se
obstinaban en él hubieran ido adaptándose cada vez más a éstas, y si no
advertían lo que tenía de contradictorio seguir proclamando inaceptable lo que en los hechos aceptaban un poco más cada día era sin duda
porque encontraban las menudas y sin duda ineludibles adaptaciones a
una realidad cada vez más inhóspita demasiado mortificantes para tomar plena conciencia de ellas. Debo agregar que, aunque mi ausencia
de casi un año me permitía percibir con más claridad que quienes habían venido sumando muchas de esas mínimas adaptaciones a lo largo
de esos meses hasta qué punto sus efectos acumulativos habían contribuido a modificar el temple reinante en las filas opositoras, compartía
la convicción dominante en ellas de que propuestas como la de Pinedo
estaban destinadas al fracaso porque no hacían plena justicia a la hondura del abismo que la revolución peronista había logrado cavar en la
sociedad argentina, y la indiferencia con que ésta fue recibida por su
principal destinatario (a quien sin duda hubiera convenido prestarle
mayor atención) confirmaba que esa convicción seguía siendo plenamente compartida desde la orilla opuesta.

La modificación que comenzaba a percibirse en el temple de quienes
se obstinaban en las filas opositoras no era tan sólo consecuencia de
que, a medida que pasaba el tiempo sin que por ello se hicieran menos
duras las consecuencias de permanecer en ellas, la creciente tentación
de abandonarlas hacía cada vez más imprudente perseverar en las severas pautas de conducta impuestas a quienes se mantenían en ellas
cuando la amenaza de una expulsión ignominiosa conservaba aún toda
su fuerza. Ocurría además que esas deserciones contribuían a cambiar
la fisonomía colectiva de quienes habían decidido integrarse en el

nuevo régimen, y eso hacía más difícil reaccionar frente a ellos de modo tan automático como cuando en el mundo universitario y el de la cultura la línea divisoria introducida por la revolución peronista aún reproducía casi sin modificaciones la que lo había dividido durante la Segunda Guerra Mundial. En este aspecto la breve tentativa de acercamiento al nuevo régimen lanzada por el Partido Comunista iba a tener consecuencias duraderas, en cuanto había arrastrado en su estela a compañeros de ruta y figuras independientes de izquierda que no lo siguieron cuando decidió tomar nuevamente distancia frente a éste, y se sumaron en cambio a quienes habían ya renunciado a mantener una actitud opositora que no parecía conducir a ninguna parte. A mi retorno de Francia vi ese cambio reflejado en las paredes del centro, en las que los antes ubicuos carteles que anunciaban actos literarios de ADEA, la asociación de escritores identificados con la derecha nacionalista fundada por Manuel Gálvez (que, cercana primero al régimen militar instalado en 1943, había mantenido la misma cercanía con el peronista que vino a heredarlo) habían sido eclipsados por los de un recientemente creado sindicato de escritores, integrado en la Confederación General de Intelectuales que en el marco de la comunidad organizada aspiraba a agrupar a cuantos definía como trabajadores del cerebro, donde podían leerse entre otros los nombres de Elías Castelnuovo, José Gabriel, Nicolás Olivari, César Tiempo o Álvaro Yunque.

Novedades como ésa creaban problemas demasiado complejos para ser resueltos con los criterios que habían sido válidos hasta poco antes, y no bastaba para afrontarlos con restringir cada vez más los que habían venido usándose para decidir cuándo se estaba frente a una indiscutible claudicación. Cuando volví, mamá me refirió con pesar que en una visita reciente al Museo de Bellas Artes había coincidido en una sala con José Gabriel y le había negado el saludo, a pesar de que seguía sintiendo por él una viva simpatía. Pero, me explicó, le había parecido en ese momento que no podía hacer otra cosa: en efecto, ni aun la más restrictiva definición de una conducta claudicante podía excluir la de alguien a quien ella no había vuelto a ver desde una visita que había hecho al departamento de Montevideo que Gabriel compartía entonces con otros exiliados, y a quien se le atribuían ahora las conmovedoras crónicas de la agonía de Eva Perón con las que una *Crítica* que no era ya sino la sombra de sí misma había logrado reverdecer por un momento fugaz sus viejos laureles.

Al mismo tiempo ella percibía muy bien que ese criterio que en un momento había parecido válido no sólo llevaba a corolarios cada día más absurdos (así, las exclusiones no afectaban a quienes no habían necesitado claudicar, porque ni siquiera en los momentos de mayor debilidad del régimen militar se habían desviado del rígido oficialismo que habían mantenido y estaban dispuestos a seguir manteniendo bajo todos los regímenes), sino que –como lo demostraba el remordimiento con que recordaba su reacción frente al inesperado encuentro con Gabriel– no podía movilizar en su favor una pasión política que había perdido ya demasiado de su originaria intensidad.

A mi retorno yo había esperado que quienes estaban pagando un precio cada vez más alto por su lealtad a una apuesta inspirada en esa pasión ya considerablemente amortiguada afrontaran su marginalidad con ánimo cada vez más sombrío, pero descubrí de inmediato que, aunque la presión que ejercía sobre ellos el régimen era cada vez más intensa, su peso era ahora sentido como menos insoportable que cuando ella había comenzado a ejercerse. No importaba en cuanto a esto que en Buenos Aires el Colegio Libre estuviera impedido de funcionar desde que sus expresiones de duelo por la muerte de Eva Perón habían sido juzgadas demasiado mesuradas, o que las Academias nacionales, algunas de las cuales habían declinado proponer a su par de Estocolmo la candidatura de la autora de *La razón de mi vida* al Premio Nobel de Letras, estuvieran suspendidas en su funcionamiento (el subterfugio imaginado por Carlos Ibarguren, presidente de la de Letras, apenas se enteró de la proyectada publicación de esa obra, e inmediatamente imitado por Ricardo Levene, que lo era de la de Historia, no alcanzó en este punto el efecto que aquél había esperado; en efecto, aunque tras adherirse previsoramente a la propuesta de sus pares españoles en favor de la candidatura de don Ramón Menéndez Pidal ambos pudieron alegar que esa circunstancia les impedía, muy a su pesar, proponer ninguna otra, la negativa a apoyar la de la Jefa Espiritual de la Nación fue achacada, sin duda con justicia, a la deplorable tibieza política reinante en ambas corporaciones, de la que ahora les tocaba afrontar las consecuencias), o todavía que la creación de una Confederación de Docentes Universitarios Argentinos pareciera anunciar el inicio de un avance ofensivo de la comunidad organizada sobre áreas que habían podido creerse hasta entonces menos amenazadas; así lo sugería que, en una de sus más tempranas iniciativas, los organizadores de la recién creada

Confederación, después de asaltar la sede del Círculo de Armas, se constituyeran en nueva comisión directiva de esa patricia institución, expeditivamente incorporada de ese modo al nuevo orden comunitario y organizado sobre cuya creciente impaciencia por marcar con su signo a toda la sociedad argentina no podían ya quedar muchas dudas.

Me parece ahora que si esos avances de un proyecto que proclamaba cada vez más abiertamente su vocación totalitaria no impedían que encontrara a mi retorno un clima menos sofocante que el que había dejado a mi partida, ello se debía en no escasa medida a que estábamos comenzando a ser integrados en ese proyecto más eficazmente de lo que advertíamos. Si cuando en el tren en el que con algunos de mis antiguos compañeros de Química íbamos a un asado destinado a celebrar el retorno de César Milstein, luego de un año que había pasado como becario en Cambridge, lo poníamos al tanto de que la presidencia del aristocrático círculo estaba ahora ocupada por un profesor adjunto de química orgánica, que había llegado a serlo porque el titular lo había necesitado para funciones más cercanas a las de un ordenanza, y a quien siempre habíamos considerado una figura inofensivamente cómica, pudimos comentarlo a gritos y entre carcajadas en un vagón atestado no fue tan sólo porque no teníamos ninguna razón para temer los riesgos que supondría incurrir en conductas como ésa bajo la égida de un orden auténticamente totalitario.

Una clave quizá más adecuada para entender por qué no nos oprimía más intensamente la conciencia de lo que el episodio tenía de ominoso puede rastrearse tras el enigmático nombre de "Los derechos" con que, sin pensarlo siquiera, mencionábamos el lugar de destino al que nos conducía el tren, y al que todavía en el presente me ocurre más de una vez llamar de ese modo, a pesar de que hace muchas décadas que ha vuelto a ser conocido como Parque Pereyra. Lo llamábamos así pese a que la expropiación de la mansión y el vasto parque de la familia Pereyra Iraola, sobre la ruta a La Plata, no estaba lo bastante lejana en el tiempo para que hubiéramos olvidado las crónicas entre melancólicas e indignadas que por muchos días le había dedicado *La Nación* (todavía ahora recuerdo una particularmente lacrimosa acerca de la última misa celebrada en la capilla de la residencia), y que hubiéramos ya adoptado esa versión abreviada y familiar del nombre Parque de los Derechos de la Ancianidad asignado a la finca por quienes se habían apoderado de ella ofrecía un indicio de que nuestra aclimatación en el nuevo marco ofrecido por la comunidad organizada había avanzado más de lo que hubiéramos estado dispuestos a admitir. Es cierto que no la hubiéramos hecho nuestra tan poco problemáticamente si el parque hubiera ya formado parte de nuestro horizonte cuando no había sido rebautizado de ese modo (lo sugería así que para nosotros la estación Retiro siguiera desde luego llamándose Retiro), pero que nos limitáramos a persistir en el uso de ése y otros nombres que nos habían sido siempre familiares mientras acogíamos sin siquiera pensarlo el que Eva Perón había elegido para el parque por ella rescatado para todos los argentinos mostraba que nos habíamos ya resignado a no intentar siquiera llevar el combate contra los avances de la comunidad organizada más allá de los exiguos refugios en los que aún sobrevivía algo de nuestra pasada autonomía.

Sin duda dentro de ellos todavía éramos capaces de ofrecer alguna vez una respuesta eficaz, y redescubrir así por un instante que éramos algo más que un montón de individuos aislados y excéntricos dejados a la vera del camino por el irrefrenable avance de un orden que se encaminaba a encolumnar todas las voluntades argentinas. Poco después de mi retorno iba a vivir uno de esos instantes; eso me ocurrió cuando me tocó incorporarme a los cursos de formación política que a partir de ese año habían sido agregados con carácter obligatorio a los planes de estudio de todas las carreras ofrecidas por la Universidad de Buenos Aires, uno más en la multitud de estudiantes de sus facultades de Derecho y Filosofía que en la inmensa aula magna de la primera de ellas se preparaban a recibir las lecciones que debía impartir el profesor Rodolfo Tecera del Franco.

Quienes habían introducido esos cursos y –demasiado conscientes de que la iniciativa no podía sino ser mal acogida por el estudiantado– habían prudentemente limitado los requisitos de promoción en ellos a nuestra presencia en esas lecciones, buscaron asegurarse por lo menos de que la mantuviéramos durante todo el lapso fijado para ellas, que según creo recordar era de una hora y media, proporcionándonos al ingresar en el aula (cuyas puertas se cerraban al comenzar a hablar el disertante) un formulario que debíamos llenar con nuestros datos, para a la salida depositarlo debidamente firmado en urnas que sólo serían instaladas en el vestíbulo del aula magna una vez concluida la clase. En la primera de ellas las reacciones de ese auditorio cautivo no pasaron de una quizás excesiva abundancia de toses y la presencia en primera fila de unas cuantas muchachas dedicadas a tejer con dos agujas o al *crochet*, pero en la siguiente las tejedoras se habían multiplicado y la tos se había hecho incesante, porque era ahora la entera audiencia la que se turnaba para sostener su repiqueteo, comenzando por quien ocupaba el extremo izquierdo de la primera fila para al llegar al extremo derecho de ésta continuar serpenteando por la inmensa aula hasta que luego de recorrerla por entero tomaba el camino de retorno. Hay que decir que el desdichado profesor, que tenía preparado un alegato que hoy llamaríamos multiculturalista apoyado en abundantes ejemplos tomados de Toynbee, continuó con notable entereza desenvolviendo sus bien torneados párrafos hasta que el diapasón cada vez más ensordecedor de nuestras toses le hizo imposible seguir cubriéndolas con su voz, pese a que contaba para ello con el auxilio de los poderosos parlantes del aula Juan Perón. Nos gritó entonces que suspendía su disertación hasta que nuestro silencio le permitiera reanudarla, y que estaba dispuesto a esperar todo el tiempo que resultara necesario para que volviéramos a la sensatez.

Descubrimos en ese momento que en nuestro entusiasmo nos habíamos dejado encerrar en una insostenible *impasse*, ya que nuestra dignidad nos imponía ahora seguir indefinidamente tosiendo bajo la mirada de fuego del profesor Tecera del Franco, pero después de unos pocos minutos de practicar ese ritual que sin duda todos encontrábamos cada vez más absurdo nos vino a rescatar de ese destino un rumor que comenzó a circular entre nosotros, según el cual habíamos caído en una celada tendida por el maquiavélico conferenciante, ya que su interrupción de la clase estaba destinada a retenernos en el aula hasta el arribo de una fuerza policial que venía decidida a reprimirnos con la máxima brutalidad. Esa versión desencadenó casi de inmediato una estampida en medio de la cual abandonamos en tropel el aula magna y el edificio de la facultad, arrojando a nuestro paso los ya inútiles formularios; y creo que sólo luego de algunas cuadras, recorridas a gran velocidad, nos percatamos de que con nuestra deserción en masa del curso de formación política acabábamos de tronchar nuestras carreras, que hasta la víspera nos habíamos creído cercanos a completar. La versión que se impuso a partir de ese momento fue que no había sido ése el resultado accidental de una sucesión de decisiones improvisadas, sino un meditado sacrificio que reflejaba la indeclinable firmeza con que estábamos dispuestos a sostener nuestras convicciones. Al parecer las autoridades universitarias encontraron esa versión suficientemente convincente; así lo sugiere que para resolver el problema que habíamos venido a crear para nosotros pero también para ellas se resignaran a interrumpir con un repliegue táctico, limitado al sector que gobernaban, el avance triunfal de la comunidad organizada: lo iban a solucionar, en efecto, postergando por un año la introducción del requisito que ya no podríamos satisfacer.

Lo que disminuía la significación de esa inesperada victoria no era tanto que estuviera destinada a ver anulados sus efectos apenas las huestes de la comunidad organizada se reorganizaran para la batalla que no habían esperado tener que librar, sino que en la Universidad, salvo en episodios que como ése eran cada vez menos frecuentes, la polarización nacida con el triunfo de la revolución peronista gravitaba con peso cada día más ligero, mientras en zonas cada vez más anchas de ella ese triunfo era aceptado en silencio como un hecho consumado acerca del cual era inoficioso continuar discutiendo. Y yo mismo me estaba adaptando rápidamente a esas nuevas pautas de convivencia, así, mientras apenas esa polarización volvió a aflorar por un instante ocupé sin vacilación alguna el lugar que tenía de antemano asignado en ella, no sentí ya ninguna incomodidad al frecuentar ocasionalmente el instituto de Filosofía del Derecho, o al participar –tal como me había propuesto ya antes de mi partida– en el seminario de Carlos Cossio, que acababa de recibir un premio nacional y sin duda tampoco había sentido ninguna al estrechar la mano presidencial en la audiencia colectiva que el general Perón había concedido a todos los agraciados junto con él. Que mi reacción era ya ampliamente compartida lo reflejaban por otra parte los comentarios que inspiró el episodio, en los que la condena de la indisimulable claudicación que en él había tenido lugar había sido reemplazada por la evocación –o invención– maliciosa de lo ocurrido cuando el incauto anfitrión inquirió a los premiados acerca de las contribuciones por las que habían sido galardonados, provocando una exposición de Cossio que a lo largo de dos horas trazó una síntesis de las nociones por él desarrolladas más extensamente en *El derecho en el derecho judicial*.

El clima reinante en ese seminario terminó de convencerme de que la redefinición del impacto de las divisiones políticas sobre el estilo de convivencia vigente en el mundo universitario y cultural, que lo acercaba al vigente en el período neoconservador, y que había comenzado a percibir antes de partir a Francia, había avanzado mucho desde entonces. La teoría egológica del derecho, de la que Cossio había sido el inventor, y seguía siendo infatigable apóstol, estaba en ese momento adquiriendo una reputación equívoca porque, al subrayar el papel decisivo de los jueces para determinar la eficacia concreta de las normas jurídicas, y señalar que el criterio que debía guiarlos al dictar sentencia requería que exploraran si experimentaban o no una "vivencia de contradicción" al confrontarla con la norma jurídica que intentaban aplicar en ella, ofrecían un argumento que a falta de otros mejores era invocado con creciente frecuencia por magistrados que buscaban adecuar esas normas a las necesidades del poder político. No era eso por cierto lo que más preocupaba a Cossio en ese momento; el Instituto estaba en cambio convulsionado por la inminente visita de Hans Kelsen, el ilustre jurisconsulto austríaco autor de la teoría pura del derecho, exiliado desde hacía décadas en Berkeley, que por iniciativa de su director había sido invitado por las autoridades de la Facultad a ofrecer en ella un breve ciclo de conferencias, creando expectativas que justificaban que se hubiera decidido asignarles el aula Eva Perón, apenas menos vasta que el inmenso salón de actos Juan Perón.

La visita iba a tener un curso tormentoso; impresionado por los conmovedores testimonios de veneración intelectual que con total sinceridad le había prodigado Cossio, Kelsen había creído hasta su llegada que la teoría pura había encontrado en él a un misionero en tierra de infieles; sólo en Buenos Aires se enteró con sorpresa y disgusto de que su discípulo austral había buscado inspiración no sólo en ella sino también en la fenomenología de Husserl y el existencialismo de Heidegger para formular una teoría con la que consideraba haber superado la de su maestro; por añadidura le resultó particularmente humillante descubrir su nombre mezclado en ésta con el de Heidegger, a quien consideraba un charlatán impresentable. En las conferencias, a las que acudió un público tan numeroso como se había previsto, sólo afloraron esas tensiones a través del desabrimiento que Kelsen mantuvo a lo largo de todas ellas, y que terminó por contagiar a Cossio, que en la inaugural había desplegado el ánimo eufórico de quien está realizando el sueño de su vida, y puede apenas creerlo.

En las reuniones semanales del seminario esas mismas tensiones sólo se reflejaron en el abandono del tema por parte de Cossio, que al comienzo nos había abrumado con sus inagotables comentarios sobre la

sencilla llaneza y la encantadora modestia del ilustre visitante, que
–como iba a descubrir muy pronto– estaba mucho más moderada-
mente dotado de esta última cualidad de lo que él primero había imaginado. Ocurría que el público del seminario, salvo algunos discípulos
menores de Cossio que asistían a él, no parecía tener un interés muy intenso ni en ese tema ni en ningún otro de la filosofía del derecho, ni
necesitaba tampoco fingirlo: nuestro papel en él era el totalmente pasivo de escuchar la traducción a la vista del texto alemán de *Ser y tiempo*
que reunión tras reunión llevaba adelante el doctor Langfelder, un refugiado vienés protegido por Cossio, y los comentarios en los que éste,
tras vincular el pasaje que acabábamos de oír con algún punto de su teoría egológica, nos ofrecía una circunstanciada exégesis de este último.
En esas reuniones el cambio de clima al que me estoy refiriendo se reflejaba no sólo en que lo que en él se decía y el ánimo con que se lo oía
no hubiera variado un ápice si el general Justo y no el general Perón
hubiera ocupado en ese momento la presidencia, sino en que no era
allí tema ni problema la posición frente a la comunidad organizada de
quienes se sentaban a nuestro lado; así, no interesaba ya a nadie que el
nombre de Brandán Caraffa, esa reliquia del grupo de *Martín Fierro* que
paseaba en él su idilio otoñal con la madura escritora Rosa Bazán de
Cámara, o el de esta última hubiera aparecido alguna vez en los carteles que anunciaban las conferencias del Sindicato Argentino de Escritores, o cuál era exactamente la posición del general Luis Perlinger, mi
inesperado condiscípulo en la carrera de leyes que también concurría
al seminario, ante el régimen acaudillado por quien en su hora había
obtenido sobre él una ajustadísima pero decisiva victoria en la disputa
por la jefatura del GOU.

Ese cambio de actitud, que ayudaba a eludir la sensación de ahogo
creciente que había temido encontrar a mi regreso, era sin duda uno
de los frutos del esfuerzo instintivo de los marginados por hallar soportable lo que sabíamos ya que no podíamos evitar seguir soportando.
En relación con esto me parece revelador que los dos únicos episodios
de la dura represión ocurrida durante mi ausencia de los que mamá
me hizo un relato lo bastante vívido para que los recuerde todavía
ahora sean el de su visita a Vicente Fatone, preso en la comisaría de su
barrio de Villa Urquiza, en la que lo encontró dedicado a redactar en
la máquina de escribir del comisario, en cuyo despacho al parecer se
había instalado en forma permanente, el discurso que éste debía pro-

nunciar en un acto patriótico, y otro que le había relatado Giusti de la visita en la que por exigencia del ministro del Interior la comisión directiva de la SADE debió solicitarle formalmente que autorizara su reapertura de actividades, como única condición para que se levantara su clausura. Contaba Giusti que había ido resignado a pasar un momento poco grato, pero para su sorpresa lo había encontrado cada vez más llevadero hasta que reparó en la evidente consternación con que los otros visitantes seguían el animado diálogo que sostenía con el ministro, y que tenía por tema la monstruosa ingratitud con que el partido que ambos habían abandonado había respondido a todo lo que éste había hecho por él desde el sindicato que bajo su liderazgo había llegado a figurar entre los más influyentes del sindicalismo argentino, y se le hizo entonces brutalmente claro que debía dejar inmediatamente de acompañar con un eco comprensivo las nostálgicas lamentaciones de esa otra víctima de los siempre despiertos recelos del doctor Repetto, cuando hacía sólo unos días que éste había recuperado su libertad, luego de una experiencia carcelaria harto más dura que la vivida por Fatone.

No faltaban por otra parte otros signos menos indirectos del ya aludido cambio de clima que la re-estilización de la situación en que nos colocaba el régimen peronista, comparada a menudo antes de mi partida con la imaginada por Orwell en *1984*, y presentada ahora con rasgos más adecuados para inspirar la pluma de Fray Mocho o la del Payró de los *Cuentos de Pago Chico*. Así, a mi retorno se hablaba bastante de la discordia que había entrado a reinar en el *Collegium Musicum* ante la propuesta recibida, según se aseguraba, de una muy alta fuente que deseaba saber si esa organización estaba dispuesta a asumir la dirección musical de la gran sala de conciertos que se proyectaba erigir en el que había sido solar del Jockey Club. Se comentaba al respecto que mientras algunos de sus dirigentes no dejaban de encontrarle atractivos a un proyecto destinado a dotar a Buenos Aires de la réplica austral de la *Salle Pleyel* cuya ausencia todos deploraban, otros veían con menos favor que la institución participara de ese modo en el botín heredado de una inolvidable noche de incendio y destrucción que había suscitado un tampoco olvidado y nada halagador eco mundial, y no estaban seguros de que la promesa de que no se exigiría del *Collegium* ningún gesto de adhesión al régimen peronista, aun si se pudiera confiar en ella, fuera suficiente para acallar ese escrúpulo (y hay que agregar que las opinio-

nes de quienes así lo comentaban estaban también ellas bastante parejamente divididas en torno a esas dos alternativas).

Con más general beneplácito era acogido el rumor según el cual
Jorge D'Urbano, el muy respetado crítico musical entonces al frente de
la tradicional librería Viau, se preparaba a tomar a su cargo la sección
artística y literaria de *Crítica,* que bajo la alta protección del almirante
Teisaire, recientemente elegido vicepresidente de la República por la ya
habitual mayoría abrumadora, y con la colaboración del dinámico periodista que se perfilaba ya en Bernardo Neustadt se preparaba a asumir en gran estilo dentro de la prensa vespertina el papel de diario independiente pero en nada opositor que en la de la mañana había
hecho suyo con gran éxito *Clarín,* y de cuyos colaboradores tampoco se
esperaba desde luego que ofrecieran el único gesto totalmente fidedigno de adhesión a la revolución peronista que hubiera significado la
solicitud del número.

Parecía así surgir la posibilidad de que un nuevo *modus vivendi* viniera
a redefinir la relación con la revolución peronista de los marginados
por ella, sobre las líneas del que Italia había conocido en los años de
madurez del régimen fascista. No iba a ser así, sin embargo, y no sólo
porque lo hizo imposible la brusca crisis que puso fin a la primera experiencia peronista de gobierno; ya antes de ella era claro que tanto los
proyectos episódicamente surgidos de sectores integrados en el régimen gobernante como las reacciones que ellos suscitaban entre algunos de los excluidos por éste reflejaban antes que nada el cansancio
acumulado por unos y otros a lo largo de los demasiados años en que
habían visto crecer y consolidarse a esa comunidad que estaba siendo
organizada para seguir dócilmente las directivas de quien ocupaba su
cumbre, y era igualmente claro que la vaga nostalgia de una normalidad perdida nacida de ese cansancio ofrecía un estímulo demasiado dé-
bil para que las iniciativas que era capaz de inspirar no fueran abando-
nadas apenas sus propulsores, pasado el entusiasmo inicial, recordaran
qué serios eran los obstáculos que las acechaban en el camino, como lo
sugería por otra parte que ni una ni otra de las arriba mencionadas alcanzara a tener siquiera un principio de ejecución. Y la rápida renuncia
a esas momentáneas veleidades reforzaba aún más la sensación de que
los dos hemisferios en que el país estaba dividido se hallaban condenados por igual a permanecer indefinidamente capturados por un régimen que, aunque daba signos crecientes de agotamiento, se había reve-

lado capaz de responder de modo tan rápido como contundente a los desafíos que le había tocado afrontar apenas comenzó a disiparse la coyuntura económica que tanto lo había favorecido en sus etapas iniciales.

En casa descubrí de qué modo el incipiente abandono del orgulloso aislamiento en que los marginados se habían encerrado, a la espera de un cambio de fortuna que cada día se hacía menos probable, estaba repercutiendo en la ahora menos intensa vida social que allí tenía su sede, y que comenzaba a recordarme a la que había conocido en mi infancia. De ella me quedaron en la memoria las visitas de una hermana de Enrique Banchs, autora de sonetos admirablemente pulidos, que era menos celebrada por ellos que por su habilidad en el manejo del péndulo con cuya ayuda escrutaba el futuro, y cómo en las sesiones en que ella oficiaba la pregunta acerca del fin del régimen en el poder, que por años habíamos venido formulándonos con esperanza y angustia, se había degradado a una más de las incluidas en ese intrascendente ejercicio de magia recreativa por los integrantes del grupo bastante heterogéneo y predominantemente femenino que la rodeaba, en el que –aunque desde luego no había nadie dispuesto a reconocerse partidario del régimen vigente– todos preferían ya ignorar las concesiones que cada uno de ellos se hubiera visto obligado a hacer ante el arrollador avance de la comunidad organizada.

De la sociabilidad surgida en torno al Colegio Libre (entonces en hibernación en Buenos Aires) apenas recuerdo unas reuniones bastante melancólicas en casa de Margarita Argúas, o en la de Reissig durante alguno de sus breves retornos, en las que todos esperábamos recoger de Arturo Frondizi la palabra de aliento y esperanza que él se resistía obstinadamente a articular, del mismo modo que supo siempre encontrar respuestas evasivas cuando alguno de los presentes le solicitaba la confirmación de que –como muchos aseguraban– los escandalosos resultados de la elección que había hecho vicepresidente al almirante Teisaire eran fruto de un fraude tan hábilmente organizado que no había dejado huella alguna visible. Sin duda Frondizi no parecía en absoluto descorazonado porque cada día se hiciera más difícil anticipar un rápido fin para la situación en la que habíamos quedado encerrados; pero era difícil ver en ello un signo alentador, puesto que –ya se debiera su ostentada serenidad a que sabía disciplinar mejor sus pasiones o a que no creía favorable a sus proyectos políticos que el régimen sucum-

biera prematuramente a una muerte violenta– era suficientemente
claro que no estaba en sus previsiones que la impaciencia que apenas
nos atrevíamos ya a seguir alimentando fuera a satisfacerse en un futuro
cercano.

A más de las razones exploradas más arriba, había otra menos recón-
dita para que el debilitamiento progresivo de cualquier esperanza en el
futuro no agravara nuestra sensación de haber caído víctimas de un en-
cierro cada vez más sofocante, y era ésta que comenzábamos a apreciar
mejor las ocasiones que nos permitían olvidar por un momento todo lo
que el avance de la comunidad organizada había destruido en nuestro
mundo. Algunas de esas ocasiones las encontrábamos en las instituciones integradas en el régimen, que ahora nos dignábamos visitar cuando
nos parecía que lo que ofrecían lo justificaba; así, en el aula Eva Perón
de la Facultad de Derecho pude oír también a Gonzague de Reynolds,
el hoy olvidado intelectual suizo que por esos años lanzaba las últimas
flechas del parto en defensa de la visión histórica introducida en la Argentina por el catolicismo antimoderno, invitado desde luego por iniciativa de Marcelo Sánchez Sorondo, y en el aula magna de Filosofía a
Guido de Ruggiero, explicando a Hegel en el más cerrado acento ro-
manesco, y también un deslumbrante cursillo de Dámaso Alonso sobre
poetas del Siglo de Oro, que en su lección inaugural logró el milagro
de reunir en el estrado a Rafael Alberti y el embajador de España. Pero
no faltaron tampoco otras alternativas: así, del mismo modo que las señoras que se habían agolpado para oír a Borges en el salón de la Sociedad Científica alquilado por el Colegio Libre no habían necesitado salir del barrio para seguir oyéndolo en el de la Sociedad Argentina de
Cultura Inglesa, quienes integraban el auditorio habitual de Vicente Fatone, o de Francisco o José Luis Romero tampoco habían necesitado
moverse más de unas cuadras para hacerlo en el *petit-hôtel* de la calle
Uruguay donde se había instalado el centro de cursos y conferencias
fundado y financiado por el presbítero Julio Meinvielle.

Esa iniciativa del portavoz del sector más intransigente del integralismo católico, que por dos décadas había venido demandando la instauración de un régimen teocrático que hiciera verdad en su sentido
más literal esa restauración de Cristo Rey en su trono a la que en 1926
había llamado Pío XI, merece sin duda algún comentario, porque reflejaba una de las maneras en que la consolidación del orden surgido de
la victoriosa revolución peronista estaba introduciendo nuevos cambios

en el clima colectivo. Porque no hay duda de que la trayectoria de Meinvielle había tomado ese inesperado rumbo en respuesta al triunfo de una revolución que, aunque no formaba parte como la comunista de esa contraofensiva de los poderes infernales cuyos avances a partir de la rebelión de Lutero le habían dado tema para dos décadas de apasionadas denuncias, no encontraba por eso menos horrible. Para responder a ese nuevo e inesperado desafío las perspectivas apocalípticas que lo habían atraído hasta entonces no ofrecían ya una inspiración totalmente relevante, y una consecuencia de ello fue que en la prédica de ese inveterado enemigo de todas las innovaciones modernas la autoridad de Adam Smith había comenzado a ser invocada para reforzar la de los Padres de la Iglesia.

Que desde el centro por él abierto en la calle Uruguay Meinvielle extendiera ahora a sus iniciativas prácticas el eclecticismo que ya antes se había insinuado en sus incursiones proféticas reflejaba otro de esos cambios, en cuanto sugería que el éxito con que la revolución peronista había superado las primeras adversidades encontradas en su camino contribuía a hacer menos profunda la huella de anteriores divisiones en su momento no menos tajantes que la revelada por el veredicto electoral de febrero de 1946. Ya en 1950 las crónicas de las extravagantes celebraciones conmemorativas del centenario del imaginario héroe nacional de una imaginaria república centroamericana, que desde las columnas del efímero quincenario entonces publicado por Meinvielle ofrecían un eco satírico de las apenas menos extravagantes que en la Argentina se sucedieron a lo largo del Año del Libertador General San Martín, le habían asegurado un considerable séquito de lectores entre quienes hasta entonces habían visto en él al más inconciliable de sus enemigos, y quizá su recuerdo contribuyó tanto como la extrema dificultad de los tiempos a que quienes habían sido dejados sin hogar por la clausura del Colegio Libre no encontraran demasiado problemático aceptar la hospitalidad que él les ofrecía.

Pero no era tan sólo la decreciente eficacia de las barreras que como herencia de un cuarto de siglo de desencuentros argentinos separaban en bandos hostiles al mundo universitario tanto como al de la cultura la que me hacía difícil seguir sintiendo con la intensidad con que las había sentido en el pasado las consecuencias de una marginación que las iniciativas del Estado peronista buscaban extremar cada vez más. Sin duda yo concurrí más de una vez al centro de la calle Uruguay, y llegué en una oportunidad a visitar en la Avenida de Mayo la que había sido sede de la Unión Industrial, y ahora lo era de la Confederación General Económica, que bajo la guía de José Gelbard había logrado ser aceptada por importantes núcleos empresarios como su representante en el marco de la comunidad organizada, donde habían encontrado ocupación algunos amigos que habían enseñado por un tiempo en el Instituto del Profesorado de Catamarca, reclutados ahora por quien allí habían conocido primero como el vendedor itinerante que los proveyó del refuerzo de frazadas que no habían esperado necesitar a tan escasa distancia del trópico, pero muy pronto también como un joven de aguda e inquieta inteligencia, cuyas múltiples curiosidades culturales e ideológicas hacían de él un interlocutor aún más apreciado porque no era frecuente encontrarlas donde entonces residían, y que ahora los había llamado a colaborar en el más ambicioso de sus proyectos (desde luego que sin imponerles el requisito del número, por otra parte inaplicable en una institución que, aunque crecida gracias al calor oficial, insistía en proclamarse apolítica). Pero no fueron esos contactos fugaces los que me libraron de la sensación de sofocamiento creciente que había temido experimentar a mi regreso; fue más bien que me hubiera resultado difícil sentirlo cuando, sin salir del círculo en el que me había movido hasta entonces, encontré no sólo modos mucho más gratos de ganarme el pan de lo que había imaginado posible, sino una inesperada caja de resonancia para mis esfuerzos por realizarme como historiador.

En cuanto a lo primero, a mi retorno, mamá, tras advertirme que no podía esperar seguir recibiendo de ella auxilios económicos que le habían resultado cada vez más gravosos, me encareció que fuera urgentemente a hablar con Vicente Fatone, que había tomado a su cargo dirigir la traducción del francés, actualización y adaptación al público hispanoamericano de la enciclopedia Quillet, en la que estaban encontrando ocupación muchos de nuestros conocidos. Cuando lo hice, Fatone me incorporó en el acto al elenco de colaboradores de la vasta empresa, primero a destajo pero al cabo de un mes, después de declarar que mi rendimiento había sido excelente en cantidad y calidad, mensualizado bajo el compromiso de seguir produciendo copia en volumen suficiente para justificar la compensación inesperadamente generosa que me acababa de asignar. Comenzaba a descubrir así todo lo que yo iba a deber a la eficacia con que Fatone había logrado vencer la desconfianza de M. Delmas, el gerente y supongo que dueño de la editorial, hasta el punto de convencerlo de que para tener éxito la versión española debía introducir mejoras radicales en el material bastante mediocre y desactualizado incluido en el original francés, lo que hacía ineludible remunerar dignamente al equipo excepcionalmente calificado que había logrado reclutar con ese propósito, todo lo cual –salvo quizá la premisa de que para tener éxito una enciclopedia necesita alcanzar un respetable nivel de calidad– era desde luego cierto (Manuel Sadosky, que tenía a su cargo, a más de supervisar todo el sector de ciencia, actualizar el de geometría, se declaraba convencido de que algunas de las entradas de este último tenían su origen en la que es conocida por antonomasia como la Enciclopedia, y habían migrado a la de Quillet a través de sucesivos plagios escalonados a lo largo de tres siglos); es cierto que el material necesitaba urgentemente ser mejorado, pero además el equipo convocado para ello formaba un grupo de gente muy atractiva, que contribuía también a que lo fuera participar en esas tareas. Aunque las mías las cumplía casi enteramente en casa y en algunas bibliotecas, iba con suficiente frecuencia al local de Quillet para sentirme parte de esa cofradía, con algunos de cuyos integrantes, particularmente asiduos en sus visitas a ese mismo local, solía encontrarme también en el café contiguo. En uno y otro lugar viví y aprecié la experiencia de una sociabilidad que, sin llegar al extremo de la que había conocido en el instituto de don Claudio, donde la proporción entre el tiempo dedicado al trabajo y a la tertulia se acercaba a la que suele regir en las oficinas públicas, dejaba aún algún lugar para esta última.

A algunos de los que participaban en ella los iba a encontrar también en el local de *Imago Mundi*, la revista de historia de la cultura creada y dirigida por José Luis Romero que gracias al mecenazgo de don Alberto Grimoldi (a cuya generosidad debía también el uso gratuito por parte de su redacción de la vasta planta alta del edificio situado en una de las primeras cuadras de Callao en cuya planta baja funcionaba uno de los locales de venta de esa tradicional zapatería) pudo desenvolverse con una holgura inhabitual en las de esa índole. Si ya en mis trabajos para Quillet apreciaba en lo que valía el hecho de que aunque los temas que encaraba en ellos no reflejaban sino muy ocasionalmente la que era en ese momento mi agenda intelectual, eso no impedía que lograra siempre encontrarles un interés que me hacía grato afrontarlos, en mis contribuciones a *Imago* sentía que estaba trabajando para mí por lo menos tanto como para la revista. En particular las breves reseñas, primero anónimas y luego firmadas, con que contribuí con bastante asiduidad a su sección de Bibliografía fueron un precio que me resultaba grato pagar por la oportunidad de mantenerme al día en cuanto a publicaciones pese al relativo aislamiento de Buenos Aires, gracias a la prontitud con que la revista había logrado hacerse conocer en los centros de trabajo histórico del viejo y nuevo mundo. Esa inserción en el circuito internacional de la disciplina, hecha posible por el prestigio que en él había ganado ya Romero, no habría con todo podido materializarse tan rápidamente si no hubiera tenido a su servicio toda la tenacidad que el secretario de *Imago*, Ramón Alcalde, ponía en sus esfuerzos por establecer acuerdos de intercambio con periódicos de ambos mundos, y en lanzar en todas direcciones solicitudes de libros para reseñar; en ellos se extremaba el sentido de organización y disciplina que gracias sobre todo a él reinaba en esos altos de Grimoldi, y que hacía que yo sintiera en todo momento que al participar en los libres encuentros y conversaciones con gente interesante con los que allí siempre se podía contar, y que yo apreciaba en todo lo que valían, estaba participando también en una empresa cuyo éxito me importaba mucho.

Ramón, a quien iba luego a conocer mucho mejor, después de abandonar sus estudios en el seminario jesuita de San Miguel cuando estaban ya bastante avanzados, había completado recientemente en la facultad de Filosofía la carrera de Letras con una especialidad en lenguas clásicas. No sé si el abandono del seminario se había debido a una crisis de fe, pero sí que cuando lo conocí hacía ya tiempo que la había dejado en el camino, lo que no le impedía mantener en el contacto humano un estilo en que no era difícil reconocer la huella de los años que había pasado a la sombra de la Compañía. Así ocurría cada vez que –en actitud por otra parte muy esperable de quien en su momento se había preparado para tener cura de almas– se lo veía asumir el papel de un consejero dispuesto a invertir un tiempo considerable en sopesar en voz alta los distintos aspectos de un complejo dilema, que era ahora habitualmente de índole ético-política, en términos que lograban decir todo lo que él creía necesario, y era a veces muy duro, sin que esa dureza hiciera que los oídos de su interlocutor se cerraran a sus argumentos; se hacía entonces difícil no concluir que en él se había perdido un admirable director de conciencias. Su participación muy activa en el movimiento estudiantil había dejado paso a la que comenzó a desarro-

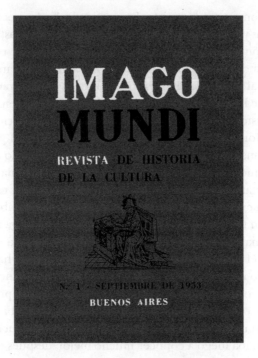

Portada de *Imago Mundi*, publicación dirigida por José Luis Romero.

llar en las filas del radicalismo, en las que ganó la atención de Arturo Frondizi, y en ellas –y también en la revista *Contorno*, cuyo primer número había aparecido por esos meses– mantenía un vínculo muy estrecho con los hermanos Ismael y David Viñas (si no recuerdo mal, fue este último quien lo puso en contacto con José Luis Romero, de quien había sido alumno en el Liceo Militar, cuando éste buscaba un secretario para la revista).

Es posible que el interés que Ramón mostraba por lo que yo hacía naciera en parte de que ya entonces había considerado la posibilidad de asignarme un papel en proyectos que le interesaban para el futuro, pero por mi parte –decidido como estaba a terminar mi tesis en el plazo que me había fijado para ello– no presté demasiada atención a las sugestiones que en algún momento me pareció recibir de él en ese sentido. Escribir la tesis iba a ser para mí una experiencia mucho más alejada de lo que había esperado de la que había dado fruto en el

Echeverría; mientras en mi trabajo de organización y redacción del material no tropezaba con los obstáculos en el camino que entonces me había costado tanto esfuerzo superar, como contrapartida me faltaba la sensación que había sido entonces tan exaltante de estar a cada momento abriéndome a nuevas perspectivas: ahora era como si estuviera avanzando en un camino llano en el que no debía temer peligrosas celadas, pero tampoco esperaba encontrar grandes sorpresas. En parte eso provenía de que mi trabajo en Quillet me había permitido adquirir cierta pericia en la presentación de fenómenos complejos, completando así un aprendizaje que en el trabajo sobre Echeverría había sólo comenzado un poco a tientas, pero sin duda todavía más de que durante la etapa de recolección en las fuentes, en Francia y España, había avanzado más de lo que advertía entonces en la configuración de una imagen global del proceso del que había hecho mi tema, lo que hacía que si ahora tropezaba con menos problemas de lo que había esperado era en parte porque algunos –y no de los menores– los había resuelto ya sin siquiera advertirlo.

Pero creo que algo más estaba aquí en juego. Sobre mi proyecto valenciano pesaba el influjo abrumador de Braudel; hasta tal punto que cuando lo emprendí, preocupado de que éste se reflejara en una imitación de su estilo expositivo que corría riesgo de acercarse a una parodia involuntaria, llevé conmigo a Valencia *Les caractères originaux de l'histoire rurale française,* que releí no sé cuántas veces tratando de asimilar algo de la despojada elegancia de la escritura de Marc Bloch, en la que esperaba encontrar el antídoto contra la tentación de seguir demasiado servilmente el modelo del que campea en *La Méditerranée.* Hojeando ahora mi tesis, vuelvo a comprobar que en este punto fracasé por completo: sobre todo en las primeras páginas, que ofrecen un esbozo de la geografía económica del reino valenciano en el quinientos, imito hasta los más discutibles tics de la prosa braudeliana.

Pero la influencia de Braudel sobre mi tesis gravitó también de otro modo más importante: la noción de que lo que verdaderamente cuenta para entender el tramo de historia del Mediterráneo explorado en su primer gran libro son las lentas transformaciones experimentadas por ciertos rasgos durables de la realidad mediterránea, más bien que los acontecimientos que tradicionalmente suelen ocupar a los historiadores, cuyo sucederse en el tiempo a su juicio nos dice muy poco acerca del de esas tanto más importantes olas de fondo, me parecía entonces la evidencia misma. Todavía sigo creyendo que ella tiene el mérito muy real de llamar la atención sobre dimensiones de la experiencia colectiva de la humanidad a las que hoy no se otorga a mi juicio toda la que merecen, pero es innegable que en relación con mi proyecto de tesis esa noción tenía una consecuencia muy seria. En efecto –puesto que mi propósito era explorar en todo su abigarrado detalle las tentativas que se sucedieron durante las nueve décadas que duró la búsqueda de una solución viable al problema creado por la conversión forzada del tercio de la población valenciana fiel hasta ese momento a la fe del islam–, era demasiado evidente que el tema que me había fijado se ubicaba en el terreno de la *histoire événementielle,* en el cual Braudel, convencido como estaba de que no iba a encontrar allí el acceso a esas estructuras profundas que le interesaba sobre todo explorar, se acercaba peligrosamente a la posición de ese legendario erudito de Oxford que, según es fama, cuando se le preguntó cómo se narraba la historia contestó que simplemente contando una cosa después de la otra.

A falta de la orientación que él no podía brindarme, para ubicar mi pedazo de historia valenciana en un contexto que lo hiciera inteligible acudí sin meditarlo demasiado a perspectivas que me eran ya familiares gracias a lecturas anteriores a mi descubrimiento de Braudel, y más cercanas a la temática y problemática de Bataillon que a las que campean en *La Méditerranée;* ellas me incitaron a buscar la clave para el proceso que aspiraba a entender y hacer entender en las modalidades que asumió en España la crisis religiosa que en algunas otras comarcas europeas desembocó en la reforma. Aunque todavía hoy me parece que era ésa una manera totalmente legítima de abordar mi tema, estoy seguro también de que la narrativa que ella inspiró paga el precio de haber sido adoptada no como respuesta a un debate interno en que se hubieran opuesto varias alternativas, sino como el gesto instintivo de quien, afrontando una realidad desconocida, vuelve la mirada hacia la única que entre las que ya conoce promete hacerla inteligible. Aun si –como creo– una feliz casualidad hizo que ésta fuera perfectamente adecuada a su objetivo, eso no impide que la narrativa que ella hizo posible articular no transmita a quien la lea esa contagiosa excitación que es capaz de suscitar la lectura de las que son fruto de una dura lucha con un problema rebelde.

Pero son éstas las impresiones derivadas de la rápida relectura de un texto viejo ya de más de medio siglo; cuando terminaba de redactarlo sólo las anticipaba que de la etapa que acababa de cerrar me quedara sobre todo la satisfacción de haberlo logrado en los muy breves plazos que me había fijado para ello. Tampoco preveía entonces qué era lo que iba a ser para mí más importante de lo que había aprendido en mi incursión en la historia valenciana: haber seguido en detalle y en todos sus niveles el laberíntico funcionamiento de la monarquía española a través de un episodio que había puesto al desnudo algunas de las tensiones y conflictos que ésta nunca alcanzaría a resolver, pero no le impedirían sobrevivir todavía por más de dos siglos, me había enseñado muchas cosas que me iban a ser muy útiles para entender mejor el que sería luego mi campo de estudios, y en primer lugar a respetar como lo merece un arte de gobierno que logró la hazaña de mantener a lo largo de ellos la autoridad de Castilla/Aragón y luego de España sobre territorios desperdigados en tres continentes contando sólo con recursos técnicos que nunca excedieron en mucho los de la más temprana modernidad, y recursos financieros muy tacañamente cicateados porque lo mejor del botín ultramarino estaba destinado a la cada vez más desesperada defensa del lugar que Castilla había conquistado en el Viejo Mundo en ese instante en el umbral de la modernidad cuando no había parecido imposible que estuviese destinada a emerger como el principal centro de poder de un monarca universal.

Más me preocupaba en ese momento que, concluida con la defensa de mi tesis mi etapa de formación profesional como historiador, me hubiera llegado finalmente la hora de encarar de frente el futuro. Sin duda, luego de cumplidos todos los requisitos, me había inscripto ya como abogado en la Suprema Corte, pero había resuelto también que mientras pudiera evitarlo no ejercería una profesión que no me interesaba en absoluto, lo que me hacía preguntarme con creciente angustia cómo podría seguir eludiendo ese destino apenas M. Delmas se decidiera a dar por exitosamente concluida la preparación de la versión española de su enciclopedia, que tan onerosa le estaba resultando, ya que juzgaba muy improbable que se me presentara entonces otra alternativa capaz de ofrecerme nada parecido a lo que en Quillet había encontrado.

Esa preocupación se agravaba aún más porque nada autorizaba tampoco a esperar que se hiciera menos dura la gravitación de las exclusiones impuestas a sus marginados por la revolución peronista; por el contrario, desde que el régimen surgido bajo su signo se había internado en una etapa de turbulencia creciente, se mostraba aún más decidido que antes a llevar a término la construcción de la comunidad organizada, empleando para ello los recursos habituales. En algunas facultades comenzaba ya a exigirse el "número" a todo su personal docente, y no sólo a los de nueva designación; en Filosofía sólo dos profesores se resistieron a adquirirlo, y aunque no fueron destituidos dejaron de pagárseles sus sueldos; sin duda para desconcierto de las autoridades de la casa continuaron imperturbablemente desempeñándose en sus cargos luego de que el dueño de la librería Verbum, Paulino Vázquez, decidió suplir en esa función a la tesorería, pero era ésa una solución difícilmente generalizable frente a un problema que todo indicaba que estaba destinado a agravarse cada vez más. Así lo sugería por ejemplo que en Exactas, donde ese requisito no se había aún impuesto, algunos que decidieron no esperar a que les fuera formalmente exigido hubieran buscado, recurriendo a influencias dentro del partido oficial, obtener para su carnet partidario el número bajo destinado a reflejar engañosamente una larga militancia en sus filas. Con ello esos espíritus previsores entendían sin duda prepararse por anticipado para la etapa siguiente en esa pausada reinvención de un orden totalitario, en el que la posesión de ese número los incorporaría a una elite destinada a gozar en la Argentina de ventajas semejantes a las todavía entonces teóricamente reservadas en España para los camisas viejas, que ya antes del 18 de julio de 1936 se habían ceñido la azul de Falange, y a las que mientras el partido fascista había gobernado a Italia habían sido privilegio de los *sansepolcristi,* así llamados porque habían conocido desde adentro la modesta sede de la plaza del Santo Sepulcro, en Milán, en la que en 1919 ese partido había inaugurado sus actividades.

Como ni siquiera ese panorama cada vez más sombrío me decidía a buscar suerte en la carrera de leyes, pensé en postergar una resolución definitiva buscando una posición temporaria en el extranjero. Aunque Braudel me había prometido buscar una para mí en Estados Unidos, debo confesar en cuanto a esto que no hice demasiado caso de esa promesa, ya que solía ser muy generoso con ellas para olvidarlas después, y hace poco me dio alguna vergüenza enterarme en un trabajo de Fernando Devoto de que la cumplió con creces a través de gestiones tan prolongadas como empeñosas en ese sentido. Quien pudo en cambio ofrecerme una posición en Harvard –quizá porque era ésta mucho menos brillante que las que Braudel había postulado sin éxito para mí–

fue Raimundo Lida; y desde fines de 1954 yo tenía ya decidido que, si no se interponía en el camino algún milagro, en septiembre de 1955 marcharía a ocupar en el departamento de lenguas romances de esa universidad un cargo de *instructor of Spanish*. Mientras José Luis Romero estaba lejos de aprobar esa decisión, convencido de que iba a ser la mía una partida sin retorno, ya que inevitablemente yo terminaría por sucumbir a la tentación de continuar allí mi carrera una vez que (como juzgaba también inevitable) abandonara el campo de la historia por aquel en el que Lida había conseguido instalarme, así fuera en el escalón más ínfimo, en el cual la mayor abundancia de cargos por llenar y la presencia de una competencia no demasiado temible me aseguraban un porvenir brillante, por su parte Ramón Alcalde la juzgaba más positivamente, convencido de que lo que estaba ocurriendo en la CGE era un anuncio del desmoronamiento final de diez años de resistencia a los avances que durante ellos había venido realizando en el campo universitario y cultural la comunidad organizada, al que seguirían inexorablemente otras reubicaciones aún menos admirables por parte de casi todos los que todavía no la habían depuesto.

El clima colectivo en que me tocó seguir preparando mi partida iba a ser muy distinto del que había previsto cuando decidí concederme ese compás de espera, pero eso no me impidió perseverar en los preparativos mientras la primera experiencia de gobierno peronista avanzaba inexorablemente hacia su final en torbellino, menos porque estuviera convencido de la validez del pronóstico de Ramón que porque estaba demasiado absorbido por las novedades que se sucedían todos los días (y que era imposible adivinar hacia qué desenlace nos encaminaban) para no seguir avanzando mecánicamente por la ruta que había ya decidido tomar. Recuerdo muy bien el momento en que se hizo ruidosamente pública esa deriva que iba a ser fatal para el primer peronismo: fue el día de noviembre de 1954 en que se casó mi hermana, y en la pequeña reunión con que por la tarde íbamos a celebrar la ocasión en casa, uno de los primeros invitados en llegar rogó que le permitiéramos seguir escuchando la radio. Cuando comenzamos a hacerlo junto con él, nuestro primer magistrado estaba en medio de una violenta diatriba contra un clérigo catamarqueño que desde el púlpito venía denunciando en tono al parecer no menos violento que se hubiera autorizado la concurrencia simultánea de bañistas de ambos sexos al balneario instalado en el lago artificial creado por el dique cercano a la capital provincial, lo que a su juicio reflejaba una criminal indiferencia no sólo por las oportunidades que eso abría al pecado, sino por el peligro que significaba para la salud pública, ya que del agua de ese balneario debían luego beber los catamarqueños. Como explicó de inmediato el Presidente, era ése sólo uno de los ataques que junto con otros no menos malintencionados, y que pasó a rebatir no siempre más brevemente, delataban la presencia en el clero argentino de una minoría decidida a llevar adelante una sistemática campaña de oposición a su gobierno, a cuyas actividades era deber de la jerarquía poner un fin inmediato.

A partir de ese momento el torbellino comenzó a girar cada vez más aceleradamente. Los prelados así conminados, aunque en su mayoría habían celebrado como propio el triunfo de la revolución peronista, hasta ese momento habían actuado en los escasos conflictos puntuales que los habían enfrentado con la administración surgida de ese triunfo con toda la firmeza que la Iglesia suele poner en la defensa de los que considera sus derechos, pero esta vez iban a desplegar una cautela poco habitual en ellos, sin duda porque advertían demasiado bien que el desaforado tono del ataque del que acababan de ser blanco no dejaba duda de que cualquier respuesta que no fuera el acto de contrición que perentoriamente les había sido solicitado corría riesgo de elevar a niveles insoportables la intensidad del conflicto que ese ataque acababa de desencadenar, con consecuencias parejamente peligrosas para ambos contendientes. Pero, mientras la jerarquía buscaba limitarlo de ese modo, su relativa pasividad sólo parecía incitar a quien lo había provocado a extenderlo y profundizarlo cada vez más, hasta tal punto que a comienzos del año siguiente no cabían ya dudas de que el artífice de la comunidad organizada estaba resuelto a modificar radicalmente el lugar asignado en ella a la Iglesia católica.

Y junto con la línea de falla que había aflorado en el conflicto entre Estado e Iglesia estaban ensanchándose también otras; en efecto, a la vez que se enzarzaba cada vez más a fondo en ese conflicto, el jefe del peronismo continuaba avanzando en una redefinición de los objetivos sociales y económicos de su régimen que desde hacía tiempo juzgaba indispensable para asegurar su supervivencia, así lo hiciera con pasos más cautelosos e inseguros, sin duda porque estaba convencido de que el escaso entusiasmo con que sus iniciativas en ese campo podían esperar ser recibidas por sus seguidores le exigían internarse en él con la máxima prudencia. Pronto esa convicción se iba a revelar totalmente justificada;

en efecto, la resistencia de las bases a seguir el impulso llegado de la cúspide, aunque del todo pasiva, estaba creando una situación totalmente nueva en la breve historia del peronismo, hasta tal punto que –por primera vez en toda la trayectoria del régimen– pudo verse a un nuevo semanario político dirigido por John W. Cooke proclamar a la vez su total ortodoxia ideológica y política y su oposición, en nombre de un nacionalismo de signo antiimperialista y genéricamente progresista, a la cautelosa apertura de la economía nacional en la que Perón había decidido buscar remedio para las crecientes dificultades que ésta afrontaba.

Hay que agregar aquí que esos dilemas que comenzaban a dividir al peronismo gravitaban también sobre las filas de la oposición, y la ambición de suscitar algún eco en éstas contribuía a que en la prédica del órgano de Cooke las menciones del hiato abierto en la sociedad argentina por el triunfo de la revolución peronista no ocuparan ya el lugar central que habitualmente les concedían los órganos adictos a esa revolución. ¿Era acaso posible que el surgimiento de esos nuevos dilemas, destinados quizás a reemplazar a aquéllos frente a los cuales la ciudadanía había hecho su opción en 1946, anunciase el ingreso en una nueva etapa en que serían ya otras las líneas de falla destinadas a dividir el espectro político? Que eso pudo ser en efecto posible lo sugiere engañosamente el breve texto en el que Victoria Ocampo celebraba en diciembre de 1954 la promulgación de la ley que –en abierto desafío a las posiciones de la Iglesia– acababa de suprimir las discriminaciones establecidas por el Código Civil entre la descendencia legítima y la extramatrimonial, en el que tras recordar la persecución de la que la había hecho objeto el régimen que acababa de prohijar esa iniciativa, se apresuraba a concluir que "*Eso* cuenta poco al lado de *esto*".*

Pero esa intervención de la directora de *Sur* sólo probaba hasta qué punto tenía razón cuando sostenía que, ni aun cuando tomaba posiciones frente a temas que suelen dirimirse en el terreno de la política, se internaba en verdad en ese terreno. Quienes sí lo hacían habían comprendido de antemano que las fuerzas opositoras, reanimadas por la creciente esperanza de que el nuevo rumbo que el jefe de la revolución peronista había decidido imponer a su gestión de gobierno desencadenara esa crisis final del régimen surgido bajo su signo del que habían estado a punto

---

* Victoria Ocampo, "Una nueva ley", *Sur*, 231, noviembre-diciembre de 1954.

de descreer definitivamente, estaban más resueltas que nunca a impedir que los dilemas que comenzaban a socavar la antes monolítica coherencia del movimiento peronista se extendieran a sus propias filas.

Ésa era sin duda la razón por la cual las denuncias que desde las filas del radicalismo imputaban a su jefe haber inventado para el tradicional partido un apócrifo credo armado sobre la base de textos debidos a la pluma de Lenin no impidieron que aun los sectores más conservadores de la oposición reconocieran en él al único vocero al que las circunstancias habían dotado de la autoridad necesaria para replicar en nombre de toda ella al presidente de la República. Si confiaban de antemano en que no corrían riesgo alguno al aceptar que la respuesta que ese político con quien creían no tener nada en común tomara a su cargo ofrecer al conciliatorio mensaje del acorralado jefe del peronismo una respuesta que, como no ignoraban, sería vista universalmente como la del arco opositor entero, era porque cuando era todo éste el que –al descubrir que se le estaba haciendo posible alcanzar un cumplido desquite para diez años de humillantes derrotas– había descubierto también que no estaba dispuesto a contentarse con nada menos que eso, la única respuesta que Arturo Frondizi podía oponer a ese mensaje iba a ser la negativa a conceder cuartel a un enemigo ya malherido que ansiaba escuchar ese medio país impaciente por dejar atrás su demasiado larga marginación.

¿Cuándo surgió en ese hemisferio marginado la conciencia de que el régimen se precipitaba ciegamente hacia la crisis que le ofrecería finalmente la oportunidad de ponerle fin? Creo que esa pregunta se responde más fácilmente explorando las reacciones frente al conflicto que Perón había abierto entre Estado e Iglesia que en cuanto a la reorientación por él buscada en el campo económico y social, que, aunque al centrarse en la política petrolera había venido a devolver al primer plano un tema que ya otras veces se había revelado capaz de dividir profundamente a la clase política, no alcanzaba a incidir en la vida de todos los días con la misma eficacia de aquél. Y aquí mi memoria me dice que ya al abrirse el otoño de 1955, mientras la campaña anticlerical arreciaba cada vez más, se multiplicaban también los signos de que comenzaba a serpentear aun entre las franjas más secularizadas de la oposición una delicada nostalgia por la fe perdida, que hacía por ejemplo que Beatriz Giusti, que desde tiempo inmemorial había abandonado toda vida de devoción, mencionara ahora cuánto la había emocionado oír el himno devoto que impetraba del Sagrado Corazón de Jesús que salvara al pueblo argentino, y también que en esa Semana Santa mamá, aunque sin abandonar sus recelos frente a una institución cuya hostilidad a la causa nacional italiana no estaba dispuesta a olvidar, volviese a visitar las siete iglesias del centro porteño luego de haber dejado de hacerlo por muchos años De acuerdo con su siempre aproximativa práctica de las devociones católicas, también esta vez trasladó esa visita del Jueves al Viernes Santo, ahora en compañía de Herminia, de paso en ese momento por Buenos Aires, que aunque ya al entrar en la adolescencia había dejado de visitar iglesias, juzgaba al parecer –como tantos otros en ese momento– que las circunstancias que se vivían tornaban de nuevo lícito, y quizás imponían, volver a hacerlo. Esta vez el piadoso itinerario se cerró en la de San Miguel, a tiempo para que ambas se sumaran a la multitud, mucho más vasta de lo habitual, que se apretujaba en el recinto para oír el sermón de soledad que como todos los años iba a predicar allí monseñor De Andrea.

Pero la nueva coyuntura exigía de los marginados adaptaciones harto más problemáticas que la que suponía rodear una vez más a quien, como era el caso del obispo de Temnos, se había ubicado sin equívocos y desde el primer día en el bando que sería derrotado en 1946, y desde entonces había venido pagando el precio impuesto por los vencedores a quienes persistían en esa opción. Otra mucho más difícil la planteaba la incorporación a las filas opositoras de ese otro sector ideológico y político de mayor peso numérico en la franja más militante del catolicismo argentino que el que desde hacía diez años se mantenía leal a la opción favorecida por monseñor De Andrea. Era éste desde luego el heredero de la corriente antimoderna que había encontrado hasta hacía poco manera de convivir con un régimen cuyo desempeño, aunque había estado lejos de satisfacer sus nada modestas expectativas, justificaba a sus ojos que le continuara otorgando un apoyo suficientemente inequívoco, aunque casi nunca demasiado entusiasta. Ahora ese sector se mostró por el contrario mucho más decidido que su rival a buscar rápida salida a la crisis política propiciando una vez más un golpe de Estado militar, tal como había venido haciéndolo ya por dos décadas frente a los gobiernos que se habían sucedido a lo largo de ellas cada vez que creía descubrir que la impaciencia de la opinión lo autorizaba a esperar una acogida favorable para ese proyecto.

En esos meses afiebrados la intensidad creciente del conflicto abierto por el desafío presidencial inspiró la convicción de que, puesto que la intervención militar se perfilaba una vez más como el único medio de que éste desembocara en el fin de régimen que los marginados esperaban con creciente impaciencia, se hacía preciso deponer las reservas que algunos sectores de la oposición habían venido manteniendo frente a la posibilidad de que ese fin de régimen repitiera en ese aspecto los ya vividos en 1930 y 1943. Era cada vez más claro, en efecto, que incluso quienes las seguían manteniendo formalmente sólo buscaban con ello proteger la tenue presencia que esos sectores aún conservaban en las instituciones del Estado; así, cuando Arturo Frondizi se oponía a que el partido del que era jefe retirara –tal como proponían sus adversarios internos– a sus representantes de los cuerpos legislativos, luego de que una reforma electoral había reducido su presencia en ellos a niveles irrisorios, no lo motivaba ya a mantener esa actitud la opción excluyente por la lucha legal que hasta casi la víspera había defendido con total sinceridad, sino una apreciación más sobria que la de esos adversarios de las ventajas sin duda cada vez más magras que ésta aún podía proporcionarle, que no le impedía tomar en consideración las que podrían derivarse de una eventual quiebra del orden institucional.

Había entrado además en juego otro factor que hacía cada vez más aceptable la opción por un golpe de Estado militar: era éste el avance de la violencia que, acelerado por la hondura creciente de la crisis política, trajo consigo un acostumbramiento en el que me parece que se reflejaba algo más que la también creciente indiferencia frente a las víctimas que ella podía cobrar entre adversarios cada día más aborrecidos. Así me pareció percibirlo en los comentarios de algunos que durante el fracasado alzamiento del 16 de junio habían sido sorprendidos en la Plaza de Mayo y sus cercanías en el momento en que comenzaban a acudir grupos allí convocados en defensa del gobierno por el movimiento sindical, a los que los aviones rebeldes buscaban ahuyentar ametrallando bastante indiscriminadamente a quienes encontraban a tiro. En la evidente satisfacción con que uno de esos testigos describió ese momento me sorprendió menos la ausencia de toda humana compasión por la víctima del fuego del cielo a la que había visto caer muy cerca de donde él mismo estaba contemplando un espectáculo que hubiera sido inimaginable hasta casi la víspera, que el hecho de que no prestara ninguna atención a la evidencia de que en ese momento había sido su propia vida la que había estado también en peligro.

Ese acostumbramiento a dosis crecientes de violencia se acompañaba de la disposición a imaginarlas destinadas a seguir creciendo en el futuro, en la que el tono de la propaganda oficial, que si no ahorraba amenazas no hacía con ello sino perseverar en una costumbre que había venido practicando por años sin hacer demasiada mella en los destinatarios de éstas, influía menos que todo lo que indicaba que esta vez se estaba frente a un conflicto destinado a no detenerse hasta alcanzar sus últimas consecuencias. Hasta qué punto éste había contribuido a devolver a la oposición un séquito de masas lo reveló la jornada de Corpus Christi, en la que ese acrecido séquito inundó por unas horas el casco histórico de Buenos Aires; la respuesta –como es sabido– fue la destitución y expulsión del país de dos prelados de la curia porteña, que tuvo su contrarréplica tanto en la excomunión fulminada contra quienes la habían decidido cuanto en la ya mencionada intentona del 16 de junio, a la que vino a dar a su vez respuesta el incendio por turbas anónimas de las iglesias del mismo casco histórico. Se entiende que

Hermanas, pupilas de colegios confesionales y público en Plaza de Mayo, mientras en el interior de la Catedral metropolitana se celebra Corpus Christi. Fuente: Archivo General de la Nación.

Palacio de Hacienda luego del bombardeo a Plaza de Mayo (1955). Fuente: Archivo General de la Nación.

Incendio en el edificio de la Curia porteña (1955). Colección Graciela García Romero.

cuando las cosas llegaron a ese punto la intervención militar no fuese
vista ya como una iniciativa que amenazaba abrir el camino para un
desencadenarse cada vez más indiscriminado de la violencia, sino por el
contrario como quizá la única que podía poner fin a la que ya había
avanzado demasiado por ese camino.

Y por otra parte precisamente los acontecimientos del 16 de junio, en
los que la autoridad del Presidente sólo había sobrevivido gracias a la
acción del ejército, revelaron que éste se había constituido ya en el ár-
bitro de la crisis. Muy pronto se hizo también claro que lo había comprendido así y se disponía a desempeñar ese papel una vez que decidiera cuál iba a ser su veredicto, y desde ese momento, aunque sin
advertirlo del todo, comenzamos a echar sobre el régimen una mirada
casi póstuma, que invitaba entre otras cosas a formular la pregunta
acerca de qué vendría después, a la que tornaba más inquietante la reciente irrupción en el arco opositor de la derecha católico-nacionalista,
que por décadas había venido cultivando sus vínculos con el ejército, y
era vista por el episcopado, que sin duda estaba destinado a ganar en
influencia luego de un eventual derrumbe del régimen, con menos recelos que su rival dentro de las filas del catolicismo político. Por su
parte, quienes despertaban esa inquietud no ahorraban gestos tranqui-
lizadores, que partían de los rincones más impensados; así una hasta
entonces silenciosa empleada administrativa de Quillet, que se reveló
entonces fervorosa militante de Acción Católica, comenzó a ofrecer a
quien quisiera oírla entrevistas con el doctor Mario Amadeo, cuyas nuevas opiniones en materia política aseguraba que nos iban a sorprender
muy agradablemente. En un plano menos modesto conservo un recuerdo muy vivo de la cena que el profesor Erwin Rubens ofreció con-
juntamente al P. Meinvielle y a Francisco Romero en su piso cercano a
la plaza San Martín, en un clima comparable al que según imagino habría de reinar en un banquete que consagrara la temporaria reconciliación entre dos clanes corsos, con los dos jefes hasta la víspera enemigos
compartiendo la cabecera de la mesa principal; allí encontré social-
mente por primera vez a José Enrique Miguens, rodeado en ese momento de una muy amplia popularidad como uno de los que habían
sostenido el palio en la jornada de Corpus, y si conservo un recuerdo
tan nítido de ese encuentro es sin duda porque su imagen se super-
pone con las de otros que a lo largo de las décadas iban a reiterarse con
quien allí conocí como joven paladín de la fe, que en su abigarrada su-

cesión ofrecen un reflejo fiel de las muy variadas transformaciones que iban desde entonces a sucederse vertiginosamente en el paisaje político-ideológico argentino.

Pese a esos gestos no encontrábamos demasiado alentadoras las expectativas sobre el cambio que se avecinaba; en esos días finales del régimen en casa de Francisco Romero, que hablaba ya de los cursos que pensaba dictar una vez reintegrado a la facultad, su más joven hermano buscaba prepararlo para el desengaño que iba a sufrir cuando descubriera que la tarea de reorganizar la carrera de Filosofía era tomada a su cargo por el P. Octavio Derisi y que su papel en ella iba a ser el de un invitado ocasional cuya fugaz presencia estaría destinada a dar suficiente testimonio de la amplitud ideológica con que éste había encarado su gestión.

Esa visión muy poco ilusionada de lo que sobrevendría luego del derrumbe del régimen no impedía que lo esperáramos con una impaciencia justificada por la convicción de que éste había entrado ya en una etapa agónica a la que hacía particularmente peligrosa el manejo errático con el que su titular había venido contribuyendo a elevar el diapasón de un conflicto que era, por lo tanto, cada vez más urgente cerrar antes de que escapara a todo control. Pero se entiende a la vez que una impaciencia que nacía tanto de la alarma frente al presente como de la esperanza que tímidamente comenzaba a renacer acerca del futuro no me impidiera seguir avanzando con la ciega persistencia del sonámbulo en la preparación de mi partida a Harvard, y al cuarto que la secretaria del departamento de Lenguas Romances había alquilado para mí en casa de una desconocida Mrs. Rivinius.

Tenía ya comprado pasaje en avión y seguía poniendo y sacando prendas de mi única valija en busca de hacer el mejor uso posible de los veinte kilos de equipaje concedidos entonces a los viajeros cuando finalmente se desencadenó la tan esperada crisis final. Vino ella a cerrar una etapa cada vez más inclinada a ver el futuro en términos apocalípticos, que hizo que cuando el municipio porteño, sin dar explicación alguna, pintó algunos trechos de los cordones de las veredas con los colores destinados –como nos enteraríamos luego– a individualizar las futuras zonas de estacionamiento prohibido o restringido, no faltaran quienes creyeron que designaban en cambio las residencias de las víctimas de una ya inminente masacre de opositores. En ese clima era del todo comprensible que cuando el Presidente anunció que por cada agente

del orden que fuera víctima de un atentado fatal caerían cinco opositores esa advertencia fuera recibida por sus destinatarios con menos serenidad que, en tiempos menos alborotados, sus alusiones al uso que
puede darse al alambre de enfardar en ejecuciones sumarias. Mi papel
en esas jornadas de fin de régimen iba a ser el muy poco gallardo de oír
bajo una lluvia incesante una radio uruguaya que –entre noticias bastante vagas y no sé hasta qué punto fidedignas– repetía no menos incesantemente un *jingle* que proclamaba la ubicuidad de la yerba Sara.
Cuando finalmente paró la lluvia, el originario foco revolucionario de
Córdoba resistía cada vez más dificultosamente a las fuerzas de represión, pero el movimiento se había extendido también a Cuyo y la marina de guerra, también ella en rebeldía, después de hacer con sus ca-
ñones algunos destrozos en el puerto de Mar del Plata, navegaba a toda
máquina hacia Buenos Aires.

Esa tarde fui a despedirme de don Claudio, a quien una de esas enfermedades de diagnóstico impreciso que lo aquejaban de vez en
cuando tenía recluido en su departamento: lo encontré comentando
telefónicamente desde su lecho de enfermo el inminente fin del régimen con una interlocutora del Instituto a quien le reprochaba que se
resistiera todavía a abordar ese tema que, según trataba de convencerla,
había dejado de ser demasiado delicado para ventilarlo por teléfono.
En mi camino hacia su casa había visto abierta y funcionando en la vereda de enfrente de la de ésta la unidad básica de la rama masculina del
Partido Peronista allí instalada; cuando salí una hora después había
desaparecido todo rastro de ella, y en el breve camino de vuelta oí repetido desde una radio el anuncio de la apertura de negociaciones con
los jefes revolucionarios que acababa de hacer el general Lucero.

La noticia de que acababa de derrumbarse casi sin estrépito un
orden cuyos avances por diez años ningún obstáculo había logrado interrumpir ni frenar comenzó por dejarme una desconcertante sensación de vacío, pronto poblada por la inquietud acerca del futuro. A la
mañana siguiente, cuando –como lo venía haciendo desde que la crisis
había entrado en su período álgido– bajé a comprar *Democracia* y *La
Prensa,* que –como pude descubrir– buscaban como podían adaptarse a
la nueva situación, y leí en la entusiasta biografía que esta última tra-
zaba del general Eduardo Lonardi al anunciar su inminente jura como
presidente provisional que sobre su heroica iniciativa había pesado decisivamente el influjo de las acendradas tradiciones cívicas que forma-

ban parte del patrimonio ideal de la ilustre familia cordobesa de Villada Achával, a la que pertenecía su esposa, ese nombre que había oído ya mencionar con horror en los remotos tiempos en que me había enterado también de las consecuencias fatales que incomprensiblemente podía tener ver mencionado el propio en *Crisol*, y que no me había sorprendido volver a oír años después junto con los de Olmedo, Baldrich y Sepich, me hizo temer que no podía esperar nada de bueno, y sí mucho de malo, de la etapa que acababa de abrirse.

Pronto descubrí que no era ése del todo el caso; creo que fue ya al día siguiente cuando me llamó Ramón Alcalde para invitarme a visitar con él la facultad de Derecho, abandonada por sus autoridades. Cuando lo encontré frente a la puerta lateral tenía en su poder una llave que nos franqueó el ingreso al edificio, en el que los dirigentes del centro de estudiantes hacían los honores de la casa a toda clase de visitantes, que en verdad no sabíamos demasiado bien qué estábamos haciendo allí, y terminamos formando grupos un poco al azar en las acogedoras oficinas de sus numerosos institutos.

Allí me enteré de que el doctor Atilio dell'Oro Maini, el destacado intelectual católico designado ministro de Educación por el general Lonardi, había solicitado del movimiento estudiantil una terna de nombres para elegir de entre ellos el del interventor de la Universidad porteña. Algunos días después, cuando el ministro escogió de esa terna el de José Luis Romero, yo había resuelto ya no partir a Harvard; tampoco lo iba a hacer Oreste Frattoni, uno de los dos docentes que en Filosofía habían sobrevivido hasta entonces financiados por Paulino Vázquez y que hubiera debido ocupar otra posición como la mía, lo que, como me reprochó con total justicia el angélico Raimundo, que no tardaría mucho en perdonármelo, desencadenó una inesperada crisis en el departamento de Lenguas Romances, donde la noticia de nuestra deserción llegó dos días antes de que comenzara el semestre de otoño.

Esa decisión marcó en verdad el fin de la historia que me propuse contar aquí. En efecto, ella se apoyaba en un implícito reconocimiento de que el cataclismo político que acabábamos de vivir, al eliminar el obstáculo que me había hecho imposible encuadrar en el marco institucional que le es propio la carrera de historiador para la que me había venido preparando desde que, ocho años antes, había descubierto que no podía escapar a ese destino, me impedía seguir postergando el momento de dar por cerrada esa ya demasiado larga etapa de aprendizaje y preparación para intentar ingresar de pleno en la carrera a la que entonces había determinado consagrarme. Sin duda cuando decidí no partir a Harvard no hubiera caracterizado en los términos con que acabo de hacerlo la alternativa por la que estaba optando; cómo lo veía en ese momento creo que puede deducirse de mi reacción frente a un pronóstico formulado en esos días por Ramón Alcalde, que anticipaba que –a menos que los gobiernos sucesores conquistaran éxitos que nada autorizaba a imaginar fácilmente alcanzables– no iba a ser improbable que en tres o cuatro años asistiéramos a un retorno triunfal de quien acababa de ser derrocado; lo primero que se me ocurrió al oírlo fue, en efecto, que de todos modos en esos tres o cuatro años tendría tiempo de realizar muchos de los proyectos que estaba impaciente por llevar adelante.

Esa reacción era sin duda la esperable cuando acababa de dejar atrás una situación en la que la necesidad de encontrar modos de sobrevivir en un marco cada vez más inhóspito obligaba a concentrar la atención en el futuro inmediato para ingresar en otra en la que incitaba de nuevo a hacerlo la conciencia de que el súbito cambio de coyuntura ofrecía una oportunidad –que porque era probablemente irrepetible se hacía aún más necesario no dejar pasar en vano– para compensar mediante febriles avances en los más diversos campos el tiempo perdido durante la década que acababa de quedar atrás. Pienso que si no me preocupaba entonces demasiado la posibilidad de que la promesa de una carrera normal en el campo de actividad que el destino me había asignado, que parecía ofrecer la nueva coyuntura, se revelara demasiado pronto engañosa (en una actitud que no deja de sorprenderme cada vez que me vuelvo con una suerte de angustia retrospectiva sobre la muy poco normal que me iba a tocar en suerte, y que más de una vez amenazó sucumbir a un mortal accidente en el camino) era porque habían pasado a ocupar el primer plano de esas preocupaciones otras ambiciones decididamente menos modestas, que me hacían sentir con mayor fuerza aún que había llegado para mí la hora de dar por concluido mi largo noviciado como historiador y que todo lo que iba a emprender a partir de ese momento comenzaría a contar en el balance de logros y fracasos que decidiría el resultado de la apuesta a la que había decidido jugar mi vida.

Epílogo

La historia que aquí se cuenta es la de quien entró en la Argentina y el mundo en el momento en que uno de los más desaforados proyectos de ingeniería social que imaginó un siglo particularmente fértil en ellos se acercaba a completar la instalación en las que habían sido las soledades pampeanas del núcleo de una nación moderna a partir de recursos materiales y humanos importados por igual de ultramar, y tuvo además por padres a dos integrantes de la pacífica legión destinada en la mente de los promotores de ese proyecto a flanquear con dos maestros a cada uno de los soldados convocados a su servicio, y no había dejado atrás su más temprana infancia cuando esa empresa, que todo anunciaba cercana a alcanzar su triunfal culminación, se desvió de ese rumbo que hasta la víspera había parecido tan seguro, y desde entonces iba a parecer cada vez menos probable que fuera alguna vez capaz de recuperarlo.

A partir de ese momento, la convicción de que la historia avanza en una dirección que la dota de sentido, que había animado a los fundadores de la Argentina moderna y que me había sido inculcada desde el momento mismo de mi ingreso en el mundo, iba a seguir informando mi visión del futuro pese a los desmentidos que desde entonces se sucederían a cada vuelta del camino. No me impidió mantenerme fiel a ella el descubrimiento de que, mientras nada de lo que ocurría en torno invitaba a tenerla aún por válida, se afirmaban cada vez más el prestigio y la influencia de quienes proclamaban que ese reciente desvío del rumbo que había llevado a la Argentina de triunfo en triunfo anticipaba ya el catastrófico fin al que estaba condenado desde su origen un proyecto que había desafiado la voluntad divina con la misma diabólica soberbia que en los tiempos bíblicos había animado a los constructores de la torre de Babel. Aunque era imposible no reconocer en el eco cada vez más amplio suscitado por esas voces agoreras un signo de que podía estar ya cercano el momento en que quienes no se cansaban de profetizar ese final en catástrofe se hallarían en situación de asegurar que esa profecía se cumpliera, la alarma que esa eventualidad me inspiraba no me impedía mantener intacta mi fe en la validez de los supuestos a partir de los cuales se había construido la Argentina en la que estaba creciendo. La mantenía aún en vida mi irrazonada seguridad de que, una vez que la etapa sombría que temía cada vez más inminente fuera también ella relegada al pasado, vendría a agregarse a las muchas que la habían precedido en una narrativa de la entera experiencia histórica de la humanidad como la de un avance hacia cimas cada vez más altas.

Esa fe iba a verse plenamente confirmada cuando quienes la habían venido combatiendo por dos décadas se encontraron finalmente en situación de hacer realidad sus profecías. Vivir esa experiencia vino a hacer aún más explícito para mí hasta qué punto era yo parte de lo que los triunfadores del momento aspiraban a eliminar para siempre de la escena nacional, y como tal pude celebrar que quienes así se lo proponían debieran abandonar, mucho más rápidamente de lo que los por ellos amenazados nos habíamos atrevido a esperar, una escena que sólo habían logrado ocupar el tiempo necesario para sufrir la más humillante de las derrotas. Así fortalecida, iba a sobrevivir poco después al poco grato descubrimiento de que éramos tan capaces como nuestros adversarios de conquistar nuestra propia derrota arrebatándola de las fauces de la victoria. Aunque por diez años esa derrota iba a tener para nosotros consecuencias cada vez más duras, quisimos ver en ella tan sólo un accidente en el camino ascendente en el que, apenas cesaran sus efectos necesariamente efímeros, reanudaríamos nuestro avance en el punto en que ese inesperado revés nos había forzado a interrumpirlo.

Gracias a todo eso, cuando esos efectos parecieron disiparse, el ampliado horizonte que así vino a abrírseme me encontró con esa fe aún intacta, aunque había ya aprendido demasiado acerca del mundo para extenderla a la visión de futuro que ella había inspirado a los padres fundadores de la Argentina moderna. Que nunca hubiera sentido la urgencia de reemplazarla por otra igualmente precisa me sugiere que lo que me hacía sobre todo aferrarme a ella era el aval que seguía proporcionando a la apuesta sobre mi propio futuro para la que había venido preparándome hasta ese momento. Pero el imperio que conservaba sobre mí la convicción de que la historia avanza en una dirección que la dota de sentido era demasiado poderoso para creerlo fundado tan sólo en un acto de voluntad. Era más bien la hondura con que esa fe había sido capaz de imprimir su sello a la visión del mundo que hice irreflexivamente mía al entrar en él la que seguía permitiéndole sobrevivir a los muchos desengaños que, aunque habían terminado por privarla de cualquier contenido preciso, no habían logrado despojarla de su originaria firmeza.

Iba a llegar sin embargo el momento en que el espectáculo de la historia en marcha lograría disipar los últimos jirones que sobrevivían de ella. No fue ese momento el de 1989-1991, en que se disolvió silenciosamente en el aire el más ambicioso de los proyectos revolucionarios que, inspirados en esa fe, habían puntuado la historia de Europa a lo largo del medio milenio en que esa península de Asia se había constituido en protagonista de la historia universal. Quizá porque nunca había puesto en él mis esperanzas, me pareció entonces que el momento que vivíamos repetía en lo esencial el de 1814-1815 y que, como éste, marcaba más bien un brusco giro en un drama que seguía desenvolviéndose en el mismo escenario y entre los mismos antagonistas; en suma, que nada de lo que había ocurrido en esos años decisivos me forzaba a renunciar a las irrazonadas convicciones que me habían acompañado toda la vida.

Pero bastaron otros diez años para que se hiciera evidente que los conflictos que comenzaban a delinearse en el mundo giraban en torno a una temática y una problemática radicalmente distintas de las que habían dado su argumento central a la historia de ese medio milenio. Fue entonces cuando se me hizo imposible seguir ignorando que la fe que, aunque cada vez más tenue, me había seguido acompañando hasta entonces se había hecho irreversiblemente irrelevante cuando la humanidad estaba ingresando en una nueva etapa histórica acerca de la cual sólo sabemos que promete conservar muy poco en común con aquella en cuyo marco esa fe había brotado.

Es esa insalvable ignorancia de lo que nos ha de deparar el futuro la que hace hoy imposible buscar en él, tal como en el siglo XIX lo hicieron Guizot, Marx o Tocqueville, la clave de la historia que atesoramos en el recuerdo tanto como de la que se despliega cada día ante nuestros ojos. Una de las consecuencias de esa imposibilidad es que se hace igualmente imposible organizar una narrativa de pasado y presente seleccionando de entre los infinitos acontecimientos de los que nos quedan testimonios aquellos en que creemos percibir el influjo de una causa final que orienta su avance hacia ese futuro. El único principio organizativo al que puede recurrir el historiador es por lo tanto el de razón suficiente, que, lejos de ofrecer un criterio de selección, invita a dejar todos ellos de lado para construir una imagen del objeto histórico que sin agotar su infinita riqueza de contenidos –lo que sería por definición imposible– se acerque lo bastante a ello para hacer inteligible el proceso que le hizo posible llegar a ser como en efecto es. Esta visión histórica es la que subtiende la exploración que aquí he emprendido, y la que hace que su tema sea, tal como indico en "¿Son memorias?", más bien que el propio de unas memorias, el de "una historia para la cual sin duda mis recuerdos ofrecen los materiales más inmediatos, pero que sólo adquiere pleno sentido cuando se la integra" en la del entorno en que iba a avanzar mi experiencia de vida.

Este modo de enfocar su tema abre una distancia infranqueable entre el pasado que aquí busco reconstruir y el presente desde el que me vuelvo hacia él, y no porque entre uno y otro se interponga una frontera entre dos épocas históricas, sino porque para él los vínculos que permiten dar sentido a un objeto histórico refieren a su pasado más bien que a un futuro en el que está englobado nuestro presente. Y es precisamente esa distancia la que me hace posible descubrir hasta qué punto lo que comencé por percibir como el orden natural del mundo en que estaba ingresando era un efímero fruto del entrelazamiento de acciones y reacciones que lo estaban arrebatando al de lo contingente, y que era en éste donde debía buscar las claves que me permitirían descubrir el sentido de la historia que me proponía narrar.

No es ésta sin embargo la primera vez que me ocurre encarar de esta manera un problema histórico; por el contrario, cuando se me hizo clara la razón que me llevaba a abordarlo con ese sesgo, hacía ya veinte años que lo había adoptado para estudiar la trayectoria de José Hernández, y ya entonces me preocupó que esa tentativa de hacer plena justicia a los múltiples procesos que, avanzando en paralelo sobre los planos más variados, habían venido a entrelazarse para formar el complejo contexto en que iba a cobrar sentido esa trayectoria no sólo –como señalaba más arriba– estuviera condenado de antemano al fracaso, en cuanto proponía el estudio exhaustivo de un objeto literalmente inagotable, sino que encontrara un obstáculo más inmediato en la resistencia de los potenciales lectores a acompañar hasta el fin una búsqueda a la que yo mismo comenzaba a encontrar algo de obsesivo.

Eso no me impidió persistir en ese camino, sencillamente porque me parecía que era el único capaz de hacerme plenamente inteligibles los procesos históricos que aspiraba a entender. Iba a persistir de nuevo en él al explorar la trayectoria política e ideológica recorrida por la Argentina entre 1910 y 1946, que iba a dar fruto en dos volúmenes que presentaban y analizaban una vasta selección de testimonios referidos a esa etapa argentina. Apenas comenzaba a adentrarme en ese proyecto cuando se me hizo claro que el recuerdo de las experiencias que yo mismo había atravesado durante sus tramos más tardíos estaba influyendo más de lo que yo había previsto en la configuración de la imagen que de ella comenzaba a esbozar en mi mente, y decidí entonces que tener en cuenta ese testimonio manteniendo frente a él la misma distancia crítica que me costaba menos esfuerzo establecer frente a otros que no me tocaban tan de cerca sería más productivo que intentar en vano ignorar su aporte.

Hacerlo así me permitió percibir mejor hasta qué punto había sido moldeado por el contexto en el que transcurrieron mis años de formación, y en este sentido los presentes capítulos ofrecen un natural complemento a la exploración de esa etapa argentina, puesto que para acercarme a ella me había apoyado en mi experiencia y ahora iba a buscar en el contexto que ella me había ofrecido las claves que me permitirían entender mejor esa experiencia misma.

Sin duda ese modo de abordaje, que hizo que cuanto más avanzaba en la exploración de los procesos que vinieron a converger en el momento en que me tocó ingresar en el mundo mejor advertía que la que había tenido por una sólida realidad que se imponía como tal por su sola presencia era fruto contingente y efímero de una conjunción de azares, tuvo un efecto de distanciamiento, pero éste –puesto que no me llevaba a olvidar ni por un instante que el pasado del que así tomaba distancia seguía siendo el mío– iba a reorientar mi relación con el contexto en que se desenvolvió esa etapa de mi pasado en una dirección opuesta a la recomendada en los manuales de introducción a la historia, que requieren del que aspire a narrarla una objetividad sólo alcanzable para quien se ubique idealmente fuera de ella.

La imagen así elaborada de la llamada década infame, que me sugiere que en ella se esconde el nudo y la clave de la crónica crisis política que nuestro tormentoso siglo XX acaba de legar intacta a su sucesor, debe tanto a lo que me dice mi memoria de esa época que temo a veces que no puedan encontrarla convincente quienes no comparten esa memoria. ¿Necesito agregar que nada de lo que descubrí al explorar en estos capítulos mi experiencia de esos años que considero cruciales me ha disuadido de seguir creyendo que en ellos se infirió a medio país una herida secreta cuyas huellas aún no se han borrado del todo? Fue esa convicción la que me llevó a cerrar en *La República imposible* mi presentación de esa etapa de nuestra historia evocando la trayectoria de Francisco Urondo, marcado desde antes de su nacimiento por su adscripción a ese medio país, a quien la "impaciencia por andar degollando a esos palafreneros / que sacan a los presidentes de un brazo / en las madrugadas / tan porteñas", que había sobrevivido a la ruptura de ese lazo de origen, llevó a la lucha armada al servicio de una causa que ya no era la misma. A él estos capítulos deben el título con que ahora salen al mundo, que fue antes el de una sección de *Todos los poemas,* el volumen en que Ediciones de la Flor recogió los producidos por Urondo hasta 1972.

Lo que hacía y sigue haciendo problemática mi relación con esa etapa en la que creo escondida la clave del enigma argentino no podría ser un retrospectivo sentimiento de culpa, cuando mi papel en ella había sido el de un espectador infantil que encontraba difícil entender lo que veía, y sí en cambio mi perplejidad ante la total ausencia de ese sentimiento entre quienes aprendí entonces a querer y admirar y participaron no siempre ni del todo pasivamente en ese ejercicio de marginación y humillación infligido a la mitad de sus compatriotas. En cuanto a la etapa siguiente, en que me tocó avanzar en mis años de aprendizaje mientras la triunfante revolución peronista intentaba hacer de la Argentina la comunidad organizada preconizada por el general Perón en 1949, la relación que establecí con el contexto que ella me ofreció, aunque fue en su momento extremadamente incómoda, no la encontré entonces igualmente problemática: era la de quien tenía asignado de antemano en él un lugar muy poco favorecido, y encontraba cada vez más razones para temer que esa circunstancia frustrara un proyecto de vida al que le resultaba impensable renunciar.

Eso no impide que en los capítulos dedicados a esa etapa más tardía el interés por entender una realidad de la que entonces me preocupaba sobre todo el eventual impacto que podía ejercer sobre ese proyecto esté quizá aún más presente que en los consagrados a la transcurrida en el marco de la república imposible. Pero se trata en este caso de un interés del todo retrospectivo, surgido luego de que largas décadas de convivencia con lo que ha dado en llamarse "el hecho peronista" hayan transformado lo que fue en su origen una preocupación que no podía ser más práctica por el impacto que ese hecho entonces recién nacido podía tener sobre mi futuro en una curiosidad casi profesional por el que es ya un perdurable rasgo central de la experiencia histórica argentina.

Esa curiosidad dictó en buena parte el rumbo que iba a tomar la exploración de las experiencias que me tocó vivir durante esa etapa temprana en la trayectoria del movimiento peronista. Pero si luego de medio siglo de acostumbramiento recíproco me creo capaz de contemplar esa etapa ya remota con mirada de historiador, esa mirada parte de un presente que no puede sino contribuir a orientarla, y que no es ya el del momento en que comencé a redactar estos capítulos. Cuando me puse en la tarea el movimiento peronista estaba completando triunfalmente uno de esos periódicos cambios de piel que sin duda esconden parte del secreto de su longevidad, y como siempre ocurre en esos casos éste se acompañaba de un reajuste en su relación con las variadas etapas de su cada vez más extenso pasado. Esta vez rescataba de él en primer término los motivos dominantes durante la efímera primavera del pueblo de 1973, combinándolos con otros de inspiración desarrollista que no habían logrado arraigar sólidamente en él durante los dieciocho años de travesía del desierto, mientras mantenía en una vaga penumbra aquellos que habían sido dominantes durante la etapa en que la Argentina había sido gobernada por el inventor y conductor del movimiento. Estoy seguro de que ese clima colectivo vuelto más que nunca hacia el pasado contribuyó a que prestara quizá más atención de lo que primero había esperado al peso con que precisamente durante esa etapa en penumbra la revolución peronista en marcha había gravitado sobre las experiencias que viví durante mis años de aprendizaje; así, él me ayudó a advertir hasta qué punto el interés que me habían despertado los climas políticos que conocí en esos años en Italia y España, y que me han dejado tan vívidos recuerdos, se vinculaba con el deseo de encontrar para la experiencia que vivíamos en esos momentos en la Argentina términos de comparación que me la hicieran menos enigmática.

Pero desde entonces el giro que ha tomado la gestión del peronismo surgido de ese último cambio de piel me trae a cada paso otros recuerdos del que conocí durante mis años formativos, y ha venido a intensificar el interés con que me vuelvo a ellos el temor de que en esta nueva etapa de su complicada historia esté tomando ya el rumbo que condujo a la primera al fin catastrófico que no me animaba ya casi a esperar para ella cuando finalmente se produjo. No estoy seguro de que ese temor, que no sé si refleja un acostumbramiento aún más avanzado de lo que imaginaba a la convivencia con "el hecho peronista" o tan sólo el lógico cambio de perspectiva con que mira al futuro quien sabe que le queda muy poco de él, y no aspira ya sino a vivirlo con razonable tranquilidad, no haya influido en exceso sobre la reconstrucción que aquí ofrezco de las experiencias que me tocó vivir durante la etapa final del primer régimen peronista; y no es imposible que mi convicción de que durante ella ese régimen tuvo una oportunidad de verse reconocido universalmente como legítimo, y la dejó pasar, deba algo a ese temor de que en su actual gestión el peronismo esté dejando pasar la que esta vez le ha sido indudablemente ofrecida por la fortuna.

Éstos son pues mis recuerdos; acerca de ellos sólo puedo decir que me esforcé por que fueran veraces; hasta qué punto son fidedignos corresponderá a otros decidirlo.

Foto: Piroska Csuri.